1781

Lukas Hässig

DER UBS-CRASH

Wie eine Großbank
Milliarden verspielte

| Hoffmann und Campe |

2. Auflage 2009

www.hoca.de
Satz: atelier eilenberger, Leipzig
Gesetzt aus der Minion und der Helvetica
Druck und Bindung: C.H. Beck, Nördlingen
Printed in Germany
ISBN 978-3-455-50115-5

HOFFMANN
UND CAMPE

Ein Unternehmen der
GANSKE VERLAGSGRUPPE

Inhalt

Naturgewalt oder Versagen

Marcel Ospels letzter Auftritt war bühnenreif. Um 10.32 Uhr an diesem 23. April 2008 trat der Mann, der die UBS zuerst groß gemacht und dann an den Abgrund geführt hatte, ans Mikrophon. 4211 Aktionärinnen und Aktionäre in der weiten Halle zu Sankt Jakob in Basel verstummten. Ospel, vor zweieinhalb Monaten 58 geworden, wirkte ruhig, gelassen, innerlich mit sich im Reinen.

Nicht so wie zwei Monate zuvor, als der UBS-Präsident außerfahrplanmäßig die Eigentümer seiner Bank um Hilfe bitten musste. Die sollten Ja sagen zum 13-Milliarden-Investment von zwei reichen Investoren aus dem Nahen und Fernen Osten. Bevor Ospel damals seine Rede begann, stand er eine halbe Minute lang unbeweglich vor dem offenen Mikrophon, atmete tief ein und aus und blickte über den Rand seiner Lesebrille in das tausendköpfige Publikum – wie ein Matador, der den blutenden Stier vor dem Todesstoß mit seinen Augen fixiert.

Von innerer Anspannung, von Verkrampfung oder Überwindung war nun nichts mehr zu spüren, stattdessen sprach Ospel in rauchig-warmem Deutsch mit Basler Kolorit. »Sehr verehrte Aktionärinnen und Aktionäre, schon zum zweiten Mal in diesem Jahr darf ich Sie hier begrüßen, diesmal zur ordentlichen Generalversammlung.« Nüchtern, formal und unspektakulär, so eröffnete der UBS-Präsident die denkwürdige Veranstaltung, bei der er als Versager vom Podest steigen würde, nachdem er zehn Jahre zuvor die UBS zum globalen Finanzkoloss geschmiedet hatte. Es war der dritte Quartalsverlust in Folge, mit dem sich der Gesamtabschreiber der UBS im US-Hypothekenmarkt auf 40 Milliarden Franken summierte. Ospel blieb nur noch die Aufgabe, bei den Eigentümern der Bank um eine weitere Kapitalspritze in Höhe von 15 Milliarden Franken zu betteln, um die dünne Eigenkapitaldecke zu stärken.

Trotz Kapitulation wirkte Ospel souverän. Sogar als jener Moment kam, der für einen Machtmenschen wie den UBS-Präsidenten nur eine persönliche Tragödie bedeuten konnte. Ospel hatte nach ein paar Einführungssätzen erklärt, dass sich Anfang 2008 nicht nur die Ereignisse mit weiteren Milliardenverlusten beschleunigt hätten, sondern eben auch die Maßnahmen. »Ich habe mich deshalb entschlossen, auf die Kandidatur für eine Wiederwahl um ein Jahr zu verzichten.« Die Uhr zeigte 10.41 Uhr, und bevor Ospel vom Manuskript ins Publikum aufschauen konnte, brandete stürmischer Applaus im Saal auf.

Was mag in jenem Moment im Kopf dieses gefallenen Bankenimperators vor sich gegangen sein? War er verbittert, enttäuscht, beschämt? Fühlte er sich unfair behandelt? Nahm er den Unmut und die Wut seiner Aktionäre, denen die Bank gehört, die ihm jahrelang auf die Schulter geklopft und ihm das Vertrauen ausgesprochen hatten, überhaupt richtig wahr? Vielleicht dachte er, die Geschichte würde seine wahre Leistung dereinst bestimmt ins rechte Licht rücken. Oder fühlte er sich wie ein kriegserprobter General, der unzählige Schlachten überstanden hatte und über der niedrigen Masse thronte, der Kritik des Pöbels weit entrückt im Wissen um seine historische Leistung?

Wir können es nicht sagen. In jenem Moment, als Ospels Rücktrittsentscheid mit tosendem Applaus quittiert wurde, blieb sein Gesicht unbeweglich. Er blickte ruhig über die Versammelten hinweg, ernst, aber nicht besorgt; locker, aber nicht überheblich; gelassen, aber nicht ignorant. Als ob er den lauten Gefühlsausbruch des Publikums neugierig wahrnahm, als Zeichen einer momentanen Befindlichkeit.

In Basel machte Ospel den Weg frei. Doch die entscheidenden Fragen blieben vorerst unbeantwortet. Hatte die UBS-Spitze unter Ospels Führung all die Jahre aufrichtig gehandelt, waren fähige

Manager am Werk, die lediglich das Pech hatten, in einen Jahrhundertsturm zu geraten? Oder waren sie Leute, die großes Glück hatten, dass sie nicht längst als Hasardeure aufgeflogen waren? Ospel und seine loyalen Mitstreiter zeichneten ihre UBS als solide und vorsichtig operierende Finanzinstitution. Hatten sie die Großbank vielleicht längst unbemerkt in ein gefährliches Kasino verwandelt und erhielten nun die Quittung für ihre halsbrecherischen Wetten? Oder, noch beängstigender: Hatten erst die riskanten Wetten globaler Finanzhäuser wie der UBS zu einer kolossalen Kreditblase geführt, die jetzt mit lautem Knall geplatzt war? Ist, um mit dem deutschen Präsidenten Horst Köhler zu sprechen, aus der globalen Finanzindustrie ein »Monster« geworden, das die übrige Wirtschaft, quasi die reale, in ihrem Wohlergehen und gesunden Wachstum gefährdet?

Als was sich Marcel Ospel sieht, machte der langjährige UBS-Präsident bei seiner Abschiedsvorstellung vor den Aktionären deutlich. Am Ende seiner Rede zeigte er sich zuversichtlich, dass Beobachter und Investoren schon in ein paar Monaten von einem »bösen Sturm« sprechen könnten. »Er hat unsere Segel arg zerzaust«, sprach Ospel, »aber er hat uns nicht vom Kurs abgebracht.« Dann folgte der Schlusssatz, mit dem der Ausscheidende kundtat, als was er in die Geschichte eingehen möchte. »Wer den kalten Wind nicht aushält, der hat auf dem Gipfel nichts zu suchen.« Die Finanzkrise als Naturgewalt, das Ausharren und Dagegenankämpfen als Pflicht der Auserwählten – so urteilt Ospel über Ospel.

In diesem Buch komme ich zu einem anderen Schluss. Ich vertrete die These, dass das Bild von Ospels Naturkatastrophe, die über seine UBS und einige andere Großbanken hereingebrochen ist, einer ernsthaften Prüfung nicht standzuhalten vermag. Seit die sogenannte Subprime-Krise um minderwertige US-Hypothekenpapiere im Sommer 2007 vollends ausgebrochen war, habe ich rund um die UBS und die Finanzindustrie als Journalist zahlreiche Artikel geschrieben. Die vielen Gespräche mit ehemaligen und aktuellen UBS-Managern, Verantwortlichen von Konkurrenten,

Bankaufsehern und Professoren, die ich in dieser Periode geführt hatte, bestärkten mich in der Meinung, dass es sich beim Platzen der amerikanischen Immobilienblase nicht um eine unvorhersehbare Katastrophe handelt, sondern um ein »predictable event«, ein vorhersehbares Ereignis. Der Absturz war nur eine Frage des Wann und Wie – auch für die Spitzen der Schweizer Großbank.

Zum vorläufigen Höhepunkt im Niedergang der UBS kam es am 15. Oktober 2008. Nachdem die Bank mit faulen US-Kreditpapieren fast 48 Milliarden Dollar respektive 37 Milliarden Euro abgeschrieben hatte, musste sie vom Staat gerettet werden. An jenem Mittwoch beschloss die Regierungskoalition des kleinen Siebenmillionenlandes die größte Rettungsaktion in der Geschichte ihrer Nation. Bis zu 68 Milliarden Franken oder rund 45 Milliarden Euro bewilligte die politische Oberleitung, um die von Subprime-Verlusten und Vermögensabflüssen geschwächte Großbank vor dem Aus zu bewahren. Als mit Abstand größte Bank des Landes erhielt die UBS damit offiziell den Status eines für die Stabilität des Landes unerlässlichen Geldinstituts. Mit in der Schweiz fast drei Millionen Privat-, 130 000 Firmenkunden und einem Kreditmarktanteil von 35 Prozent befürchteten die Spitzenpolitiker einen Kollaps der gesamten Volkswirtschaft, wäre die UBS gezwungen gewesen, ihre Schalter zu schließen. Der Schweizer Interbankenmarkt, auf dem sich die inländischen Banken mit kurz- und mittelfristigen Krediten versorgen und den die UBS dominiert, wäre bei einem Konkurs der Großbank – so die Befürchtung – zum Erliegen gekommen. Erinnerungen an den plötzlichen Stillstand der nationalen Airline Swissair wurden wach, die fast auf den Tag genau sieben Jahre zuvor zahlungsunfähig geworden war und deren am Boden »gegroundete« Flugzeuge an der Schweiz als krisenresistenter, zuverlässiger Wirtschaftsnation zweifeln ließen.

Die Rettungsaktion sieht eine Teilverstaatlichung der einstigen Schweizer Finanzikone vor. Der Bund erwirbt für sechs Milliarden Franken Eigenkapital der Bank, für bis zu 54 Milliarden Dollar oder rund 62 Milliarden Franken kauft die Nationalbank der

UBS US-Kreditpapiere ab. Verlieren diese Wertschriften wie in den letzten Monaten massiv an Wert, erleidet die Notenbank – und damit die Schweizer Bevölkerung, die über die Kantone und Kantonalbanken mehrheitlich die Zentralbank besitzt – einen hohen Verlust. Auch das Risiko für die rund neun Prozent des Bundes an der UBS trägt der Steuerzahler. Er verliert, sollte der Aktienkurs der Bank, der innert einem guten Jahr von 80 auf unter 15 Franken gesunken ist, noch stärker in den Keller rasseln.

Die verantwortlichen Politiker und Spitzenbeamten baten die Schweizer Bürger um Geduld. »Wir haben mit unserer Unterstützung eine systemrelevante Bank in eine Position gebracht, in der sie nicht mehr negativ auffällt und über recht gute Bedingungen verfügt«, sagte mir Peter Siegenthaler, der Direktor der eidgenössischen Finanzverwaltung und Mitarchitekt des Notplans, in einem Gespräch. »Bis aber das Vertrauen zurückkehrt, braucht es Zeit und viel Arbeit. Sagen wir es so: Die UBS kann dank dem Staat wieder mitspielen. Das Tor aber müssen die Bankchefs schon selbst schießen.«

Werden sie es schießen? Der frühere Nationalbankvize Niklaus Blattner erachtet die Ausgangslage für das Aushängeschild von Swiss Banking als schwierig. »Die Beteiligung des Bundes ist ein Handicap für die UBS. Sie wird dadurch gewissermaßen stigmatisiert und kann vermutlich nicht mehr auf gleicher Höhe mit ausschließlich privat finanzierten Instituten ohne eine Geschichte einer staatlichen Intervention agieren.« Ein Ausweg könne sein, dass der Bund den Neunprozentanteil an der UBS rasch verkaufe.

Wie konnte es zu diesem spektakulären und für viele unvorstellbaren Absturz kommen? Was hat die Schweizer Großbank, deren Marke bis vor kurzem hell über der weltweiten Finanzindustrie strahlte, zu einem der größten Opfer der Kreditkrise von 2007 und 2008 gemacht? War es einfach das Pech, zum falschen Zeitpunkt am falschen Ort zu sein, wie dies das oberste UBS-Management des Schweizer Multis als Entschuldigung ins Feld führt? War es mangelnde Vorsicht? Oder hatte das Versagen System?

Vieles legt die Vermutung nahe, dass die UBS-Spitze unter ihrem machthungrigen Präsidenten Ospel bewusst das Risiko großer Wetten eingegangen war. Das Ziel dieser Geschäftspolitik war es, die Renditen massiv zu erhöhen und damit den Aktienkurs zu steigern. Das Bild einer Risiken abgeneigten Großbank mit einer konservativen Führungsmannschaft, welches Marcel Ospel und seine von ihm handverlesenen Weggefährten jahrelang öffentlich pflegten, entpuppt sich im Rückblick als falsch. Die Frage, inwiefern die Verantwortlichen ihre Mitarbeiter und Aktionäre sowie die Öffentlichkeit absichtlich in diesem falschen Glauben ließen, muss offenbleiben. Sie kann einzig von Strafrechtsbehörden und/oder Zivilrichtern geklärt werden.

»In den Top-Positionen der großen Banken erwarte ich keine Heiligen, sondern ausgezeichnete Ökonomen und Banker, die verantwortungsbewusst handeln und die Gesetze einhalten«, sagte der Zürcher Ökonom und Finanzprofessor Martin Janssen Ende Oktober 2008 der *Weltwoche*. »Dass sie verantwortungsbewusst gehandelt haben, bestreiten heute viele; ob sie die Gesetze eingehalten haben, wird sich weisen. Jedenfalls müssen sich die Manager vorwerfen lassen, elementare ökonomische Prinzipien missachtet zu haben.«

Eine große Klagegefahr wurde im Februar 2008 gebannt. Damals lehnten die UBS-Aktionäre eine externe Sonderprüfung mit knapper Mehrheit ab. Die Zürcher Strafverfolger sammeln zwar Daten, sprachen bisher aber von fehlendem Anfangsverdacht. Auch ist unwahrscheinlich, dass die heutige UBS-Führung Zivilklage gegen die früheren Chefs der Bank einreichen wird. Schließlich waren die meisten der neuen Spitzenkräfte schon zu jener Zeit an entscheidender Stelle tätig, als die Weichen falsch gestellt wurden.

Gemeint sind Präsident Peter Kurer und Konzernchef Marcel Rohner. Beide saßen ab 2002 in der Konzernleitung, dem obersten operativen Führungsorgan der Bank. Beide müssen die Risiken im US-Kreditmarkt und in weiteren heiklen Angelegenheiten frühzeitig gekannt haben, da sie Teil des obersten Risikoausschusses des Konzerns waren. Und beide sprechen bis heute wenig von Fehlern, sondern von falschen Einschätzungen. Meiner Meinung nach waren aber nicht Irrtümer und Missgeschick ausschlaggebend für das grandiose Scheitern, sondern das kalkulierte Ausblenden von Risiken. Die Bank ist nicht Opfer eines Unglücks geworden, sondern rammte einen Eisberg, der das Schiff zum Sinken bringen könnte, weil ihre Chefs die Geschäftspolitik der Gewinnmaximierung unterordneten und die nötige Vorsicht über Bord warfen.

Na und?, könnte man einwenden. Zumindest die einstigen Verantwortlichen bezahlten für ihr Tun, verloren Job und Ansehen, und die unverdient gescheffelten Millionen sind zwar für Normalverdienende ein Ärgernis, in Relation zu den Milliardenverlusten aber lediglich ein Klacks. Zudem entschlossen sich einige der früheren Chefs, darunter Expräsident Marcel Ospel und Ex-CEO Peter Wuffli, zu einer Art Ablasshandel. Sie verzichteten auf ihnen vertraglich zustehende Millionen, entschuldigten sich für Fehler und hofften auf öffentliche Vergebung. Also Schwamm drüber?

Zwei Entscheide der Behörden geben den UBS-Verantwortlichen Recht, wenn sie behaupten, dass niemand wissen konnte, was richtig und was falsch sei. Am 14. März 2008 vermachte die US-Notenbank Fed die amerikanische Investmentbank Bear Stearns für ein Butterbrot der Universalbank JP Morgan und stand für Ausfälle von Bear Stearns in Milliardenhöhe gerade. Die staatlichen Aufseher waren offensichtlich bereits zu jenem scheinbar frühen Zeitpunkt zu dem Schluss gekommen, dass das Finanzsystem vor dem Meltdown stand, eine Kernschmelze mit unabsehbaren Folgen drohte.

In einem Interview mit den bekannten Investmentbankern Joseph Perella und Peter Weinberg von Perella Weinberg Partners, das ich Anfang Mai 2008 in New York führen konnte, sagte Weinberg auf die Frage, warum das Fed die private Bear Stearns gerettet habe und dafür große Summen von Steuergeldern riskiere: »Was wollte das Fed wirklich retten? Ging es nur um Bear Stearns, oder ging es um das ganze System? Viele behaupten, dass Bear Stearns nicht zu groß war, um fallengelassen zu werden, sondern zu stark vernetzt. Wir werden es nie wissen.«[1]

Laut dem 50-jährigen Weinberg, der auf eine lange Karriere bei der erfolgreichen US-Investmentbank Goldman Sachs zurückblickt, bei der sein Großvater einst an der Spitze stand, befürchteten die Verantwortlichen der US-Notenbank einen globalen Kollaps. Die bis 2007 dem breiten Publikum fast unbekannten »Subprime«-Papiere, diese »unterklassigen« Hypothekenpapiere, hatten im Frühling 2008 das gesamte Kreditsystem kontaminiert. In den USA waren von den Banken in den Jahren zuvor vor allem Privatliegenschaften bis zu 100 Prozent oder noch mehr mit Fremdgeld finanziert worden in der Erwartung, dass die Preise nur in eine Richtung gehen könnten – nach oben. Oft handelte es sich um Darlehen an Menschen mit beschränkten Einkommen und Vermögen, die sich allein dank dem großzügigen Gebaren der Kapitalgeber ein eigenes Heim leisten konnten. »Subprime«, also minderwertig, waren sowohl die Kredite als auch die Liquidität der Kreditnehmer.

Das Hypothekargeschäft mit Amerikanern, die bisher nicht kreditwürdig gewesen waren, wurde zu einer Goldader, weil plötzlich auch für diese Schuldnerqualität genügend Investoren bereitstanden. In einem direkten Kreditgeber-Schuldner-Verhältnis war dies kaum möglich, weil die Geldgeber, also in der Regel die Banken, gemäß internen und gesetzlichen Vorschriften keine Überbelehnungen vornehmen durften. Dazu war eine Innovation nötig, ein Quantensprung im Finanzgeschäft: das Verbriefungsgeschäft.

Securitization, wie das Zauberwort in der Bankenfachsprache Englisch heißt, war in der Finanzwelt längst ein Begriff. Sie half Anfang der neunziger Jahre, die Sparkassenkrise, genannt Savings-and-loans-Krise, in den USA zu bewältigen. Die Verbriefung von Schulden und deren Weiterverkauf wurde von cleveren Finanztüftlern um die Jahrtausendwende zu einem Geschäftsmodell entwickelt, das ein goldenes Zeitalter versprach. »Originate to distribute« lautete das Schlagwort, gemeint war die Bündelung von

Krediten zu dem Zweck, die Risiken an Drittinvestoren weiterzugeben, statt sie auf die eigene Bilanz zu nehmen. Das Prinzip erlaubte den Investmentbanken eine scheinbar unendliche Geschäftsausweitung, weil die Kredite nicht mit teurem Eigenkapital unterlegt werden mussten. Deren Zinsspezialisten begannen, Subprime-Schuldpapiere in einen Topf zu werfen, mit Hypothekenwertschriften besserer Qualität zu vermischen und schließlich in einzelne Tranchen unterschiedlicher Güte zu teilen. Jede Tranche wurde sodann von externen Analysten, den sogenannten Rating-Agenturen, gegen hohe Gebühren geprüft und zertifiziert.

Die Wallstreet-Tüftler in ihren computerisierten Handelsräumen hatten Schrott in Gold verwandelt. Endlich konnten sie bis dato unverkäufliche Hypothekenkredite in unterschiedlich bewertete Pakete verpacken und diese kaufen und verkaufen. Zu diesem Zweck schrieben sie Wertpapiere auf die einzelnen Tranchen, sie verbrieften respektive securitisierten also das Gesamtrisiko. Nun stand das passende Angebot für jeden Geschmack bereit. Risikofreudige Investoren legten ihr Geld in Subprime-Papieren der Kategorie B an, wo Totalverluste wahrscheinlicher waren, dafür lukrative Zinserträge lockten. Auf der anderen Seite schätzten die Pensionskassen, die nur in Wertschriften der höchsten Sicherheitsstufe investieren dürfen, sowie die das Business betreibenden Banken die Tranchen mit den vermeintlich ausfallsicheren Aaa-Ratings.

Anfänglich überwogen die Vorteile, weil bisher nicht kreditwürdige Schuldner Zugang zum sprudelnden Kapitalstrom erhielten. Doch die Securitization entwickelte eine Eigendynamik und pervertierte sich zuletzt selbst. Die Investmentbanker begannen, immer mehr Schuldpapiere zu verpacken, zu zerschneiden und zu vertreiben, um die Einnahmen für ihre Unternehmen und, wohl gleich wichtig, die Boni für sich selbst zu steigern. Das Rad, das immer größer wurde, sollte am Drehen gehalten werden.

So kam es, dass innovative und renommierte Händler das System des Verpackens und Zerhackens perfektionierten und eine Maschine zimmerten, die immer größer und produktiver wurde und CDOs, ABS, RMBS oder CMBS ausspuckte, Vehikel mit exotischen Namen und – wie sich herausstellte – undurchschaubarem Verhalten. Als diese synthetischen Produkte im Sommer 2007 auf einen Schlag ihren Wert verloren, krachte das Höllengefährt mit einem lauten Knall zusammen. Wer wie die UBS zum Zeitpunkt des Crashs unglücklicherweise und unvorsichtigerweise auf Dutzenden von Milliarden solcher Wertschriften saß, knickte ebenfalls ein. Zwar versuchte die Industrie, mittels Durchhalteparolen und Schönwetterprognosen das Schlimmste abzuwenden. Doch dann trat das Unvorstellbare ein, und die Finanzwelt drohte unterzugehen.

Auf den Tag sechs Monate nach Bear Stearns war Lehman Brothers pleite. Nun wagten US-Schatzamt und Fed das Experiment und ließen Lehman am 15. September 2008 fallen. Im Nachhinein glauben die meisten Beobachter, die Verantwortlichen hätten einen kolossalen Fehlentscheid gefällt. Warum sollte Lehman, die ebenfalls zu den wichtigsten Investmentbanken der New Yorker Wallstreet zählte, weniger vernetzt sein als Bear Stearns? 600 Milliarden Dollar offene Schulden hatte Lehman, und diese mussten sich nun Investoren von überall auf der Welt ans Bein streichen. Das Thermometer an den Kreditmärkten schoss in die Höhe, renommierte Banken erhielten nur noch Kredit gegen erstklassige Sicherheiten, die Regierungen der größten Finanzstaaten überboten sich mit Hilfspaketen für ihre notleidenden Geldinstitute, und ein Staat – Island – stand vor dem Ruin; die Banken der Eisinsel waren im Kreditboom besonders aggressive Wettspieler gewesen. Für sie und alle Bürger der Welt gilt: Das Platzen der Kreditblase machte dem frivolen Leben auf Pump den Garaus.

Das Symbol der letzten Krise hieß Enron. Das US-Energieunternehmen war ein gefeierter Börsenstar gewesen und hatte Zehntausende Angestellte beschäftigt. Ende 2001 verloren alle von einem Tag auf den anderen Stelle und Vorsorgegelder, nachdem aufgeflogen war, dass Vorgesetzte die Bilanzen frisiert und unbemerkt hohe Kredite aufgenommen hatten. In der Folge verordneten die

USA scharfe Transparenzvorschriften. Ein eigenes Gesetz, das nach dessen geistigen Vätern Sarbanes-Oxley Act genannt wurde, sollte Bilanzfälschungen zukünftig verhindern. Heute gilt SOX in weiten Kreisen als teurer Papiertiger.

Was Enron für die Berichterstattung war, könnten die gerettete Bear Stearns und die untergegangene Lehman Brothers für die Finanzindustrie sein. Bear war gut, Lehman schlecht, lautet heute das Verdikt, und kein Staat zeigt Lust auf neue Experimente. Die Rettung von Citigroup kostet die Amerikaner jedenfalls über 300 Milliarden Dollar.

Seht her, ihr Banken, ihr werdet gerettet! Doch halt. Schmerzlos wird die Rettung für die Finanzindustrie nicht sein. Der Staat und seine Behörden suchen nach Mitteln und Wegen, die zerstörerischen Kräfte der Geldindustrie zu bändigen. Nie mehr Systemgefährdung durch Boni-Banker, lautet die Losung der Aufseher.

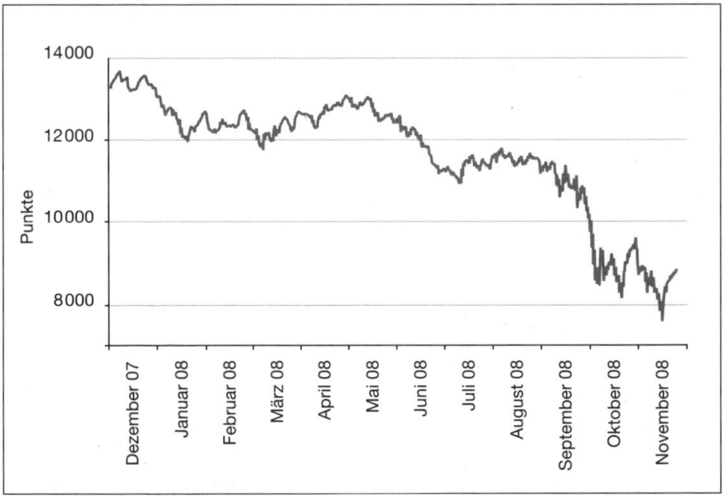

Die globale Kreditkrise hat die Börsen in mehreren Fieberschüben durchgeschüttelt. Das riskante Geschäft der großen Investmentbanken droht die Realwirtschaft zu schädigen. Der Staat will dem Treiben einen Riegel vorschieben. (Die Grafik zeigt die Entwicklung des Dow Jones Industrial Average von November 2007 bis November 2008.)

Wallstreet als Speerspitze des modernen Banking hingegen verteidigt den verbliebenen Spielraum, im Interesse des eigenen Geschäfts und der zukünftigen Gewinne. Ihr Trumpf ist, dass die nächste Krise immer eine andere ist – Regulierung hin oder her. Doch vorderhand hat der Staat das Sagen. Sein Argument sticht: Taumelnde Banken reißen Volkswirtschaften in den Abgrund und müssen mit dem Geld der Bürger vor dem Schlimmsten bewahrt werden. Die Gewinne privat, die Verluste dem Staat, das muss ein Ende haben, fordern die Politiker.

Der für die Bankenaufsicht zuständige internationale Ausschuss legt nun den nationalen Behörden drei Punkte ans Herz. Erstens sollen sie mit den mächtigen Bankenchefs Schwachstellen im Risikomanagement früh und offen ansprechen und Gegenmaßnahmen fordern. Zweitens sollen sie sich zusammenspannen, um die weltweit tätigen Großbanken grenzüberschreitend besser überwachen und im Krisenfall begleiten zu können. Drittens sollen sie sicherstellen, dass die Banken in der nächsten Krise genug Liquidität halten, um nicht erneut auf dem Trockenen zu sitzen und monatelang am Tropf der Notenbanken zu hängen.

Die Schweizer Aufsicht hat als Sofortmaßnahme die Eigenkapitalvorschriften verschärft. Ihre beiden Großbanken UBS und Credit Suisse müssen bis 2013 größere Puffer zur Abfederung von Schocks einrichten. Und das Konzept der Unterlegung risikoadjustierter Aktiven wird ergänzt. Wenigstens drei Prozent der Bilanzsumme sollen durch Eigenkapital gedeckt sein. Finanzinstitute als Hedgefonds mit unendlichem Verschuldungshebel wollen die Behörden auf diese Weise unterbinden. Die Schweizer Großbanken schluckten die Kröte, die gar nicht sehr groß ist. »Das alles wäre immer noch die liberalere Alternative zu einem Verbot oder einer Einschränkung des Investmentbanking«, sagte der oberste Bankenaufseher Daniel Zuberbühler am Jahrestag des Regulators im Frühling 2008.

Eines ist klar: Vorzeitig wollte niemand das Fest verlassen, schon gar nicht die UBS. Am Ende des Booms hatte die Bank ihre Eigenkapitalrenditen auf 30 Prozent hochgeschraubt, bei Industrieunternehmen waren schon Quoten von zehn Prozent berauschend. Möglich machten dies nicht nur ihre riskanten Wetten, sondern auch die Aktienrückkäufe. Das explodierende Geschäft wurde mit immer weniger eigenem Kapital finanziert. Die von ihrem scheinbaren Triumph trunkenen UBS-Lenker übergossen sich mit Millionenboni, für die Aktionäre und Steuerzahler endete die Party mit einem schweren Kater.

Jetzt muss sich die Bank neu erfinden. Ihre Werbekampagne von 2008 unter dem Slogan »Jeder hat eine zweite Chance verdient«, bei der Kunden und Partner der geschundenen Firma Fehlern zum Trotz das Vertrauen aussprechen, ist Kosmetik. Tiefe Schnitte sind nötig, möglicherweise müssen wertvolle Tochtergesellschaften abgestoßen werden, vielleicht droht der Schweizer Großbank, die jahrelang ihr Onebank-Konzept der integrierten Gruppe als wertschöpfend bezeichnete, die Aufspaltung in unabhängige juristische Einheiten: eine für die Investmentbank, eine für die Vermögensverwaltung, eine für das Schweizer Geschäft, wo die UBS als eine fürs helvetische Finanzsystem unverzichtbare Plattform gilt.

Sollte die UBS den Zeitpunkt zum Handeln verpassen und würden die Weltfinanzmärkte angespannt bleiben, droht der Hüterin über 2,5 Billionen Franken respektive 1,7 Billionen Euro Vermögen mit ihren 75 000 Mitarbeitern und Millionen von Kunden auf der ganzen Welt das Schicksal einer überdimensionierten Kantonal- oder Landesbank, die zu groß ist zum Sterben und zu schwach zum Blühen. Eine Art BayernLB von Weltformat. Diese packte nach Milliardenverlusten mit verbrieften Kreditpapieren den Stier bei den Hörnern, baute 6 000 ihrer 19 000 Stellen respektive ein Drittel ab, während es die UBS bis dato bei weniger als zehn Prozent beließ. Lag das an der Großzügigkeit der Retterin? Möglich wäre es. Während der Freistaat seiner LB zehn Milliarden Euro oder ein Viertel des Staatshaushalts schenkt, stützt die Schweizer Regierung ihre UBS mit mehr als einem Jahresbudget.

Genug, um die torkelnde Großbank wieder auf sichere Beine zu stellen? Sicher ist, dass die 154 Jahre alte UBS eine »Once-in-a-lifetime«-Chance verpasst hat. Vor der Jahrhundertkrise gehörte sie zu den Perlen dieser Finanzwelt. Wäre sie sich treu geblieben und hätte Vorsicht walten lassen, könnte sie nun wie die US-Großbank JP Morgan oder die spanische Santander günstig zukaufen. Als teilverstaatlichter Koloss mit beschädigter Marke droht ihr hingegen ein Dasein als Dinosaurier, der sich bald überlebt haben könnte.

Lukas Hässig, Dezember 2008

Die Eisbergroute

1 Die erste Warnung erfolgte 2002

Etwas stimmt nicht, sagten sich zwei Risikoexperten der Zürcher UBS-Zentrale. Ihre lange Erfahrung im Umgang mit Finanzrisiken machte sie zu wichtigen Stimmen in der Schweizer Großbank. Funktional waren sie wenig unterhalb der Konzernleitung angesiedelt. Gefährliche Risiken zu identifizieren, sie korrekt zu erfassen und effizient zu überwachen, all dies war schwierig genug. Nun aber sahen sie sich durch viele neuartige und höchst komplexe Produkte, welche die Finanzwelt revolutionierten, besonders herausgefordert.

In der Welt des Geldes gibt es keine Wunder. Doch just ein solches schien sich beim New Yorker Ableger des Investmentbanking der UBS abzuspielen. In den USA hatte nach dem Platzen der Technologieblase im Frühling 2000 eine Politik des billigen Geldes eingesetzt, die es Bürgern mit wenig oder keinem Vermögen ermöglichte, den Traum vom Eigenheim zu verwirklichen. Die einzelnen Hypotheken wurden zu Paketen gebündelt, tranchiert und im gierigen Finanzmarkt platziert. »Slicing and dicing«, zerhacken und abstoßen, nannten die US-Investmentbanker die Wallstreet-Mode. Unzählige Einzelrisiken wurden gemischt, verpackt und in handelbare Tranchen zerlegt. Zwar verstanden weder Bankenchefs noch Investoren das neue Modell, doch beide Seiten freuten sich über sprudelnde Gewinne und hohe Erfolgsausschüttungen.

Eldorado dieser strukturierten Wertpapiere war der Immobilienmarkt der Vereinigten Staaten. Bei diesem handelte es sich um den größten Markt für Zinsprodukte, hier warteten Millionen von

Investoren auf innovative Anlagen. Wer als Investmentbanker an die Spitze wollte, kam am US-Zinsmarkt nicht vorbei. Eine neue goldene Ära war angebrochen. Die verbrieften Produkte galten als sicher wie Staatsanleihen, warfen aber höhere Erträge ab. Sie landeten nicht nur in den Portefeuilles der Anleger, sondern blieben auch in den Bilanzen der Banken liegen. Ein todsicheres Geschäft, meinten deren Investmentbanker und verdienten viel Geld.

Die beiden Schweizer UBS-Risikoexperten blieben skeptisch. Die hochrentablen und scheinbar ausfallsicheren Wertpapiere basierten auf Risiken, die nicht eindeutig zuzuordnen waren. Handelte es sich um Kreditrisiken, weil zuunterst Hypotheken standen? Oder waren es Marktrisiken, da die Wertpapiere einen Kurs hatten und gehandelt werden konnten? Aus Sicht der Überwacher breitete sich vor ihnen ein Niemandsland aus, für das weder die eine noch die andere Aufsicht richtig geschaffen schien.

Ihre Zweifel verstärkten sich angesichts der Größe der neuen UBS im Land der unbegrenzten Möglichkeiten. Seit der Übernahme von Paine Webber, der viertgrößten Geschäftsbank Amerikas, im Jahr 2000 waren die Schweizer zu einem bedeutenden Finanzkonzern in Übersee geworden. Im Handelsgeschäft und dort vor allem im Bereich Immobilienprodukte versuchten sie, zu einer der größten und rentabelsten Investmentbanken der Welt zu werden.

Ihre Ambitionen verkündete die UBS Warburg, wie der Bereich damals noch hieß, in einer Pressemitteilung vom 11. April 2002. Unter dem Titel »UBS holt Asset-backed-Profis; weitet ihr führendes Hypothekargeschäft aus«[2] wurde der Zuzug von Teams von Konkurrentin Bank of America und anderen vermeldet. »Ein Team mit den besten Talenten, das UBS Warburg befähigt, die erste Wallstreet-Adresse im verbrieften Hypothekargeschäft und bei anderen strukturierten Kreditpapieren zu sein«[3], jubelte die UBS. Fachausdrücke wie »mortgage-backed« und »asset-backed« waren damals noch wenig geläufig. Inzwischen stehen sie als Synonyme für undurchsichtige und hochkomplexe Wertpapiere, die meist auf ein und demselben Basiswert aufbauen: Hypotheken auf überbewerteten oder zumindest unsicheren amerikanischen Liegenschaften.

Als die Gewinne im Geschäft mit verbrieften US-Hypotheken nach oben schnellten und sich ihr Argwohn nicht legte, wurden die Risikoexperten aus der Schweizer Zentrale aktiv. Sie wollten einen Stresstest durchführen und abklären, ob die auf dem amerikanischen Immobilienmarkt basierenden Risiken korrekt erkannt, erfasst und überwacht würden.

Stresstests sind im Banking nichts Außergewöhnliches, sie wurden seit Beginn der neunziger Jahre von internationalen Gremien empfohlen. Den Verantwortlichen helfen sie abzuschätzen, welche Verluste drohen, wenn die Preise in einem bestimmten Markt über Nacht einbrechen – und das heißt eben: wenn sie in Stress geraten. Die Finanzindustrie zeichnet sich dadurch aus, dass früher oder später, eher alle fünf als alle zehn Jahre, eine abrupte Korrektur eintritt, mit der die meisten Marktteilnehmer nicht gerechnet haben. Mit Stresstests, die nicht auf historischen Daten fußen, versuchen die Banken, solch extreme Situationen zu modellieren und frühzeitig herauszufinden, wo ihre Achillessehne ist, in welchem Bereich sie das größte Risiko aufweisen, wo sie besonders vorsichtig sein müssen. Kurz: Stresstests schauen nach vorn, nicht zurück.

Vom 29. April bis zum 7. Mai 2002 ließen sich die Zürcher Experten von den Zuständigen in New York die Überwachungssysteme für die Hypothekenpositionen erklären. Je mehr sie sahen, desto größer wurde ihr Unbehagen. Wesentliche Bestandteile, die das Geschäft profitabel machten, blieben den Überwachern vor Ort verborgen. Falls nicht schnell Gegensteuer gegeben würde, drohte eine Wachstumsmaschine außer Kontrolle zu geraten.

Insbesondere beunruhigte die beiden Risikospezialisten die riesige Position im US-Immobilienmarkt, welche die Händler der UBS Investmentbank aufgebaut hatten. Per 31. Mai 2002 wies die UBS gemäß einem Report 24 Milliarden Dollar in US-Kreditpapieren mit einem Bezug zum Hypothekarmarkt aus. Bereits damals fanden sich spätere Problempositionen, beispielsweise US Reference-linked Notes, die rund 10 Milliarden Dollar ausmachten und sechs Jahre später zu einem wüsten Rechtsstreit mit der Hamburger HSH Nordbank ausarten sollten.

Auch »Subprime«-Kredite, die erst 2007 zum Synonym für den Jahrhundertsturm an den Finanzmärkten wurden, tauchten auf. »Die Eigenheimkredite sind neue, 30-jährige Fixhypotheken an Subprime-Schuldner«[4], schrieben die UBS-Spezialisten für Hypothekenverbriefung in einer Transaktionsbeschreibung. Fixhypotheken von »minderwertigen« Subprime-Schuldnern wurden aufgekauft, bei sogenannten Monoline-Versicherern versichert und in ein Spezialvehikel übertragen. Sodann emittierte dieses »Special purpose vehicle« (SPV) A- und B-klassige Wertschriften. Die A-Papiere repräsentierten 98,5 Prozent der Basis-Hypothekarkredite, waren ausfallversichert und erhielten von den Rating-Agenturen das Topgütesiegel Aaa. Die restlichen 1,5 Prozent blieben ohne Rating, rentierten aber dafür höher.

Das erwähnte SPV hielt Subprime-Kredite über fünf Milliarden Dollar. Nach Abzug der Kosten für Monoline-Versicherer und Fremdkapital blieb ein Nettogewinn von 271 Millionen Dollar. Dies entsprach einer Marge von 1,77 Prozent auf den Libor, den Zins, den Investmentbanken untereinander für ungedeckte Kredite fordern. 1,77 über Libor, und das für ausfallsichere Aaa-Wertschriften – wenn das keine Finanzalchemie war!

Das obige Fünf-Milliarden-SPV war Teil der 24 Milliarden Dollar, welche die UBS Investmentbank in verbrieften US-Hypothekenpapieren hielt. Beim damaligen Dollarkurs entsprach die Summe rund 40 Milliarden Franken bzw. fast 30 Milliarden Euro. Das eigene Kapital der Bank betrug zum damaligen Zeitpunkt knapp 44 Milliarden Franken und lag somit nur unwesentlich höher als der riesige Brocken im US-Häusermarkt, auf dem die UBS saß und den interne Kritiker nun zu hinterfragen begannen.

Allein die absolute Höhe deutete auf potenzielle Großschäden hin. Wie viele der 24 Milliarden Dollar würden unter extremen Marktbedingungen bei einem massiven Preiseinbruch und einem Käuferstreik im schlimmsten Fall ausfallen? Die Zürcher Risikomanager erwarteten, dass ein Stresstest mit genügend scharfen Annahmen im Hinblick auf ein Platzen der US-Immobilienblase, die schon damals thematisiert wurde, zu signifikanten Ausfällen führen würde. »Shock the system«, rüttle das System durch, lautete ihr Grundsatz.

Umso mehr staunten sie über die Resultate. Trotz der Größe des US-Immobilienbrockens fielen die errechneten Verluste verhältnismäßig gering aus. Beispielsweise brachte ein Preissturz in zweistelliger Prozenthöhe keinen Milliardenverlust, wie sie dies erwartet hatten, sondern »nur« ein paar hundert Millionen Dollar. Eine Summe jedenfalls, die für die UBS keinen Stress bedeutete.

Der Argwohn der Risikomanager verstärkte sich. Weil nicht klar war, wer an den Rechenmodellen Hand anlegen konnte, konnten die Ergebnisse frisiert sein. Das Verhalten der Kollegen des zuständigen Risikomanagements vor Ort weckte ebenfalls Zweifel. Nicht dass diese offen Obstruktion betrieben, dazu waren sie zu sehr Profis, die sich keine solche Blöße gaben. Doch war offensichtlich, dass auf US-Seite wenig Lust zur Kooperation in dieser Angelegenheit bestand. Mehr und mehr kamen die beiden Schweizer zu der Überzeugung, dass die US-Risikomanager in New York sich in den Dienst der Händler gestellt hatten, statt die Transaktionen mit den Hypothekenpapieren unvoreingenommen zu testen. Es bestand die Gefahr, dass die amerikanische Hypothekenmaschine zum abgeschottenen Silo wurde, ohne Zugriff von außen und ohne Kenntnis der Risiken.

Nach ihrer Rückkehr schlugen die Prüfer aus Zürich Alarm und verfassten einen dreiseitigen Bericht, der als Grundlage für weitere Abklärungen gedacht war. »Vorläufige PFCA & CRE-Analyse«[5] lautete der Titel des Dokuments. PFCA bedeutete Principal Finance & Credit Arbitrage, also Eigenhandel und Kredit-Arbitrage, CRE bedeutete Commercial Real Estate, gemeint war das Business mit Geschäftsliegenschaften. Zusammengefasst war es diese Abteilung, in der die UBS enorme Positionen im US-Hypothekenmarkt konzentrierte und die einen großen Teil des damaligen Eigenhandels der aufstrebenden Schweizer Investmentbank ausmachte.

Unter den Begriff Eigenhandel fällt, vereinfacht gesagt, das Spekulieren mit dem eigenen Kapital. Je nach Größe des Kerngeschäfts einer Geschäftsbank, also des Umfangs der Dienstleistungen für die Kunden, stehen unterschiedlich hohe Mittel für solche Geschäfte auf eigene Rechnung und auf eigenes Risiko zur Verfügung. Im Fall einer weltumspannenden Universalbank wie der UBS, bei der Millionen von Kunden Milliarden von Vermögensgeldern anlegen, steht dem Eigenhandel naturgemäß mehr Kapital zur Verfügung als bei einem kleineren Institut. Entsprechend größer sind die Risiken, und umso mehr bedarf es einer strengen Überwachung.

Der Befund nach der New Yorker Visite und den vielen Meetings ließ nichts an Deutlichkeit zu wünschen übrig. Unter »Main Observations« führten die Risikospezialisten in ihrem vorläufigen Abschlussbericht ihre wichtigsten Beobachtungen auf. »Bei PFCA & CRE handelt es sich vermutlich um zwei der komplexesten Geschäftsbereiche der ganzen Bank. Ihre Komplexität wurzelt nicht so sehr in exotischen Bewertungsmodellen – auch davon gibt es ein paar –, sondern die Abteilungen umfassen und nutzen sämtliches Know-how innerhalb der Bank (Kredit- und Marktrisiko, Risiko- und Finanzkontrolle etc.) in nie zuvor realisiertem Ausmaß. Ihre Verantwortlichen überblicken und kontrollieren damit Prozesse, die sich durch fast alle Operationsbereiche ziehen, und zwar so umfassend, wie es nur ganz wenigen Leuten in irgendeiner Kontrollfunktion möglich ist. Aus Überwachungsüberlegungen ist es entscheidend, solche Silo-Ansätze oder Abgrenzungen, wie sie manchmal in Sitzungen und Diskussionen anklingen, zu verhindern.«[6]

Die Risikomanager monierten somit nicht allein die schiere Größe der gehaltenen Positionen. Sie waren einem gravierenderen, weil grundsätzlicheren Problem auf die Spur gekommen: der Komplexität des Eigenhandelsgeschäfts, wie es die Abteilungen PFCA & CRE betrieben. Schwer zu durchschauen waren selbst für Profis wie die zwei Risikomanager Handelsstrategien mit enormen Engagements, die zur gleichen Zeit Markt- und Kreditrisiken betrafen, dazu noch in einem hochdynamischen Umfeld mit großem Wachstum und ständig neuen, exotischen Produkten.

Für die Experten aus der Schweizer Zentrale war wichtig, dass sich die US-Händler von PFCA & CRE mit ihrer riesigen Hypothekenposition nicht den Kontrollzugriffen von Spezialisten der Gruppe, die nicht zum Team gehörten, entziehen konnten. So, wie die »Handelsmaschine« von PFCA & CRE damals aufgesetzt war, verfügte die Gruppe über sämtliches benötigte Wissen selbst und konnte, wenn sie denn wollte, Kontrollen von fremden, kritischen und genügend weit entfernten Fachleuten des Konzerns neutralisieren. Kurz: Ihre Verantwortlichen machten nicht nur das Geschäft, sondern sie wurden auch überwacht von Leuten, die erstens nie das gesamte Risiko überblickten und zweitens wenig Anreiz hatten, unbequeme Fragen zu stellen und das Geschäft zu stören. Im Gegenteil, die Lohn- und Bonusanreize waren zunehmend derart ausgestaltet, dass mehr Umsatz und höhere Gewinne auch den Kontrolleuren zugutekamen.

Dass es sich beim vorgefundenen Silo nicht um Peanuts handelte, machten die Zürcher Experten mit ihrer nächsten Aussage klar. »PFCA & CRE haben eine große Hypothekenposition aufgebaut und halten nun eines der vermutlich größten Bücher aller Wallstreet-Banken«[7], qualifizierten sie die 24 Milliarden Dollar, welche die Bank per Ende Mai 2002 auf eigenes Risiko in US-Hypothekenpapieren investiert hatte. Dort, an der Wallstreet im Süden Manhattans, wollte auch die UBS zu den größten und erfolgreichsten Investmenthäusern gehören, und sie baute zu diesem Zweck Positionen auf, die sich nicht so schnell verkaufen ließen. »Realistischerweise ist mit sechs bis zwölf Monaten zu rechnen, bis sämtliche Positionen abgebaut werden können«[8], warnten die Schweizer Risikomanager im Mai 2002.

Das Engagement in US-Hypothekenpapieren war gigantisch, und es konnte von außen, sprich von Spezialisten der Zentrale, nicht genügend überwacht werden. Es gab aber noch andere Befunde, die Fragen aufwarfen. »Ein zentrales Problem in der Analyse des Stresspotenzials von PFCA & CRE ist die mangelhafte Erklärung, woher die Gewinne und die Verluste stammen.«[9] Dies hänge vermutlich mit der Komplexität des Geschäfts sowie mit der

Produktbreite und den Handelsstrategien zusammen, meinten die Risikomanager und legten damit den Finger auf einen wunden Punkt, der fünf Jahre später als zentrale Ursache für das Versagen der UBS erkannt wurde: die interne Verfügbarkeit billigen Geldes.

Die UBS galt in jener Zeit als sicherste Bank weltweit und musste Investoren am wenigsten Zinsen auf deren Anlagen berappen. Davon profitierte auch die Sparte Investmentbank, die sich bei der Zentrale zu einem Zinssatz verschulden konnte, der immer noch tiefer lag als der Interbankensatz im freien Markt, den man, wie schon erwähnt, Libor nennt, London Interbank Offered Rate. Was die Händler im fernen New York mit den sprudelnden Mitteln anstellten, schien zweitrangig.

Profitierte PFCA & CRE, die US-Hypothekenmaschine der Investmentbank, demnach lediglich vom Status der UBS als sicherste Bank der Welt? »Um besser zu verstehen, wie sich die verschiedenen Risiken auf die Gewinne und Verluste auswirken, bedarf es detaillierterer Erklärungen«[10], forderten die Risikomanager nach ihrer Analyse. Aggressive Handelsstrategien, die hohe Gewinne abwarfen, ohne dass jemand den präzisen Mechanismus verstand, konnten eine Bank existenziell gefährden. Das hatten sie schon bei früheren Gelegenheiten erkannt. Für sie war nach dem Besuch in New York klar, dass das neue Geschäftsmodell dringend untersucht werden musste.

Es wäre verwunderlich, wenn Walter Stürzinger die Sprengkraft des Berichts nicht erkannt hätte. Stürzinger, der auf manche wie ein typischer Revisor wirkte, war die Hierarchieleiter stetig hochgestiegen und bei der UBS inzwischen Chief Risk Officer des gesamten Konzerns geworden. In dieser Funktion war der Manager auch verantwortlich für die Überwachung der Marktrisiken und der operativen Risiken. Und zu denen zählte vor allem der Eigenhandel, also die Spekulationsgeschäfte der Bank auf eigenes Risiko und auf eigene Rechnung.

Wie Stürzinger seine Rolle interpretierte, zeigte sich an Heiligabend 2001. »Dear Colleagues«, eröffnete der Risikochef der UBS eine Weihnachtsmail an seine Mitarbeiter, in der er kurz das auslaufende »ereignisreiche« Jahr Revue passieren ließ, bevor er den Blick nach vorn richtete. »Wir leben mit Risiken, also mit Unsicherheit bezüglich der Zukunft«, setzte Stürzinger an. »Doch die Realität ist nun mal, dass wir nur Geld verdienen können, wenn wir auch einige Risiken eingehen. Unsere Firma lebt und gedeiht dadurch, dass sie eine konstruktive, positive Haltung gegenüber Risiken einnimmt und sie sich ständig vor Augen hält. Die Probleme dieser Welt werden nicht von den Schwarzmalern gelöst. Sondern von Leuten, die sich den Herausforderungen stellen, vernünftige Annahmen treffen und dann agieren.«[11] Kein Wort von Vorsicht, kein Aufruf zu Skepsis, sondern Ächtung von Schwarzmalern und Ansporn für Zukunftsgläubige – so munterte nicht der ambitiöse Vorgesetzte seine risikofreudigen Händler auf, sondern der oberste Risikoverantwortliche der größten Schweizer Bank, die im Markt als besonders vorsichtig galt.

Auch ein anderer Topmanager der UBS erhielt den Mai-Report, und der war das ziemliche Gegenteil des angepassten Stürzinger: Marco Suter, ein langjähriger Finanzexperte des Bankvereins und karrieremäßig ein Ziehsohn von UBS-Übervater Marcel Ospel. Im Unterschied zu Stürzinger konnte Suter mit der Tür ins Haus fallen, er war ständig auf Achse, zwischendurch polternd und laut befehlend. Sollte Stürzinger ein Zauderer sein, dann galt Suter als entschlussfreudiger Haudegen. Sein kaum unterdrücktes Selbstbewusstsein konnte Kollegen, die im Umgang mit Zahlen weniger versiert waren, beeindrucken. Suter trug damals den Titel eines Chief Credit Officer und zeichnete als solcher verantwortlich für die Risiken im Kreditgeschäft.

Marco Suter war der Mann, der in den neunziger Jahren für seine Bank die Schweizer Immobilienkrise bewältigen musste und in jener Zeit auch Erfahrungen mit einbrechenden Häuserpreisen in den USA sammeln konnte. Nun war der Finanzmann mit einem neuen Phänomen konfrontiert. Mit ihrer ausgeklügelten Technik der Zerstückelung und Verbriefung hatten die Investmentbanker der großen Banken die Risiken auf unzählige Investoren verteilt und damit den Eindruck erweckt, erheblichere Ausfälle für einzelne Marktteilnehmer und ihre eigenen Banken wegzaubern zu können. In Tat und Wahrheit hatten sie das Risiko aber lediglich dem Schein nach minimiert. Die tief in den CDO- und MBS-Strukturen schlummernden Einzelkredite – Hypotheken, Konsum- und Autokredite, Kreditkartenschulden, Studentendarlehen etc. – waren mitnichten aus der Welt geschafft, sondern schwieriger einzuschätzen – vor allem für jene, die nicht an deren Verpackung beteiligt waren. Neues Risikowissen und neue Kontrollsysteme waren nötig, um tief in die strukturierten Vehikel hineinblicken und die Güte der einzelnen Schuldner – und damit letztendlich die Qualität der sie umfassenden Vehikel – beurteilen zu können. Doch statt auf unabhängige Spezialisten zu setzen, wurden Leute beauftragt, die selbst Teil des Geschäfts waren. Und so tauchten die rasant wachsenden Risiken, die in den US-Kreditpapieren steckten, nie auf dem Radarschirm des Risikoverantwortlichen auf.

Stürzinger »überlebte« bis heute den Subprime-Sturm als Spitzenmanager. Der inzwischen 53-jährige Risikochef wurde im Herbst 2007 zum obersten Stabschef der UBS gemacht, zu einer Art Leiter der Administration. Der Wechsel vom Chief Risk Officer des Konzerns zum Oberverwalter der UBS erfolgte nach Bekanntwerden der ersten Subprime-Milliardenverluste im Herbst 2007. Er bedeutete zwar eine Degradierung. Nichtsdestotrotz konnte Stürzinger seinen Sitz in der Konzernleitung halten. Gerettet hat den zurückhaltenden Buchhaltertyp möglicherweise, dass er die Blase im US-Immobilienmarkt als Erster in der Konzernleitung thematisierte. Doch auch der Chief Risk Officer der Bank beließ es bei leisen Einwänden.

Hatte Stürzinger einen Tadel im Klassenbuch, so ging der 50-jährige Marco Suter zunächst scheinbar gestärkt aus dem Subprime-Absturz hervor. Nach den ersten Milliardenabschreibern im Oktober 2007 übernahm Suter den Posten des Finanzchefs und wurde prominentes Mitglied der operativen Konzernleitung, mit Auftritten vor Medien und Analysten. Der Wechsel ließ ihn als Retter in der Not erscheinen und war ein Zeichen nach außen, dass ihn keine Schuld am Versagen traf. Doch die »Beförderung« war temporärer Natur. Im August 2008 präsentierte Suter ein letztes Mal das Quartalsergebnis jener Bank, für die er fast sein ganzes Berufsleben lang gearbeitet hatte und die er wie nur wenige in- und auswendig kannte. »Er zögerte keine Sekunde, einzuspringen, als ich ihn am meisten brauchte«[12], bedankte sich CEO Rohner beim Kredithaudegen, der sich mit leiser Stimme von der Öffentlichkeit verabschiedete und seither von der Bildfläche verschwunden ist.

Ospel-Intimus Suter saß ab 2005 als vollamtlicher Vizedirektor im Präsidialausschuss des Verwaltungsrats der UBS. Das Chairman's Office, von einigen Beobachtern auch Politbüro genannt, bestand aus drei Leuten: Neben Suter waren dies Präsident Ospel und der zweite Vizepräsident Stephan Haeringer. Bei allen dreien handelte es sich um sogenannte Insider, weil sie eine lange operative Karriere innerhalb der UBS hinter sich hatten. Im Chairman's Office wurden die strategischen Weichen gestellt, die wichtigsten Stellen in der operativen Führung diskutiert, die Zu- und Abwahl von Verwaltungsratsmitgliedern aufgegleist und die größten Risiken der Bank überwacht.

Letztere Aufgabe fiel im innersten Machtzirkel dem Zahlenmenschen Marco Suter zu. Als ehemaliger oberster Kreditverantwortlicher der Konzernleitung war er prädestiniert für alle Themen, die sich um große Kredite und Risiken drehten. Im Geschäftsbericht 2006 führte die UBS formell aus, wer für die Risiken an der Spitze der Bank zuständig sei: »Das Präsidium hat seine Kompetenzen im Bereich Kredit- und Marktrisiken dem Vizepräsidenten Marco Suter übertragen, der seine Entscheide dem Präsidium zur Ratifizierung unterbreitet. Marco Suter wurde zudem vom Präsidium ins Risk Subcommittee der Konzernleitung delegiert, in dem alle wichtigen Risikoangelegenheiten (Kredit-, Markt- und operationelle Risiken) behandelt werden.«

Gemäß seinem Pflichtenheft hatte Marco Suter also eine entscheidende Verantwortung bei der Überwachung der größten Risiken. Den tiefen Fall mit Subprime-Engagements hatte er aber nicht verhindert. Dass er trotzdem ein Jahr lang weiter in hoher

Funktion bei der UBS tätig blieb, könnte mit seinen Warnungen zusammenhängen. Suter soll, so berichten UBS-Vertraute, vergleichsweise früh, nämlich ab 2006, Einwände gegen den eingeschlagenen Expansionskurs erhoben haben. Anders als die meisten übrigen Topmanager habe der Ospel-Intimus die explodierende Bilanz der Bank als Risiko verstanden. Nur: Was konkret Suter ein Dorn im Auge war, bleibt bis heute unklar. Der Kreditspezialist hatte offenbar nur generell die Expansion hinterfragt, die von der Sparte Investmentbank herkam. Ein langjähriger UBS-Finanzmann sagte im Gespräch, dass Suter die Qualität der Engagements in der Investmentbank hätte überwachen müssen. Doch der oberste Risikoverantwortliche der UBS habe die Gefahren, die in den Milliarden von US-Hypothekenpapieren lauerten, vermutlich nicht verstanden oder zumindest nicht erkannt.

Kunden hatten im Jahr 2002 bei der Großbank gut 300 Milliarden Franken angelegt, 2007 sollten es bereits über 640 Milliarden sein. Zudem flossen der UBS durch Ausgabe von kurz- und langfristigen Anleihen bis 2007 über 220 Milliarden von Investoren zu. Diese der Bank anvertrauten Gelder standen intern zur Verfügung. Die Händler der UBS Investmentbank ließen sich nicht zweimal bitten. Weil sie rund ein zehntel Prozent weniger als im freien Markt (Libor) bezahlen mussten, saugten sie die bereitliegenden Mittel ab. Was sie damit unternahmen, in welchen Produkten sie diese anlegten – diese Fragen hatte nach Aussagen des Finanzmanns auch Suter nicht gestellt.

Ob Haudegen Suter oder Buchhalter Stürzinger im Sommer 2002 den Ton angab, ist nicht klar. Formell musste sich der oberste operative Risikochef Stürzinger darum kümmern. Die neuartigen Kreditpapiere wurden von der UBS-Leitung nämlich primär als Marktrisiko und nicht als Kreditrisiko behandelt: Sie wiesen einen aktuellen Kurs auf, wurden nach der Mark-to-market-Regel, also quasi tagesaktuell, bewertet und konnten gehandelt werden. Dass sie vor allem gekauft und selten verkauft wurden, störte kaum jemanden. Aber Suters Meinung hatte ebenfalls Gewicht. Dass beide Topshots den Bericht der Zürcher Risikoexperten zu beurteilen hatten, war von Vorteil. Damit wussten jene Manager, die in letzter Konsequenz für alle großen Risiken zuständig waren, dass ihre Bank im US-Immobiliengeschäft in gefährliche Wasser geraten könnte. Die potenzielle Gefährlichkeit der milliardenschweren Position im US-Hypothekenmarkt war bisher in der Zentrale unterschätzt worden und zwang nun die obersten Aufseher in der Schweizer Heimat zum Handeln. Noch konnten sie das Steuer herumreißen.

Die Masters of the Universe der UBS genossen Büros mit Aussicht. Vom Glastower an der 6th Avenue in Manhattan, die 1945 nach dem gewonnenen Weltkrieg in Avenue of the Americas umgetauft wurde, sahen sie ein paar Straßenzüge weiter im Westen den Hudson River und in Richtung Norden den Central Park. Der quadratische Hochhausklotz vis-à-vis der Radio City Music Hall war zwei Jahre zuvor mit der Akquisition von Paine Webber in den Besitz der Schweizer Großbank übergegangen. Hier, auf den Bildschirmen der Händler der Abteilung PFCA & CRE, flimmerten jeden Tag neue Milliardenbeträge auf. Das Geschäft begann zu laufen, die Maschine war geölt, der Kurs gesetzt, der Tanker bereit, Fahrt aufzunehmen. Die UBS Investmentbank sollte zum führenden Player im Geschäft mit verbrieften Hypothekenpapieren werden, diesem heißesten Markt von Wallstreet.

John Costas und Michael »Mike« Hutchins waren die Supermasters in der Investmentbank der UBS. Beide hatten eine lange Karriere im Multimilliardengeschäft mit festverzinslichen Produkten hinter sich und erkannten die historischen Chancen der neuen Finanzwelt – sowohl für ihre Schweizer Arbeitgeberin als auch für sich selbst. Costas war ein Leadertyp. Er sprach meist ruhig und langsam, mit dünner Stimme. Das war einer seiner Trümpfe, denn damit konnte er sein Umfeld für sich gewinnen. Man wollte ihm rasch glauben, konnte sich nicht vorstellen, dass ein Mann mit solch sanftem Gemüt irgendwelche Hintergedanken haben könnte. Er war im weltberühmten Universitätsstädtchen Princeton bei Philadelphia im amerikanischen Nordosten aufgewachsen, wo sein

Vater einen Lebensmittelladen betrieben hatte. Der extravertierte junge Mann nutzte seine blendende Rhetorik für einen rasanten Aufstieg in der hochgradig kompetitiven Welt der Investmentbanken.

War Costas der blendende Verkäufer, so galt der zwei Jahre ältere Mike Hutchins als herausragender Denker und Analytiker, mit ausgeprägten mathematischen Fähigkeiten. Beide waren im Sommer 2002 Mitte 40 und bereit, viel Geld zu verdienen und Geschichte zu schreiben. Sie waren 1996 zur damaligen Bankgesellschaft (SBG) gestoßen, Costas als Chef der Zinsabteilung der Credit Suisse mit starker Stellung, der aber in einem Machtkampf gegen den späteren CEO der englischen Barclays Bank Bob Diamond den Kürzeren gezogen hatte; Hutchins hatte seinen Weg in den USA bei der bekannten Investmentbank Salomon Brothers gemacht. Geprägt hatte sie das Jahr 1998, als die UBS nach einem spektakulären Handelsverlust eine Zeitlang wie gelähmt war. Damals war der Hedgefonds Long-Term Capital Management, kurz LTCM, pleitegegangen, was auch die Schweizer in Mitleidenschaft zog. Das UBS-Vorgängerinstitut Bankgesellschaft hatte im großen Stil ins LTCM-Vehikel investiert, und nach dessen Kollaps musste die kurz zuvor fusionierte neue UBS eine Milliarde Franken als Verlust abschreiben. UBS-Präsident Mathis Cabiallavetta räumte darauf sein Büro, und Konzernchef Marcel Ospel wurde zur alleinigen starken Figur. Ospel wechselte als Erstes die obersten Risikomanager aus und ordnete eine Untersuchung aller wichtigen Engagements an, bevor wieder neue Wetten eingegangen werden durften.

Durch das Köpferollen an der Unternehmensspitze und im Handelsgeschäft war ein Vakuum in der Investmentbank entstanden. Der Befehl von oben – keine neuen Risiken eingehen! – verleitete viele Händler und Manager zu einer abwartenden Haltung. Das war ein ideales Umfeld für zwei initiative, sich ergänzende Unternehmertypen wie Costas und Hutchins. Gemeinsam bauten sie eine komplexe Verpackungs- und Verbriefungsmaschine auf, die sie bald mit US-Hypothekenpapieren füttern sollten.

An Ambitionen mangelte es dem ehrgeizigen Costas und seinem Leutnant Hutchins nicht. Auch nicht am Können. Beide kannten das Geschäft mit Zinsprodukten, beide wussten, wie man sowohl in steigenden als auch in fallenden Märkten Geld verdienen konnte, und zwar besonders viel da, wo die Musik spielte. Und so begannen Hutchins und Costas nach 1998, in der Abteilung PFCA & CRE Positionen in US-Hypothekenpapieren aufzubauen, um sie später in Form von Wertpapieren zu verkaufen oder auf die eigenen Bücher zu nehmen.

Principal Finance, also der Eigenhandel der Bank, existierte bereits unter der alten Bankgesellschaft. Nach der Fusion mit dem Bankverein zur neuen UBS reduzierte der damals verantwortliche Risikochef Felix Fischer, der um die Komplexität des Geschäfts wusste, die Immobilienengagements des neuen Bankgiganten. Fischer schied im Zuge des LTCM-Debakels aus, und zwei Jahre später schlug für Costas und Hutchins die große Stunde. Damals erwarb die UBS Paine Webber. Der Deal war von John Costas und dem operativen Chef von Paine Webber, Joe Grano, eingefädelt worden und kostete die Schweizer die stolze Summe von umgerechnet rund 18 Milliarden Franken bzw. rund 12 Milliarden Euro. Im Gegenzug erhielten sie die US-Bank mit der viertgrößten Privatkundschaft, die von über 8000 Beratern betreut wurde. Zwar passte die Mehrheit der Kunden mit einem mittleren Vermögen von weniger als einer Million Dollar nicht zur Strategie – die UBS wollte sich im Ausland offiziell exklusiv auf die vermögende Klientel konzentrieren –, dafür legte die Bank an Gewicht zu und zählte mit insgesamt fast 30 000 Angestellten zu den bedeutenden Finanzhäusern Nordamerikas, jenes Marktes, der für jeden Multi ein Muss darstellt.

Costas und Hutchins interessierten sich auch für Kidder Peabody's. Die einst renommierte Brokerfirma gehörte seit 1995 zu Paine Webber und hatte sich zu einer wichtigen Mitspielerin im amerikanischen Hypothekenmarkt gemausert, mit zahlreichen Spezialisten, einer ausgereiften Informatik und einem ansehnlichen Marktanteil. Nach der Übernahme von Kidder Peabody's hatte Paine Webber dank der eigenen Finanzkraft das Hypothekengeschäft im Heimmarkt USA weiter ausgebaut. Die Übernahme von Paine Webber durch die UBS verlieh weiteren Schwung. Das von Costas und Hutchins aufgebaute Hypothekenportefeuille erhielt zusätzliche Masse, und die Abteilung profitierte vom Knowhow und von den Systemen des einstigen Kidder-Peabody-Hypothekengeschäfts. Durch Zusammenschlüsse war aus einem Nischenbusiness ein fetter Brocken geworden.

Ein hochrentabler dazu. Denn der geborene Marketingmann und sein Tüftler hatten den Dreh raus, wie sie aus sogenanntem Schrott – minderwertigen Hypothekenkrediten, welche man Subprime nannte, um sie von den höherwertigen Ausleihungen an »Prime«-Kunden abzugrenzen – tonnenweise Gold machen konnten. Sie peppten die Ware mit ein paar sicheren Krediten auf, nutzten die geltenden Rating-Regeln und zauberten Aaa-Wertpapiere aus dem Hut. Zwar basierte die Preisbildung auf Zahlenmaterial, das nur wenige Jahre zurückreichte. Doch die Investoren, die nach einer langen Tiefzinszeit und rückläufigen Börsenkursen auf Bergen von Bargeld saßen, lechzten nach neuen Anlagemöglichkeiten. Endlich lockte eine interessante Klasse von Wertpapieren, welche die bekannten Rating-Agenturen als praktisch risikolos zertifizierten und die trotzdem eine schöne Zusatzrendite versprach. Dass sich die Rating-Agenturen von allen Designern der synthetischen Produkte für ihre Arbeit bezahlen ließen, störte kaum jemanden.

Die neue Mode war Marcel Rohner vertraut. Der mittelgroße, schlanke Manager mit der feinen Brille und dem freundlichen Lächeln hatte nach seinem Ökonomiestudium an der Universität Zürich in jungen Jahren beim UBS-Vorgängerinstitut Bankgesellschaft angeheuert, die er jedoch nach kurzer Zeit schon wieder verlassen wollte. Schließlich heuerte er beim Basler Bankverein an, wo er als einer der ersten Schweizer ins Risikomanagement der Derivatefirma O'Connor eingeweiht wurde, die Marcel Ospel 1992 für mehrere hundert Millionen Franken erworben hatte. Dadurch war es ihm gelungen, den Bankverein zur Vorreiterin im Geschäft mit komplexen Wertpapieren, sogenannten derivativen Produkten, zu machen.

Der Aargauer Rohner hatte sich innerhalb des Bankvereins und später der UBS rasch einen Namen als intelligenter und fachkundiger Spezialist geschaffen. Dass Rohner zwar viel von Risikotheorie verstand, aber keine unmittelbare Praxiserfahrung im modernen Handelsgeschäft mitbrachte, tat seinem Aufstieg keinen Abbruch. Hauptsache, es kümmerte sich ein gescheiter Typ um die komplizierte Materie. Als dann die LTCM-Affäre platzte und zahlreiche Topleute im Handelsbereich und Risikomanagement den Hut nehmen mussten, betrat der Akademiker den Karrierelift und landete unversehens im obersten Stock. Bald wurde er Chief Risk Officer, ab 2001 war er einer der Topleute des Paradebereichs Vermögensverwaltung, anfänglich als operativer Leiter des Private Banking für die vermögende Klientel, ab Mitte 2002 als CEO der gesamten Sparte Wealth Management. Da stand der junge Rohner plötzlich 30 000 Mitarbeitern vor.

Als einer der wichtigsten UBS-Manager saß Rohner auch im Risk Sub-Committee. Ob er in diesem Risikoausschuss der Konzernleitung von den damals schon großen US-Hypothekenpositionen und ihren potenziellen Risiken vernahm, wissen wir nicht. Anscheinend war es aber der damals erst 37-Jährige, der sich des Themas annahm. Das war nicht selbstverständlich. Rohners Rucksack war zu jenem Zeitpunkt noch nicht prall mit Erfahrungen gefüllt. Der Schweizer hatte sich bis dahin weder in Amerika noch als Händler beweisen müssen, sondern hatte sich seine Sporen auf der Überwachungsseite abverdient. Nun aber forderte Rohner Maßnahmen. Offenbar war sich der aufsteigende UBS-Manager der Brisanz bewusst, die im Analysepapier der zwei Zürcher Risikomanager steckte. »Wir müssen uns auf bessere Stresstests im Immobiliensektor konzentrieren. Wir müssen die Entstehung von Gewinn und Verlust besser verstehen und sicherstellen, dass eine unabhängige und nachvollziehbare Überprüfung des Marktwerts Transparenz schafft«[13], lauteten deren Empfehlungen.

Gut möglich, dass sich Rohner durch die Arbeit anderer Spezialisten bestärkt fühlte, die den Bewertungen der strukturierten US-Hypothekenpapiere ebenfalls nicht trauten. Die »private« Auditgruppe von Kreditchef Marco Suter war nach einer eigenen Analyse zu dem Schluss gekommen, dass gewisse Risiken unverantwortlich wären, würde man sie nach den gewohnten UBS-Kreditkriterien beurteilen. Ein entsprechender Bericht führte zu heftigen Diskussionen, wurde aber zuletzt beiseitegelegt.

Trotzdem forderte Rohner einen neuen Stresstest, worauf Stürzinger Mark Wallace, den obersten Risikochef der UBS Investmentbank, mit dessen Durchführung beauftragte. Von seiner Herkunft und Position her stand Wallace aber den Aktienhändlern nah. Möglicherweise hatte der Angelsache übertriebenen Respekt vor den hochbezahlten Investmentbankern, oder er hatte blindes Vertrauen in sie.

Sein Werdegang war für die schwierige Aufgabe ebenfalls nicht ideal. Er kannte sich zwar auf der Aktienseite aus, doch hier ging es um Zinsprodukte und komplexe Zinsderivate. Damit hatte Wallace in seiner Karriere nie viel am Hut gehabt.

Wallace verordnete eine Prüfung, die das Prädikat »streng« nicht verdiente. Der simulierte Einbruch im US-Hypothekenmarkt war mit 20 bis 30 Prozent zwar ähnlich groß, wie ihn die Zürcher Risikospezialisten, die dem Problem auf die Spur gekommen waren, empfohlen hatten. Dafür war das Resultat für sie über weite Strecken nicht nachvollziehbar.

In einer Mail vom 2. September 2002 begründete einer von ihnen seine Skepsis in sieben Punkten. Adressaten waren Walter Stürzinger und dessen damaliger Assistent. Unter Punkt 2 schrieb der Risikomanager: »Basierend auf einer Zeitreihe mit verschiedenen Preisen gehen wir über eine Periode von zwei bis drei Jahren von Einbrüchen von 22 und 27 Prozent aus. Allein die Geschichte der Geschäftsliegenschaften zeigt maximale Einbrüche von 30 und 38 Prozent. Ein vermutlich noch aussagekräftigerer Stresstest würde wohl Verluste von 30 Prozent über 2 Jahre und 40 Prozent über 4 Jahre annehmen.«[14]

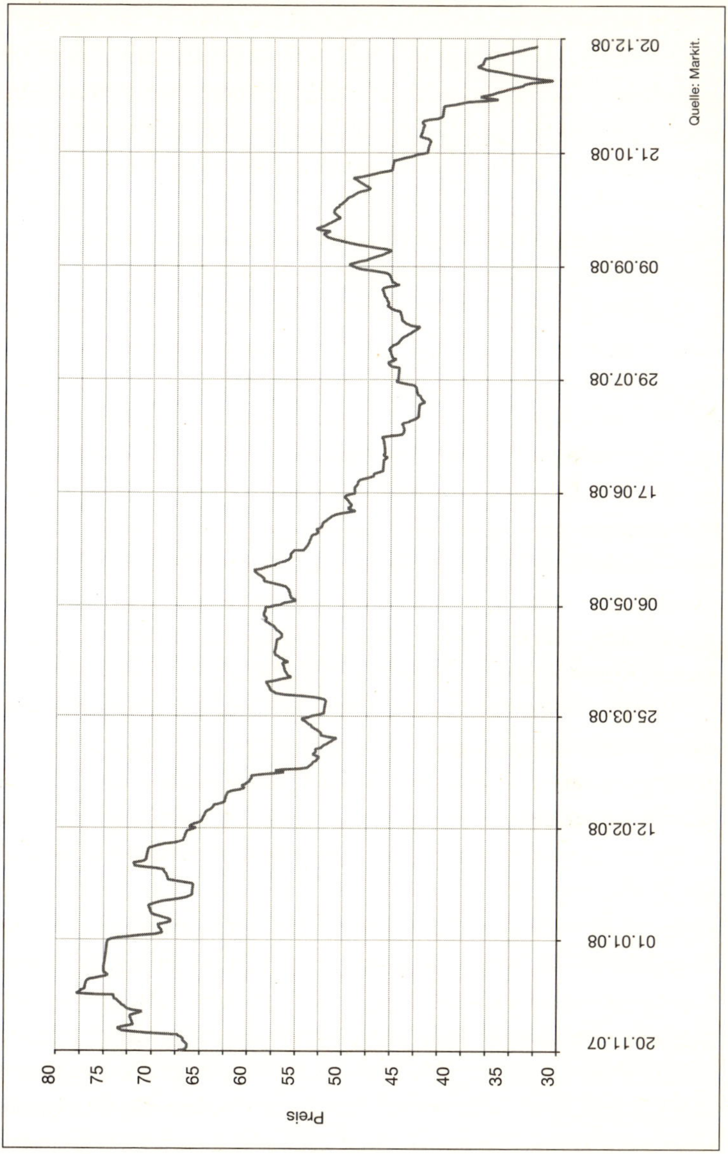

Der Chart zeigt den Verlauf des Markit-ABX-Index für Aaa-Hypothekenpapiere des »Kreditjahrgangs« 2007. Die vermeintlich sicheren Subprime-Anleihen, die mit der Höchstnote Aaa bewertet waren, verloren Ende 2007 und Anfang 2008 einen Großteil ihres einstigen Wertes.

Ein Blick auf den ABX-Index der Firma Markit, den die Banken für die Bewertung ihrer Subprime-Bestände verwenden, zeigte, wie stark die Preise für strukturierte Hypothekenforderungen nach dem Platzen der US-Kreditblase im Sommer 2007 eingebrochen waren. Obwohl die Preise im amerikanischen Markt erst um etwa 10 bis 15 Prozent zurückgingen, reagierten die verbrieften Obligationspapiere heftig, es kam zu einem Absturz des ABX-Index für die bestbewerteten Papiere von über 50 Prozent.

Das Zürcher Risikoteam setzte bereits damals ein Fragezeichen hinter die Berechnung des Nettoverlusts. Trotz eher »weicher« Bedingungen war im neuen, von Rohner verordneten Stresstest nur ein Bruttoverlust von 495 Millionen Dollar entstanden, der danach mittels Auflösung von Reserven auf etwa die Hälfte schrumpfte. Ob es korrekt sei, mittels Goodwillauflösung den Verlust auf Immobilien-Investitionen der ehemaligen Paine Webber derart zu reduzieren, fragte der Risikomanager.

Immerhin galten diese Größenordnungen schon damals nicht als Lappalie. Als die UBS im Frühling 2007 ihren erst zwei Jahre alten Hedgefonds Dillon Read Capital Management schloss – der Entscheid markierte für die UBS den Beginn der Subprime-Krise –, rechtfertigten die Verantwortlichen die einschneidende Maßnahme mit Verlusten im ersten Quartal von gerade mal 150 Millionen Dollar.

Am Schluss seiner Mail an seinen obersten Vorgesetzten gab der Risikomanager eine Empfehlung ab, die heute prophetisch klingt. »Wir sollten verhindern, dass PFCA/CRE noch größer werden, als sie es heute schon sind. Das Beste wäre wohl, eine obere Stressgrenze zu verfügen, möglicherweise durch die Konzernleitung abgesegnet und vierteljährlich überwacht.«[15]

Damit ist die Ausgangslage, wie sie sich im Herbst 2002 präsentierte, klar: Die obersten Risikomanager der Bank – insbesondere Kreditchef Marco Suter und Chief Risk Officer Walter Stürzinger, an zweiter Stelle auch die jeweiligen Risikoverantwortlichen der Investmentbank, des US-Geschäfts sowie verschiedene Manager des Eigenhandels PFCA & CRE – waren über Ausmaß und Problematik der US-Hypothekenposition im Bild. Da Rohner eine starke Stellung in der Konzernleitung hatte – er übernahm Mitte 2002 die weltweite Verantwortung für das Kerngeschäft Vermögensverwaltung –, könnte er zumindest in groben Zügen ebenfalls um die Problematik gewusst haben. Und auch das dreiköpfige Präsidium des Verwaltungsrats unter dem Vorsitz von Marcel Ospel, wo Marco Suter ab 2005 als Intimus des Präsidenten saß, müsste davon erfahren haben.

Die Entscheidung, wie es mit dem Hypothekenbrocken von 24 Milliarden Dollar weitergehen sollte, lag primär bei Stürzinger, dem obersten Risikochef, und Suter, dem höchsten Kreditverantwortlichen, in zweiter Linie bei den verschiedenen nachgelagerten Risikogremien. Die Rolle von Marcel Rohner war insofern speziell, als er sich als Exchef des Risikomanagements und als Shootingstar der UBS offenbar zeitweilig des Themas angenommen hatte. Damals hatten die Verantwortlichen die Chance, eine besondere Behandlung des Problems zu verordnen. Doch das taten sie anscheinend nicht. Zumindest deutet für die Phase von 2002 bis 2004 nichts darauf hin, dass die Konzernleitung oder die Investmentbankchefs die aufgedeckten Risiken – Siloverhalten, Lücke zwischen Kredit- und Marktrisiko, unklare Gewinnentstehung, Auswirkung des internen Billigkapitals – an die Hand genommen hätten. Keine der befragten Personen, die diese Zeit aus der Nähe miterlebt hatten, wusste von zusätzlichen Abklärungen oder Kontrollen, nichts war zu erfahren über strengere Rapportierungsauflagen oder einen Entscheid zum Abbau der gefährlichen Position. Die UBS-Topshots und insbesondere die speziell involvierten Marco Suter und Walter Stürzinger und der weniger exponierte Marcel Rohner waren mit der Frage des riesigen US-Hypothekenengagements konfrontiert gewesen – und hatten es offenbar für gut befunden.

Auf einer anderen Ebene hatte die Episode jedoch Folgen, allerdings nicht solche, wie sie zu erwarten waren. Der oberste Risikomanager der Bank Walter Stürzinger versetzte ausgerechnet jene Spezialisten, die im Frühling 2002 als Erste laut und deutlich auf das gefährliche Klumpenrisiko in den USA hingewiesen hatten. Stürzinger beauftragte andere Leute mit deren Aufgaben und legte den Abgehalfterten nahe, sich ein neues Betätigungsfeld zu suchen. Im Verlauf der nächsten 24 Monate verließen sie die Bank.

2 Wie die UBS zum Hedgefonds wurde

Im August 2004 schwenkte die UBS-Spitze in Richtung Eisberg. In jenem Sommermonat berief Konzernchef Peter Wuffli eine hochkarätige Gruppe ein, um den Kurs der Bank zu bestimmen. »Vision 2010« wurde das Projekt genannt, und neben Wuffli waren drei weitere Manager aus der obersten operativen Leitung mit der Ausarbeitung der Zukunft beschäftigt: Marcel Rohner, aufstrebender Chef der Sparte Vermögensverwaltung, der Amerikaner John Costas, Leiter der Investmentbank und seit kurzem als Stellvertreter Wufflis die Nummer zwei in der Konzernleitung, und der Engländer Clive Standish als Finanzchef.

Der damals 46-jährige Peter Wuffli galt als Finanzspezialist. Er hatte an der Universität St. Gallen, dieser bekannten Schweizer Managementschmiede, Wirtschafts- und Sozialwissenschaften studiert. Kurzzeitig schrieb er für die *Neue Zürcher Zeitung*, bevor er 1984 bei McKinsey anheuerte, wo er sechs Jahre später zum Partner aufstieg und insbesondere Banken in ihrer Strategieentwicklung unterstützte.

Ein Glamourtyp wie sein Vorgesetzter, Präsident Marcel Ospel, war Wuffli nicht. Dafür kannte er jede halbwegs wichtige Zahl in seinem weitverzweigten Bankkonzern auswendig. Bei den Jahrespressekonferenzen glänzte er auf spitzfindige Fragen hin mit subtilen Detailkenntnissen. Während Finanzchef Clive Standish noch in seinen Unterlagen nach Informationen kramte, schüttelte Wuffli bereits die Antwort aus dem Ärmel.

Doch so eindrücklich zu beobachten war, wie Wuffli als oberster operativer Manager der UBS ab Dezember 2001 Schritt für

Schritt aus dem Schatten von Übervater Ospel trat, so wenig mochten die Kritiken ehemaliger Weggefährten am Exberater verstummen. Peter Wuffli war von 1994 bis 1998 Finanzchef der UBS-Vorgängerfirma Bankverein und übernahm die gleiche Funktion im fusionierten Großkonzern. Bei der Präsentation des Zusammenschlusses im Dezember 1997 versprach Zahlenmensch Wuffli einen Gewinn von zehn Milliarden Franken innert fünf Jahren. Das war zu hoch gegriffen, die UBS übersprang diese Hürde erst 2005.

1999 übernahm Wuffli die Leitung des Asset Managements unter dem damaligen Namen UBS Brinson. Das war die Marke, unter der die Schweizer US-Pensionskassen und Fonds maßgeschneiderte Anlageprodukte anboten. Wuffli kam zu dem Job, nachdem einer der bekanntesten US-Vermögensverwalter die Zeichen der Zeit anscheinend falsch gedeutet hatte. Gary Brinson traute den im Zuge des ersten Technologie-Hypes steil ansteigenden Aktienkursen vieler Firmen nicht und hielt an seiner vorsichtigen Bewertung fest. Als Brinsons konservative Renditen die Investoren verärgerten, ersetzte ihn Ospel durch Wuffli. Dessen Leistung war allerdings umstritten. Eines ist sicher: Als Wuffli im Dezember 2001 das Angebot erhielt, Chef der UBS-Geschäftsleitung zu werden, zögerte er nicht lange.

Peter Wuffli saß sicherer denn je im Sattel. Wenn es noch eines Beweises bedurfte, dass Erfolg sexy macht, dann lieferte ihn der einst spröde UBS-CEO. Mit jeder neuen Erfolgsmeldung gab er sich lockerer, klopfte Sprüche, verteidigte demonstrativ die rund 20 Millionen Franken, die er und Präsident Marcel Ospel jährlich verdienten, und ließ sich von Hochglanzmagazinen für People-Stories ablichten. Zur Überraschung vieler überließ Ospel seinem Konzernchef zunehmend die Show. Wuffli wollte die Gunst der Stunde nutzen und setzte zum großen Wurf an. Ihm schien die Zeit reif, nach einer Phase der Konsolidierung und vorsichtigen Geschäftspolitik auf einen scharfen Wachstumskurs einzuschwenken. Die Musik spielte im globalen Handelsgeschäft. Dort, so hatte die UBS-Leitung wenige Wochen zuvor verkündet, wollte die Bank auf den ersten Platz springen. In vielen Gebieten befand sie sich bereits unter den ersten drei.

Also steckten Wuffli und seine drei Kollegen der Konzernleitung im Sommer 2004 die Köpfe zusammen. Sie kamen zu dem Schluss, dass sie vor allem im globalen Investmentbanking eine goldene Zukunft vor sich hatten. Was genau sich die vier Manager unter dem Schlagwort »Vision 2010« ausmalten, erfuhr die Finanzwelt einige Monate später. Am 13. Mai 2005 stellte Investmentbankchef John Costas den Plan der Öffentlichkeit vor. Costas, der gern von der UBS Investmentbank als einer zweiten Goldman Sachs schwärmte, die wie die legendäre Wallstreet-Firma weit über den übrigen Investmentbanken schweben könnte, zog zuerst Bilanz. Im US-Aktienhandel war seine UBS von Platz 17 im Jahr 2000 auf Platz 3 gesprungen, was sie den Übernahmen von Paine Webber, des Aktienhandels der holländischen ABN Amro und der Wertschriftenfirma Schwab Capital Markets zu verdanken hatte. Im Beratungsgeschäft kamen die Schweizer 2004 auf gut fünf Prozent Marktanteil. Innert vier Jahren hatten sie sich weltweit gesteigert, von Platz 10 auf Platz 8 in den USA, von 5 auf 3 in Europa und von 8 auf 5 in Asien.

Stolz war der oberste UBS-Investmentbanker vor allem auf den Bereich Fixed Income, Rates and Currencies (FIRC), was vereinfacht das Geschäft mit Zinsen und Währungen meint. Im Unterschied zum Aktienhandel und Beratungsgeschäft waren für den Aufbau dieses Zweigs Mut und clevere Entscheide nötig, glaubte Costas. In seinem Vortrag listete der Manager all die Namen jener Vehikel auf, die zwei Jahre später zu Synonymen einer aus den Fugen geratenen Bankenwelt werden sollten: CDOs, Credit Derivatives, Mortgage-backed Securities, Commercial Real Estate, Principal Finance, Asset-based Lending, Leveraged Finance, High Yield und so weiter.

Innert weniger Jahre hatten John Costas und sein Weggefährte Mike Hutchins die Umsätze im US-Zinsengeschäft um sage und schreibe 250 Prozent gesteigert. Die UBS war zu einem führenden

Player in dem hochkomplexen Geschäft geworden, das wie kein anderer Bereich das traditionelle Banking mit klassischer Kreditvergabe und Gegenparteirisiken in eine Umsatzmaschine verwandelt hatte, bei der sich die Risiken auf unzählige Investoren verteilten und sich damit scheinbar atomisierten.

Mit dem steilen Wachstum im Fixed Income hatte John Costas seine Kollegen in der UBS-Konzernleitung beeindruckt. Als er 1996 von der Credit Suisse zur UBS gestoßen war, lagen die Erträge in diesem Geschäftsbereich erst bei mickrigen 250 Millionen Dollar. Weil die Kosten damals rund doppelt so hoch waren, türmten sich die Verluste auf. Acht Jahre später hatten Costas und Hutchins den unrentablen Winzling in einen lukrativen Brocken verwandelt, der nun sechs Milliarden Dollar Einnahmen generierte, bei lediglich drei Milliarden Kosten. Costas, der geborene Marketingmann, machte Werbung in eigener Sache. Kein anderes Finanzhaus habe Vergleichbares zustande gebracht, frohlockte er nach innen und außen. Selbst die Leistung der Deutschen Bank verblasse daneben. Diese war zwar nach einer Großübernahme zu einer Macht in den USA geworden, doch ihr fehlte es immer noch an Größe im Aktienhandel.

Costas' Erfolgsausweis glänzte tatsächlich. Nur: Worauf gründete der steile Aufstieg seines Bereichs? Was waren das für Geschäfte, mit denen er und seine rechte Hand Hutchins derart viel Geld für die einst verschlafene Schweizer Großbank verdienten? Wie groß war das Risiko, das die zwei obersten Händler der UBS mit ihren Wetten eingingen? Diese Fragen standen im Raum. Wurden sie von den internen Kontrolleuren und Topmanagern der UBS auch gestellt? Gab es Antworten?

Es solle sich mehrheitlich um Geschäfte für die eigenen Kunden der Bank handeln, ließ John Costas sein Umfeld wissen. Bei rund 80 Prozent aller Anlagen handle es sich um sogenanntes »Client-driven business«, auf die Kunden der Bank bezogene Geschäfte. Das Spekulieren mit Geldern der Bank würde sich demnach in überschaubaren Dimensionen bewegen. Doch die Beschwichtigungen von Costas passen schlecht ins Bild der 24 Milliarden Dollar

US-Hypothekenpapiere, die im Frühling 2002 zum Vorschein gekommen waren. Diese dürften von 2002 bis 2004 weiter angewachsen sein.

Sicher ist, dass sich die einstige UBS als Universalbank mit Sitz in der Schweiz und weltweit führende Vermögensverwalterin in dieser Periode grundlegend verändert hatte. Sie war nicht mehr die alte berechenbare, zurückhaltende Bank, sondern hatte sich mit ihren riesigen Spekulationen im internationalen Handelsgeschäft zu einem großen Hedgefonds entwickelt.

Hedgefonds können ihr Kapital sehr flexibel einsetzen und wenn nötig für gewisse Handelsstrategien mit Hebel arbeiten. »Leverage« oder »Hebel« meint den Grad der Verschuldung. Dieser zeigt an, wie viel Mal das Eigenkapital durch die Aufnahme von Schulden »geleveragt« – gehebelt oder gestemmt – wird. Bei normalen Hedgefonds erreicht der Hebel nur selten das Zehnfache des eigenen Einsatzes.

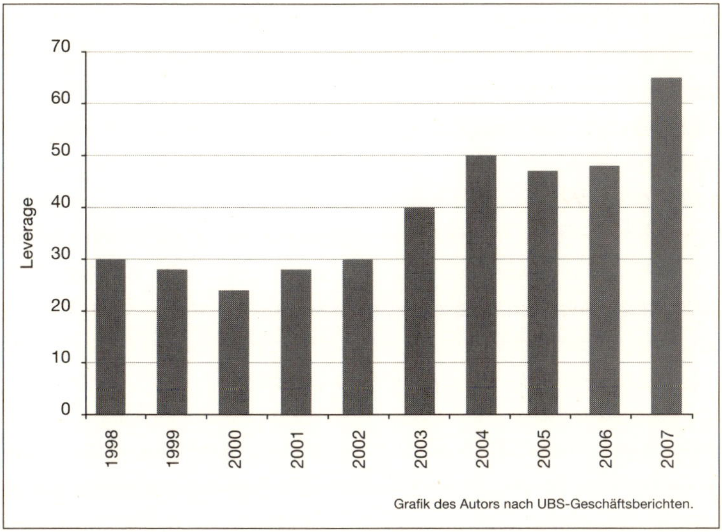

Ab 2003 glich die UBS immer stärker einem gigantischen Hedgefonds mit viel Fremd- und verhältnismäßig wenig Eigenkapital, entsprechend erhöhte sich der Hebel (Leverage) von 30 auf 50 im Jahr 2004. Der Sprung von 2007 ist eine Folge der Subprime-Verluste.

Die UBS bewegte sich in anderen Sphären. Wie sehr sie ihr eigenes Gewicht nach oben »hebelte«, zeigt ein Blick auf die Entwicklung ihres Leverage. Pendelte dieser zwischen 1998, dem Jahr der Fusion zur neuen UBS, und 2002 zwischen 24 und 30, so schoss er danach unvermittelt nach oben: im Jahr 2003 von 30 auf 40, im Folgejahr von 40 auf 50. Technisch ist die Erklärung für diesen Anstieg einfach. Einerseits sank in diesen Jahren das Eigenkapital durch Aktienrückkäufe unter 40 Milliarden Franken, andererseits wuchsen die Verpflichtungen erheblich, von knapp 1200 Milliarden Franken auf über 1700 Milliarden. Geht der Zähler hoch und der Nenner runter, steigt selbstverständlich der Quotient.

Interessant ist aber nicht der simple rechnerische Zusammenhang, sondern die Frage, was zur massiven Ausweitung des Geschäfts geführt hatte. Die UBS hatte ihre Bilanz von 2000 bis 2005 um rund 1000 Milliarden Dollar ausgeweitet. Vereinfacht gesagt hatte die Bank fast doppelt so viele Risiken in ihren Büchern, für die sie im Notfall geradestehen musste.

Über das Bilanzwachstum, das sich später fortsetzte, gab es lange wenig zu reden, zu einleuchtend schien die Ursache. Die UBS galt als sicherste Bank der Welt und wurde von den Agenturen mit dem zweitbesten Rating ausgezeichnet, was bei globalen Finanzkonzernen extrem selten vorkam. Die verbriefte Solidität brachte einen gewichtigen Vorteil: Die Schweizer konnten sich zu rekordtiefen Preisen verschulden. Eine Einlage bei der UBS schien derart risikolos zu sein, dass die Anleger mit ihrem Geld quasi an der Bahnhofstraße Schlange standen, obwohl ihnen die UBS weniger Zins zugestand als die Konkurrenz.

John Costas und Mike Hutchins, die Stars der UBS Investmentbank, verschuldeten sich zum günstigen internen Zinssatz und investierten in komplexe US-Hypotheken, die höhere Renditen versprachen. Vordergründig sprach nichts gegen diese im Finanzjargon »Carry Trades« genannten Transaktionen. Die US-Wertpapiere galten zwar als komplex und für viele undurchschaubar, doch auch ihnen hatten die Rating-Agenturen Höchstnoten gegeben.

So hatte sich die UBS in einen riesigen Durchlauferhitzer verwandelt. Auf der einen Seite strömten die Milliarden der vermögenden Anleger aus der ganzen Welt in die Finanzmaschine hinein, auf der anderen landete ein Teil des Geldes in undurchsichtigen Finanzkonstrukten. Zurück blieb eine unspektakuläre Zinsdifferenz als Ertrag, die aber in absoluten Dollarwerten schwindelerregende Höhen erreichte, je stärker der Strom floss. Dass das Höllengefährt eines Tages kollabieren würde, ist aus heutiger Warte leicht zu erkennen. Wie aber präsentierte sich die Lage für die obersten Aufseher der UBS im Herbst 2004, als die operative »Viererbande« unter CEO Wuffli eine Expansionsstrategie prüfte? Waren die Mitglieder des Verwaltungsrats eine Stufe höher überhaupt in der Lage zu erkennen, dass die Bank Kurs auf den Eisberg nehmen sollte?

Mittwoch, 13. Oktober 2004. Erstmals eröffnete sich auch einer interessierten Öffentlichkeit ein kurzer Blick auf jenen Eisberg, in den die UBS 2007 mit voller Kraft krachen sollte. »In den letzten zwei Jahren überstieg das Wachstum mit verbrieften Wertpapieren andere Bereiche in den Kreditmärkten«, schrieb die Bank in einer Mitteilung an Aktionäre und Analysten. »Gleichzeitig erhöhte unsere Investmentbank ihren Marktanteil in diesem Sektor, was zu exponierteren Positionen führte.«[16]

So weit, so gut. Wer ein besonderes Risiko hält, wird dieses genau beobachten, um bei unvorhergesehenen Entwicklungen rasch eingreifen zu können. Was aber beschloss der UBS-Verwaltungsrat, nachdem er seine große Exponiertheit im US-Immobilienmarkt offiziell bekannt gemacht hatte? Das oberste Gremium, in dem damals neben Präsident Marcel Ospel so erfolgreiche Respektspersonen wie der SVP-Unternehmer Peter Spuhler, der Basler Wirtschaftsanwalt Peter Böckli und der Genfer Milliardär Ernesto Bertarelli saßen, entschärfte mit einem Federstrich die Risiken der Bank im US-Hypothekengeschäft. Statt die Positionen weiterhin wie Engagements in Unternehmensanleihen zu behandeln, bei denen erhöhte Vorsicht angezeigt wäre, betrachtete die UBS sie von nun an wie besonders ausfallsichere Vehikel, die ein höheres Sicherheitsrating verdient hätten. Dass man ausgerechnet die undurchsichtigen Konstrukte, die nur von wenigen spezialisierten Händlern, aber sicher nicht von einem weit vom Markt entfernten Verwaltungsrat im Detail begriffen wurden, für sicherer hielt als Unternehmensanleihen, wirkt im Rückblick wie ein schlechter Scherz.

Doch mit seinem Entscheid war es dem Verwaltungsrat bitterer Ernst – mit Folgen. Denn wenn schon das oberste Gremium der Großbank keine Vorbehalte gegen die Neuerung hatte, wollte sich auch der Regulator nicht querlegen. Tatsächlich gab die Aufsicht in Bern ihren Segen. »Im Juli 2004 gab die Eidgenössische Bankenkommission (EBK) grünes Licht für die Neuerung, und wir haben das angepasste Modell im dritten Quartal eingeführt«[17], schrieb die UBS. Mehr historisches Datenmaterial könne präziser das Verhalten von Produkten aufzeigen, die »Schuldpapiere für US-Staatsagenturen, verbriefte Privat- und Geschäftshypotheken und andere verbriefte Wertpapiere wie Kreditkarten- und Autokreditguthaben« umfassen würden.[18] Die neue Berechnungsmethode würde zu einer »signifikanten Reduktion von VaR« führen. VaR bedeutet Value at Risk und zeigt an, welchen Betrag eine Bank im schlimmsten anzunehmenden Fall durch ihre Wetteinsätze verlieren kann. VaR basiert auf Werten der Vergangenheit und bietet eine 99-prozentige Sicherheit. Bei der UBS kümmerten sich über 3000 Spezialisten um das Risikomanagement der Bank, und allein für die Überwachung des VaR standen Dutzende Experten zur Verfügung. Diese hatten für die Verwaltungsräte die Folgen der Anpassung berechnet. Durch die Aufwertung der Risiken von US-Kreditpapieren sank der VaR der UBS um bis zu 25 Prozent – eine beträchtliche Reduktion. Zum Vorschein kam auch ein Trend, der besagte, dass die UBS immer stärker in diese Produkte investiert hatte. »Die Ergebnisunterschiede zwischen dem bisherigen und dem neuen Modell steigen vom ersten Quartal 2003 bis einschließlich dem zweiten Quartal 2004, was teilweise die Entwicklung unserer Bestände in diesen als sicher geltenden Zinsprodukten reflektiert«[19], hieß es in der UBS-Mitteilung.

Wenn der VaR allein durch die Höherbewertung einer bestimmten Anlageklasse um bis zu ein Viertel sank, musste jedem Verwaltungsratsmitglied mit gesundem Menschenverstand klar sein, dass sein Institut in dieser Anlagekategorie stark engagiert war. Doch für die honorigen UBS-Verwaltungsräte war die Änderung der Spielregeln vom Herbst 2004 offenbar kein Anlass zu Sorge. Mit ihrem Entscheid hatten sie dafür gesorgt, dass die undurchsichtigen US-Hypothekenpapiere und andere verbriefte Kreditpapiere aus dem amerikanischen Markt zukünftig als besonders sicher galten. Das musste nicht bedeuten, dass die Bank noch mehr in diese Anlagen investieren würde. Möglich aber wäre es.

3 Marcel Ospel beruhigt die Kritiker

Am 7. Juli 2005, als Terroristen in London mehrere Anschläge verübten, hatte ich Gelegenheit, ein längeres Interview mit Marcel Ospel zu führen. Im Verlauf des Gesprächs verstieg sich der damalige UBS-Präsident zu Aussagen, die aus heutigem Blickwinkel bemerkenswert sind. Beispielsweise bezeichnete er die Führungsmannschaft seines Instituts als äußerst konservativ und unterstellte Kritikern des scharfen Bilanzwachstums einen verqueren Blick. Aus dem Gespräch resultierte ein Porträt, das am 28. Juli 2005 in der *Weltwoche* erschien.

Um das Interview richtig zu deuten, soll zuvor das Umfeld beleuchtet werden, in dem sich die UBS im Sommer 2005 befand. Für die Großbank war eine Zeit personeller und struktureller Umwälzungen angebrochen. Sie besetzte die Spitze ihrer Investmentbank neu und lagerte große Teile ihres Eigenhandels in eine separate Gesellschaft aus. Beide Entscheide per 1. Juli 2005 bildeten für die Bank im Rückblick den Moment, als die Lenker des Schiffs den eingeschlagenen Kurs in Richtung Eisberg bestätigten und beschlossen, mit voller Kraft auf das gefährliche Ziel zuzusteuern. Nach dieser definitiven Kursfestlegung war es für die UBS fast unmöglich, das spätere Platzen der US-Immobilienblase ohne Staatshilfe zu überleben, so wie das vielen ihrer europäischen Konkurrenten wie Credit Suisse, der Deutschen Bank, der englischen HSBC oder der spanischen Santander bislang gelingen sollte.

Die folgenschweren Beschlüsse gehen auf Anfang 2005 zurück. Die UBS strotzte damals vor Selbstvertrauen, sie war nicht mehr nur eine große Schweizer Universalbank und eine der größten

Vermögensverwalterinnen der Welt. Seit kurzem zählte sie auch zu den wichtigsten Investmentbanken, diesen Handelshäusern von der New Yorker Wallstreet. Und sie wollte mehr, strebte an die Spitze im globalen Geschäft des Handelns und Beratens.

Den Anspruch, die führende Investmentbank der Welt zu werden und Konkurrenten mit klingenden Namen wie Goldman Sachs und Merrill Lynch hinter sich zu lassen, machten die UBS-Verantwortlichen nach und nach publik. Kurz vor Weihnachten 2003 befragte das englische Magazin *The Banker* John Costas. »Wir liegen nun in allen Bereichen Kopf an Kopf mit den größten fünf bis sechs Firmen, die das US-Geschäft dominieren«, sagte der Investmentbankchef der Schweizer Großbank und machte klar, dass er und seine Bank sich damit noch lange nicht zufriedengeben würden. »Wir sind der europäischen Nische entwachsen und ein wachstumsfähiger Konkurrent für die großen US-Investmentbanken geworden, und dies, ohne auf die Vorteile einer global tätigen Institution verzichten zu müssen, die uns überall auf der Welt Wachstum ermöglicht.«[20] Das Universalbankenkonstrukt der UBS, dies zeigte die Aussage, war für Costas die ideale Plattform, um mit seiner Investmentbank an die Spitze zu gelangen. Die reiche UBS mit ihren Millionen von Kunden in aller Welt sollte die Trägerrakete für die Investmentbank auf ihrem Weg zum Mond sein.

Die Überlegung von Costas, dass eine Investmentbank langfristig erfolgreicher betrieben werden kann, wenn sie auf einer breit aufgestellten Geschäftsbank aufbaut, stößt heute auf weite Zustimmung. Im Finanzsturm von 2008 knickten die reinen Investmenthäuser ein und mussten sich in die Arme von finanzkräftigen Universalbanken flüchten. Merrill Lynch landete bei der Nummer zwei der USA, der Bank of America, Bear Stearns wurde von der drittgrößten US-Bank JP Morgan Chase übernommen, Morgan Stanley und Goldman Sachs wechselten die Rechtsform und verwandelten sich in traditionelle Bankenholdings, an denen sich Investoren beteiligten, und Teilstücke der bankrotten Lehman Brothers wurden von der englischen Barclays und der japanischen Nomura geschnappt.

Das Ende der reinen Investmentbanken konnte weder John Costas noch sonst jemand erahnen. Zwei Monate nach dem Gespräch im Fachmagazin erschien im Februar 2004 im englischen *Sunday Telegraph* ein weiteres Interview mit dem obersten UBS-Investmentbanker. Mit Bezug auf Marktuntersuchungen sagte er, das Schweizer Unternehmen habe im Jahr 2003 seinen weltweiten Marktanteil von 4,8 auf 5,6 Prozent erhöht und sei damit auf Platz vier vorgestoßen, was möglich gewesen sei durch eine erfolgreiche Umsetzung der gewählten Strategie, »bei der wir auf unsere traditionellen Stärken aufbauten und unsere Schwächen korrigierten«.[21] »Wir meinen, dass wir unser Ziel, zu den besten Investmentbanken zu gehören, in den nächsten drei bis fünf Jahren erreichen können«, sagte Costas in dem Interview und fuhr fort: »Einen Sitz im Bus haben wir, nun wollen wir ihn fahren.«[22]

Dass sich die Schweizer als große Ausnahme unter den europäischen Banken tatsächlich ans Steuer des Busses mit den Wallstreet-Aushängeschildern setzen könnten, hielten die Journalisten des *Sunday Telegraph* offenbar für realistisch. Sie schrieben, dass die meisten Versuche, im umkämpften Markt Fuß zu fassen, trotz Milliardeninvestitionen fehlgeschlagen seien. »Die Elite von Wallstreet – Goldman Sachs, Morgan Stanley und Merrill Lynch – schien unerreichbar«, konstatierten die englischen Reporter, um dann umso erstaunter zu schließen: »Nun hat der Schweizer Bankenkonzern UBS offensichtlich den Traum wahr gemacht und eine der führenden Investmentbanken geschaffen, die es mit den Giganten aufnehmen kann.«[23]

Ein Jahr später konkretisierte John Costas den Anspruch auf die Krone im Investmentbanking. Warum er glaube, dass seine Sparte die Spitze dieses hart umkämpften Geschäfts erklimmen könne, wollte die Zürcher Wirtschaftszeitung *Finanz und Wirtschaft* am 8. Januar 2005 vom UBS-Topshot wissen. »Nach der Fusion vor fünf Jahren war es uns ein wichtiges Anliegen, als eine der weltweit führenden Investmentbanken anerkannt zu werden«, antwortete Costas. »Also als ein Haus, das in allen drei Zeitzonen einen umfassenden Service in sämtlichen Bereichen des Investmentbanking – dem klassischen Investmentbanking [Beratung von Firmentransaktionen, Anmerkung des Autors], dem Geschäft mit Festverzinslichen und dem Aktienhandel – erbringt. Das haben wir erreicht. Wenn man in manchen Geschäftsbereichen Rang eins oder zwei erreicht hat und nirgends schlechter als Rang sechs klassiert ist, braucht es eine langfristige Strategie. Es macht keinen Sinn, insgesamt die Nummer drei bleiben zu wollen. Mit unserer, glaube ich, einzigartigen Plattform haben wir die notwendigen Ressourcen, um Nummer eins zu werden.«

Laut Costas war der Marktanteil der UBS Investmentbank inzwischen auf rund sieben Prozent angewachsen. Damit lagen die Schweizer noch um etwa drei Prozent hinter den führenden US-Instituten Citigroup, die mittels Akquisitionen von Salomon Brothers und Smith Barney zu einer großen Nummer im Investmentbanking geworden war, sowie Goldman Sachs. Für seine UBS setzte Costas die Latte auf 15 Prozent Marktanteil innert zehn Jahren und fügte an: »Wir wollen übrigens nicht nur die größte und profitabelste, sondern auch die berechenbarste Investmentbank sein. Im Vergleich zu unserer Konkurrenz wollen wir die geringsten Gewinnschwankungen ausweisen.«

Dass Costas in jener Phase seine Pläne detaillierter als zuvor offenlegte, könnte mit einem internen Ringen zusammenhängen. Das starke Wachstum von PFCA & CRE, dem Vehikel von Costas-Intimus Mike Hutchins, gab Anlass zu reden. Es war der Angelsachse Mark Branson, der den Eigenhandel der UBS als zunehmende Gefahr betrachtete, wie es später im Umfeld von Costas hieß. Branson war bei Analysten und Journalisten ein bekanntes Gesicht, auf den UBS-Pressekonferenzen präsentierte er jeweils den Zahlenteil. Er war zuvor einige Jahre lang als Finanzexperte in der Investmentbank der UBS tätig gewesen und dementsprechend vertraut mit der Materie. 2008 sollte er mit einem denkwürdigen Auftritt vor einem Ausschuss des US-Senats in der Steueraffäre der UBS eine bemerkenswerte Entschuldigung vorbringen (siehe Kapitel 8). Intern soll Branson damals keinen Hehl aus seiner Skepsis gegenüber dem wachsenden Bereich gemacht haben.

Auch außerhalb der UBS waren erste kritische Stimmen zu hören. Wegen des immer größeren Eigengeschäfts war der Verschuldungsgrad der Schweizer Großbank stark angestiegen. Anfang 2005 nahmen Analysten in einer umfassenden Studie den erhöhten Risikoappetit aller großen Investmentbanken unter die Lupe. Bei der Bemessung einiger Kennziffern schwang die UBS oben aus. Dass die Beobachter voreingenommen waren, ist nicht anzunehmen. Es waren Spezialisten der Analyseabteilung der UBS, welche diese Studie erarbeitet hatten.

Costas erkannte die Gefahr, die diese Einschätzungen für seinen Bereich bedeuten konnten. Nachdem er seinen Weg nach oben ausschließlich in Schweizer Großbanken gemacht hatte – zuerst 15 Jahre lang bei der Investmentbank der Credit Suisse und seit 1996 bei der UBS –, wusste er um den fundamentalen Unterschied zwischen einer Goldman Sachs und einer UBS, zwischen einer reinrassigen Wallstreetbank und einer Schweizer Universalbank. Entscheidend für ihn waren die Interessen der Eigentümer. Der klassische UBS-Aktionär setzte sein Geld auf einen Titel, der dank einer stabilen Vermögensverwaltung berechenbare Dividenden und Kursgewinne versprach. Das riskante Handelsgeschäft mit dem viel stärkeren Auf und Ab durfte deshalb nur eine Nebenrolle spielen. Dem Eigenhandel waren Grenzen gesetzt.

Für Investmentbankchef Costas gab es drei Optionen, um den zusammen mit seinem Vertrauten Mike Hutchins zur Blüte gebrachten Eigenhandel in die Zukunft zu führen: Ausstieg mittels Verkauf, Stagnation oder ein offensiver Befreiungsschlag. Der erste Weg wäre eine völlige Umkehr der bisherigen Strategie gewesen, der zweite konnte auf längere Zeit hinaus keine Lösung darstellen, da die besten Leute im Investmentbanking nur bei den ambitiösen und ehrgeizigen Mitspielern anheuern, wie Costas glaubte. Und es waren die Spezialisten, die in dieser Branche über Sieg und Niederlage entschieden. Somit blieb nur Variante drei: Der Eigenhandel sollte in eine neue Einheit ausgelagert werden, an der die UBS beteiligt bleiben würde.

Die strategische Kernidee war geboren. Mike Hutchins als Chef des Bereichs Fixed Income, also des Zinsengeschäfts, innerhalb von Costas' Investmentbank sollte die Teile PFCA & CRE in eine eigene Investmentgesellschaft einbringen, die zu hundert Prozent der UBS gehören würde, an deren Anlagestrategien sich aber große Drittinvestoren beteiligen könnten, was damals offenbar einem Investorenbedürfnis entsprach. John Costas und der Konzernleitung schien dies eine elegante Lösung zu sein für das Problem, dass die UBS immer stärker zu einem Hedgefonds geworden war. Als Startinvestments sollten auch all die Milliarden übertragen werden, die in US-Hypothekenkonstrukten investiert waren und in den eigenen Büchern der UBS schlummerten oder buchhalterisch außerhalb der Bilanz geführt wurden, die aber, wie die Geschichte später zeigen sollte, jederzeit auf die Bank zurückfallen konnten.

Sogar ein geeigneter Name war rasch gefunden: Der neue Hedgefonds sollte Dillon Read Capital Management oder DRCM heißen, genauso wie die New Yorker Investmentbank, welche der Bankverein als Vorläuferin der UBS 1997 für 600 Millionen Dollar übernommen hatte. Dillon Read löste gemäß einer Kurzumfrage unter interessierten Investoren günstigere Assoziationen aus als Kidder Peabody's, das einst vor allem im Immobiliengeschäft aktive US-Wertschriftenhaus, das zuerst von Paine Webber geschluckt worden war und schließlich ebenfalls im riesigen Frachtraum des UBS-Schiffes verschwand.

In groben Zügen war der neue Dillon-Read-Hedgefonds der UBS rasch skizziert. Dann aber folgten schwierige und langwierige Verhandlungen, um die zukünftigen Schnittstellen zwischen der Großbank und dem neuen Fonds im Detail zu klären. Nun zogen Investmentbankchef John Costas und Partner Mike Hutchins plötzlich nicht mehr am selben Strang in die gleiche Richtung, sondern fanden sich auf gegenüberliegenden Seiten des Verhandlungstisches wieder und mussten in dieser neuen Rolle um die besten Konditionen für ihre jeweiligen Auftraggeber kämpfen. Für Costas stand besonders viel auf dem Spiel. Er war seit Mai 2004 stellvertretender Vorsitzender der Konzernleitung und wurde vom

Verwaltungsrat der UBS ein halbes Jahr später in dieser Position ausdrücklich bestätigt. Sollte CEO Peter Wuffli unter den berühmten Bus geraten, wie sich die Amerikaner für diesen Fall der Nachfolgelösung ausdrücken, so wäre Costas als sein Stellvertreter in die Bresche gesprungen.

Costas war nie der Typ für kleine Brötchen gewesen. Er ist nicht allzu groß, vielleicht 1,75, dafür ziemlich muskulös, entsprechend wirkt er bullig und kräftig, mit buschigen Augenbrauen und dunklem, voluminösem Haar. Das Bild eines Kraftprotzes wird gebrochen durch die Augen, die sanft in die Welt blicken und den Eindruck vermitteln, dass Costas niemandem ein Haar krümmen könnte. Allerdings besteht kaum ein Zweifel daran, dass sein bulliges Auftreten den Ausschlag gibt. Der griechischstämmige Top-Investmentbanker stand in dem Ruf, ein besonders ehrgeiziger Company-Man zu sein, der nur ein Ziel kannte: die Spitze zu erklimmen.

Er wolle alle zwei bis vier Jahre einen Karriereschritt machen, nach oben oder in einen neuen Bereich, ließ Costas in seinem Vertrautenkreis verlauten. Bis zu jenem Zeitpunkt war ihm das gelungen. Nach seinem Wechsel von der Credit Suisse zur UBS nahm er eine Stufe nach der anderen, bis er Ende 2001 seinen Chef Markus Granziol, einen der letzten Manager des Schweizer Bankvereins in den oberen Rängen der UBS Investmentbank, als Spartenleiter ablöste und CEO des Bereichs wurde.

Und nun, Anfang 2005, war Costas bereits drei Jahre oberster Händler der UBS und seit einem halben Jahr stellvertretender Konzernleiter. Wie lange würde es noch dauern, bis er Peter Wuffli als CEO der UBS ablöste? Zwei Jahre? Drei Jahre? Wäre der von Schweizern dominierte Verwaltungsrat überhaupt bereit, einen Amerikaner aus dem Investmentbanking auf den operativen Chefsessel der Großbank, die im Markt einen konservativen Ruf genoss, zu setzen? Costas zweifelte daran. Gleichzeitig rief der Ehrgeiz des scheinbar Sanftmütigen, in Tat und Wahrheit aber knallharten Karrieristen nach einem nächsten Sprung, nach einer neuen Herausforderung.

Ende März 2005 eröffnete John Costas seinem direkten Vorgesetzten, UBS-CEO Peter Wuffli, seine Gedankenspiele. Das Gespräch der zwei Topmanager fand im Londoner Sitz der UBS statt, im Büro von Costas, der zwischen New York und London hin- und herpendelte. Costas führte Wuffli zwei mögliche Wege vor Augen, wie es mit seiner Karriere bei den Schweizern weitergehen könnte. Entweder CEO Wuffli präsentierte ihm einen exakten Fahrplan für dessen Nachfolge innerhalb der nächsten drei Jahre, oder er, Costas, könne sich vorstellen, den Hedgefonds DRCM zu leiten. Die Vorbereitungen für das neue Investmentvehikel waren zum damaligen Zeitpunkt schon weit fortgeschritten.

Wie Costas später gegenüber Vertrauten erklärte, rechnete er damit, dass sich Wuffli den Vorschlag sorgfältig durch den Kopf gehen lassen würde und dass es dann zu einer Serie von Arbeitsessen käme mit dem Ziel, eine für beide Seiten sinnvolle Lösung zu finden. Umso perplexer sei er gewesen, als bei ihm nur anderthalb Tage nach dem Londoner Gespräch eine Mail von Peter Wuffli eingetroffen sei, worin dieser die Übernahme der Hedgefondsleitung als ausgezeichnete Idee bezeichnet habe.

Zum damaligen Zeitpunkt waren die Veränderung von Costas' Rolle und die dadurch notwendige personelle Neubesetzung der Spitze der Investmentbank neben Costas und seinem Vorgesetzten Wuffli nur noch Präsident Ospel und Marcel Rohner als Chef der Vermögensverwaltung bekannt. Das sollte auch möglichst lange so bleiben. Sonst bestand die Gefahr, dass der überraschende Seitenwechsel die noch laufenden Verhandlungen zwischen der Investmentbank und der zukünftigen Dillon Read beeinträchtigen würde. Die Ausgliederung des PFCA/CRE-Handelsgeschäfts in einen eigenen Hedgefonds war auch so schon kompliziert genug. Rund 120 Mitarbeiter, davon gegen 45 hochbezahlte Händler, sollten von der Investmentbank an die neue Adresse ein paar Straßenzüge weiter südlich umziehen. Der Start von Dillon Read war für Anfang 2006 vorgesehen, sollte sich aber, wie sich später herausstellte, um einige Monate verzögern. Im neuen Fonds sollten größtenteils jene Vermögenswerte landen, mit denen Fixed-Income-

Chef Mike Hutchins und Investmentbankleiter John Costas seit 1998 ihre Hypothekenmaschine betrieben hatten. Daran, so hoffte die UBS, sollten sich nun fremde Investmentbanken und Hedgefonds mit eigenem Kapital beteiligen.

Am 25. April 2005 hielt John Costas eine Art Abschiedsrede, ohne dass seine Gefolgsleute den kurz bevorstehenden Rücktritt erahnt hätten. Teilnehmern des Anlasses, die Costas' Ausführungen festhielten, stach ins Auge, wie sehr der Chef des risikoreichen Geschäfts, der die UBS zu einer Größe an der Wallstreet gemacht hatte, die Gefahren betonte und seine Mannschaft zu einer vorsichtigen Praxis mahnte. Fast machte es den Eindruck, als ob Costas nun, da er mit seinen Gedanken möglicherweise bereits bei seiner nächsten Aufgabe war, den verantwortlichen UBS-Managern eine letzte Empfehlung mit auf den Weg geben wollte. »Die Natur unseres Geschäfts bringt es mit sich, dass das Risiko eines operativen Versagens ständig präsent ist«, warnte Costas. Und weil das Risiko ein ständiger Begleiter in diesem Geschäft sei und die Gefahr eines Absturzes möglich mache, gelte es umso mehr, besondere Vorsicht walten zu lassen. »Wir müssen alle wachsam sein und sicherstellen, dass wir – und alle um uns herum – weiterhin jederzeit unsere Risikomanagement-Verpflichtungen wahrnehmen. Es geht um viel«, sagte Costas, der am Ende seiner Rede seine Schlüsselbotschaft ein letztes Mal wiederholte. »Mit Exzellenz im Managen operativer Risiken kann man sich abheben«[24], ermahnte er seine Manager.

Wollte Costas seinen Nachfolgern eine verschlüsselte Warnung übermitteln? Der Chef der Investmentbank wusste nur zu gut um die Gefährlichkeit seiner Hypothekenmaschine. Gut möglich, dass er befürchtete, die neuen Verantwortlichen würden rasch die Kontrolle verlieren.

Zwei Monate später platzte die kleine Bombe. In einem Kommuniqué gab die UBS am 30. Juni 2005 die Gründung von Dillon Read Capital Management bekannt, an deren Spitze John Costas stehen sollte, der damit seine bisherigen Funktionen als Chef der Investmentbank und als stellvertretender Konzernleiter per sofort abgeben und bis Jahresende aus der UBS-Konzernleitung ausscheiden würde. In der Mitteilung ließ sich Costas mit euphorischen Worten zitieren. Ganz das geborene Marketingtalent, verpasste er es nicht, Werbung für seinen neuen Fonds zu machen. »Ich bin außerordentlich erfreut darüber, die unternehmerische Chance zum Aufbau eines neuen UBS-Standbeins wahrnehmen zu können. Die Anleger haben ein starkes Interesse an alternativen Anlageprodukten, deren Qualität von einem global führenden Finanzdienstleister geprüft und sichergestellt wird. Wir können dieses Bedürfnis erfüllen.«

Auch CEO Peter Wuffli schlug auf die emotionale Kommunikationspauke, lobte in blumigen Worten die Leistung seines ausscheidenden Vizechefs und freute sich auf zukünftige Erträge: »Die Erfolgsbilanz von John Costas an der Spitze unserer Investment Bank spricht für sich. Dank des von ihm perfekt geplanten und umgesetzten Programms für organisches Wachstum zählt die Investment Bank heute weltweit zu den Besten. Dass er sich entschieden hat, eine neue Einheit innerhalb UBS aufzubauen, eröffnet uns allen spannende Perspektiven.«

Als ich am Morgen des 7. Juli 2005, es war ein Donnerstag, den UBS-Hauptsitz an der Zürcher Bahnhofstraße 45 betrat und im Lift nach oben fuhr, galt das Institut als die mit Abstand beste und erfolgreichste Bank der Schweiz und weltweit. Die UBS gehörte zu einer Handvoll auserwählter Finanzmultis, die in den letzten Jahren alle größeren Klippen umschifft und alle Stürme an den internationalen Finanzmärkten schadlos überstanden hatte. Der Erfolg schien selbst auf den Portier abgefärbt zu haben. Wortlos und erhobenen Hauptes führte er mich in ein Sitzungszimmer. Für den Journalisten war keines der üppig ausgestatteten Kämmerlein wie für die gutbetuchte Privatbankenkundschaft reserviert, mit wertvollen Ölgemälden an den Wänden und bequemen Ledersofas, sondern ein eher nüchterner Raum mit schlichten 08/15-Büromöbeln und ein paar unscheinbaren Farbdrucken, die nicht geeignet waren, den Betrachter in ehrfürchtiges Staunen zu versetzen.

Wird mir der große Ospel, als der er nach der anhaltenden UBS-Erfolgsphase galt, ein paar Neuigkeiten verraten?, fragte ich mich. Wird er dem Interviewer einen kleinen Einblick in seine strategischen Überlegungen gewähren? Ich war gerade zum zweiten Mal um den langen rechteckigen Tisch herumgelaufen, als sich eine zuvor unbemerkte Seitentür lautlos öffnete und aus dieser Marcel Ospel ins Sitzungszimmer trat. Wie ein Geist stand der UBS-Präsident plötzlich vor mir und reichte mir die Hand. Einen Moment lang musterte er mich, schob sich dann an mir vorbei auf die gegenüberliegende Seite des Tisches, im Schlepptau sein Schweizer Pressesprecher Michael Willi, der wie sein oberster Chef im Bankverein Karriere gemacht hatte.

Ospel ist groß gewachsen, etwa 1,85 Meter. Aber statt laut und selbstbewusst aufzutreten, schlich er damals fast durch den Raum. Wie eine Katze, schoss es mir durch den Kopf. Sein Anzug in Marineblau, etwas heller als der klassische dunkelblaue Zweiteiler der Zürcher Bankiers, aber dunkel genug, um nicht geckenhaft zu wirken, war eng geschnitten und machte ihn noch größer und schlanker, als er tatsächlich war. Seine Augen schienen mir in jenem Moment noch kleiner und schmaler, als man sie von Fotos her kannte. Während ich mich für seine Gesprächsbereitschaft bedankte und das Thema erläuterte, musterte er mich aus zwei Schlitzen. Er saß aufrecht, mit geradem Rücken, sagte kurz »In Ordnung« und wartete auf die erste Frage.

Zunächst drehte sich das Gespräch um den Abgang von John Costas. Der Erfolgsmanager hatte die einst zurückhaltende UBS zu einer ambitionierten Mitspielerin an der Wallstreet gemacht. Welche Risiken er dabei eingegangen war, wurde damals noch kaum in der Öffentlichkeit erörtert. War Costas' Wechsel zum UBS-internen Hedgefonds Dillon Read, den das Unternehmen kurz zuvor bekanntgegeben hatte, eine gute Lösung für die Bank?

»Die ist auf jeden Fall gut, in verschiedener Hinsicht«, setzte Ospel zu einer ersten, langen Antwort an. »Erstens können wir damit viele Leute bei uns in der Organisation behalten, die wir möglicherweise an die Konkurrenz verloren hätten. Es ist heute so, dass die sehr starken, erfolgreichen Profis höchst lukrative Alternativen in einem völlig unregulierten Bereich haben, den Hedgefunds. Diese haben über die letzten Jahre eine gewaltige Anziehungskraft entwickelt. Das hat auch mit dem Investorenverhalten zu tun. Ein professioneller Investor, ob privat oder institutionell, legt in alternativen Anlageprodukten ein Engagement im tiefen zweistelligen Bereich an. Vor wenigen Jahren war das nicht einmal ein Prozent. Ein gewaltiges Wachstum. Als Folge davon ist ein Industriezweig innerhalb des Finanzsektors entstanden, der heute charismatisch daherkommt. Es gibt rund 9000 Hedgefunds in dieser Welt. Und wie gesagt, es ist attraktiv, in einem unregulierten Markt zu arbeiten. Das heißt nicht, dass dort nicht seriös gearbeitet wird, im Gegenteil. Wir wissen alle, was die Hedgefunds Positives zur Liquidität und Preisbildung beitragen. Ich will das nicht kritisieren. Aber es bedeutet eine zusätzliche Attraktion. Es kommt hinzu, dass die Kompensationsschemen typischerweise anders daherkommen als bei uns, obwohl wir ebenfalls in Segmenten tätig sind, wo relativ hohe Löhne vorherrschen.«

Es gehe darum, die richtigen Bedingungen zu schaffen, damit gute Leute im Konzern zurückbehalten werden könnten, sagte Ospel. »Für uns war es eine attraktive Lösung, nachdem John, um diese Person speziell zu behandeln, gesagt hat, für ihn sei es Zeit, etwas kürzerzutreten. Das können sich die Leute gar nicht vorstellen da draußen, 24 Stunden sieben Tage das ganze Jahr über verfügbar sein, man geht ins Bett, nach zehn Minuten schläft man ein, das Telefon klingelt. Auch auf der nächsten und übernächsten Ebene. Man geht am Morgen um sechs aus dem Haus, arbeitet durch bis sieben, geht ins Flugzeug, macht eine Zeitzonenüberschreitung von sechs Stunden, muss wieder antreten, frisch und leistungsfähig, möglicherweise am gleichen Tag sechs Stunden zurück in den Zeitraum, wo man herkommt, extra fordernde Kunden, Konkurrenten, Mitarbeiter. Wenn Sie das jahrelang machen, dann verbraucht Sie das. Die Leistungsfähigkeit, nicht nur die psychische, auch die physische, hat Grenzen. John hat viele Jahre in leitender Funktion nicht nur bei uns gearbeitet. Dass er etwas in seiner Region will, muss man verstehen. Der Reiseaufwand fällt weg, trotzdem hat es etwas Unternehmerisches und Attraktives, auch pekuniär für ihn.«

Costas' Abgang hatte die Beobachter überrascht. Der Verwaltungsrat unter Ospels Leitung hatte ihn erst kürzlich als Nummer zwei der Konzernleitung bestätigt. Und Costas galt als Machtmensch, der an die Spitze wollte. Wie er reagiert habe, als ihm der geplante Wechsel eröffnet worden sei, wollte ich von Ospel wissen. Damals wusste ich noch nicht, dass nicht Costas Ospel informiert hatte, sondern Wuffli. Wie geschildert, hatte Costas diesem seinem direkten Vorgesetzten, dem CEO des Konzerns, erstmals im März 2005 in London den Vorschlag unterbreitet, an die Spitze des Hedgefonds Dillon Read zu wechseln, und war offenbar perplex gewesen, als Wuffli innert weniger Stunden den Wechsel begrüßte, statt das Thema im Detail zu besprechen, möglicherweise zu dritt mit Ospel.

Doch der UBS-Präsident zeichnete ein anderes Bild und sagte im Interview: »Im ersten Moment, als Costas mir sagte, er wolle sich langsam auf etwas anderes einrichten, da haben wir zusammen elaboriert, was gemacht werden könnte, um für alle Nutzen aus seinen Plänen zu schöpfen. Das war um den Jahreswechsel herum. Da habe ich gedacht: Hmm, muss das jetzt sein? Doch rasch begreifen Sie das, akzeptieren das, und jetzt sind alle happy. Wie wir das gelöst haben, mit dem Business, das er vertritt, die Adresse, die er eröffnet. Und auch die Nachfolge ist geregelt, das scheint uns eine sehr gute Lösung. Huw Jenkins [der Nachfolger von Costas als neuer Chef der Investmentbank] hat eine erfolgreiche Karriere hinter sich, jede neunte Aktie auf dieser Welt wird über die UBS gehandelt. Er ist ganz wesentlich an diesem Erfolg beteiligt. Das ist eine Superlösung.«

Vorsichtig hatte ich mich dem eigentlichen Thema genähert. Ein ehemaliger UBS-Manager hatte mich auf die Problematik der hohen Verschuldung der Schweizer Großbank aufmerksam gemacht. Unter Costas war der Verschuldungshebel, der Leverage, von 30 auf 50 hochgeschnellt. Trotzdem galt es beinahe als Gotteslästerung, die UBS kritisch anzupacken, derart stolze Gewinne schrieb die Bank, derart wetterfest schien ihr Geschäftsmodell der integrierten Bank, mit der stabilen Vermögensverwaltung auf der einen Seite und der hochlukrativen, volatileren Investmentbank auf der anderen. »Man hört, die UBS trage bereits sehr hohe Risiken«, wagte ich mich aus der Deckung. Genug für Ospel, um den Stier bei den Hörnern zu packen. »Schauen Sie sich unsere Bilanz an! Klar, die ist relativ groß. Wenn Sie nur Bilanz und Kapital anschauen, dann kommt der Leverage relativ prominent daher. Aber Sie müssen die Bilanz [genau] anschauen. Der größte Teil ist abgesichert, also collateralized. Der größte Teil [der Bilanz] ist ganz kurzfristig exponiert. Wir bekämen doch nicht von den Regulatoren beziehungsweise den Rating-Agenturen dieses Rating, wenn das eine risikobelastete Bilanz wäre. Die schauen das ja immer im Detail an. Wir wollen das auch gar nicht. Die Führungsmannschaft, die die letzten Jahre das Unternehmen geleitet hat, ist unisono hoch risikoavers.«

Genau das war der springende Punkt. War die UBS als große Mitspielerin im Geschäft mit komplexen Wertschriften tatsächlich noch die risikoscheue, vorsichtige Institution, als die sie Ospel beschrieb? Der UBS-Präsident bestand darauf. Es sei wichtig, sich in diesem Punkt gut zu verstehen, sagte er. »Also, wir waren strategisch immer wieder bereit, riskante Schritte zu machen. Je mehr wir erfolgreich waren, desto mehr waren wir bereit, riskante Schritte zu machen. Was die Bilanz betrifft, die finanziellen Risiken, da sind wir, diese Crew, hoch risikoavers. Das ist bekannt im Markt. Alle Profis, die mit uns arbeiten, wissen das, die sind auf das getrimmt. Wer [anderes] kolportiert, schaut die Sache nicht im Detail an.«

Die Rede kam auf den Hedgefonds Long-Term Capital Management (LTCM) und die Risikokultur von 1998, als der berühmte Fonds, der von Nobelpreisträgern gegründet und betrieben worden war, Konkurs anmeldete und die damals frisch fusionierte UBS von der Spitze bis nach unten durchgeschüttelt wurde. »Dort waren es zwei Kulturen, zwei Geschäftsmodelle«, setzte Ospel an.

»Eine Vorgängerbank war schon hoch risikoavers, die andere, die auch reicher war, hatte eher Risikoengagements gehabt. Um das System nicht total zu erschüttern, sagten wir uns, wir machen nicht [...] eins plus eins gleich zwei minus eins gibt wieder eins, sondern wir machen 1,5. Und dann ist LTCM passiert, und wir sind runter auf eins. Und das ist immer noch so. Unser Risikoappetit war kleiner als das Wachstum unserer Kundenfranchise, [kleiner als] unsere Expansion über die letzten fünf, sechs Jahre.« Ich wollte von Ospel wissen, ob sich demnach an seinem Risikohunger und dem der UBS seit den LTCM-Zeiten nichts verändert habe. Nach kurzem Überlegen sagte der UBS-Präsident mit sonorer Stimme und in feierlichem Ton: »Nichts. Nichts. Nein, das gehört zu unserer DNA. Der DNA des Konzerns.«

Dass Ospel die vorsichtige Haltung seiner Bank derart prononciert herausstrich, machte mich angriffslustig. Die Investmentbanker, mit denen ich zur Vorbereitung dieses Interviews gesprochen hatte, berichteten von einem gefährlichen Wachstum der UBS im Handelsgeschäft. In ihrer Einschätzung drehte die UBS mit Verweis auf den Leverage »ein großes Rad«. Unter Costas, so monierten die Kreise, sei die UBS schon sehr weit gegangen. Und die Geschichte der Finanzindustrie zeige, dass selbst die ausgeklügeltsten Modelle die Zukunft der Finanzmärkte nicht vorwegnehmen könnten. So sagte ich als Nächstes, dass sich in der Finanzbranche immer wieder eine neue überraschende Krise bilden würde. Das war der Beginn eines Wechselspiels von Frage und Antwort, in dessen Verlauf Ospel vieles von dem, was ihn und seine Bank zwei Jahre später frontal in den Eisberg krachen lassen sollte, als unbedeutend vom Tisch schob.

»Ich glaube, ich vertrete ein wenig die Marke ›hohe Risikoaversität‹, der Ospel, seit es ihn in diesem Zirkus gibt. Der Costas ist noch risikoaverser als ich, wenn man vom Naturell spricht.«

»Sie haben also keine schlaflosen Nächte?«

»Doch, wir haben auch schlaflose Nächte.«

»Ich meine, wegen diesem Beispiel. Wenn John Costas jetzt einen Hedgefund mit dem Geld der Bank aufbaut?«

»Und dem Geld von Dritten.«

»Zum Start vor allem mit dem Geld der UBS. Und jetzt kommt Huw Jenkins und will vielleicht auch etwas in seinem Bereich haben, einen Hedgefund im Fixed Income [Zinsengeschäft]?«

»Er hat das, die bleiben ja im Konzern. Das ist ja die ›beauty‹ des Ganzen. Jenkins hat Zugriff.«

»Der neue Investmentbankchef sagt doch: ›Ich muss bessere Zahlen bringen.‹«

»Der hat noch viel Raum, bessere Zahlen zu bringen. Wir sind noch nicht die Nummer eins.«

»Gibt es nicht plötzlich eine Verdoppelung von dem, was wegfließt?«

»Nein, nein.«

»Das ist jetzt einfach draußen, und Jenkins hat anderes, bei dem er sich steigern kann?«

»Richtig.«

So weit Ospels Ausführungen im Sommer 2005. Der Zufall wollte es, dass der UBS-Präsident zu jenem frühen Zeitpunkt Stellung bezog zu dem, was später die schwere Havarie der UBS verursachte. Der scheidende Investmentbankchef John Costas wollte mit dem Geld der Schweizer einen großen Hedgefonds aufbauen, sein Nachfolger Huw Jenkins eiferte ihm nach und zimmerte sich einen eigenen immensen Eigenhandel. Dass sich Jenkins vornehm zurückhalten und auf das boomende Geschäft mit US-Hypothekenpapieren verzichten würde, wie dies Ospel verkündete, erwies sich schon bald als Trugschluss.

War Ospel naiv? Oder verheimlichte der UBS-Präsident seine wahren Absichten, um als konservativer, risikoscheuer und damit vertrauenswürdiger Banker dazustehen? Sollte Letzteres zutreffen, hätte der innerste Machtzirkel der Bank einen arglistigen Plan verfolgt. In diesem Szenario hätten die Verantwortlichen sehr wohl um die Gefährlichkeit ihres gigantischen Engagements im amerikanischen Hypothekenmarkt gewusst. Das hätte nicht weiter erstaunt, waren doch die Warnungen laut und die Hinweise zahlreich: 2002 von den Zürcher Risikomanagern, die zu einem speziellen Stresstest führten, 2004 im Verwaltungsrat, der damals die Dimensionen erkennen musste, ab 2005 auch von Vertretern der Nationalbank, wie sich noch zeigen wird.

Wollte aber Ospel bewusst die Spuren verwischen und heimlich die Position reduzieren, dann stellt sich die Frage: Warum ließ er wenig später zu, dass sein neuer Investmentbankchef Huw Jenkins kurz darauf ein eigenes US-Höllengefährt konstruieren und gegen den abtrünnigen Costas aufrüsten konnte? Vielleicht geschah dies unbeabsichtigt, vielleicht waren die obersten Manager derart mit dem Dillon-Read-Fonds beschäftigt, dass sie lange nicht bemerkten, wie ein kleiner Trupp Milliarden auf die gleichen Papiere wettete, von denen sich die UBS eventuell durch die Hintertür verabschieden wollte.

Möglicherweise hatte Präsident Ospel lediglich die Übersicht verloren. Ohne sich um die Art der Risiken zu kümmern, trieb er seine Untergebenen zu immer mehr und immer schnellerem Wachstum an. In seiner langen Karriere hatte ihn keiner der Unfälle im Handelsgeschäft zu Fall bringen können. Warum sollte er nicht ein weiteres, vielleicht ein letztes Mal das Schicksal, das es doch immer gut mit ihm gemeint hatte, herausfordern?

Mit voller Kraft ins Eismeer

4 Wachsen, wachsen, wachsen!

Eine große Handelsposition zu halten ist für eine Bank wie die UBS nicht per se falsch. Ob sie damit Geld verdient oder nicht, entscheidet sich in der Zukunft. Und die kennt niemand. Keine Frage hingegen ist, dass jede Position streng überwacht werden muss, erst recht, wenn sie immer größer wird.

Hier liegt der Vorwurf an die Adresse der Verantwortlichen. Im Spätsommer 2005 war die UBS eine große Nummer im Multibillionenmarkt mit verschriebenen US-Hypothekenprodukten geworden. Darüber waren wichtige Entscheidungsträger in den Führungsetagen der Bank informiert, viele weitere dürften in den Grundzügen Bescheid gewusst haben.

In aller Kürze: Der damalige Kreditchef und Verwaltungsrat Marco Suter, die rechte Hand von Präsident Marcel Ospel in sämtlichen Kredit- und Risikofragen, wusste spätestens seit 2002 von den großen Positionen und den Problemen mit deren Überwachung. Walter Stürzinger, Chief Risk Officer der Konzernleitung und langjähriges Mitglied des obersten operativen Risikoausschusses, hatte in diesem Zusammenhang einen besonderen Stresstest in Auftrag gegeben und drängte im Anschluss Kritiker des Engagements aus ihren damaligen Funktionen im Risikomanagement.

Auch Marcel Rohner, der junge Leiter der Kernsparte Vermögensverwaltung, ein dank seinem theoretischen Wissen über modernes Risikomanagement rasch die Karriereleiter hochgestiegener Shootingstar, muss als Mitglied des obersten Risikoausschusses der Konzernleitung von den großen US-Positionen erfahren haben. Rohner ließ im Sommer 2002 den Handel mit US-Immobilienpapieren genau unter die Lupe nehmen. Der in Auftrag gegebene Stresstest fand unter der Leitung eines seiner Vertrauten, Mark Wallace, statt, der einige Jahre zuvor, als Rohner noch nicht so weit oben in der Hierarchie stand, aus der zentralen Risikoüberwachung ausgeschieden war. »Ich habe mich bei der Fusion für den besser qualifizierten UBS-Mann entschieden«, fand sein Vorgesetzter Felix Fischer, und Wallace machte in einer weniger exponierten Position in der Investmentbank weiter. Fischer, der Vorvorgänger Rohners, musste aufgrund eines Milliardenverlusts mit dem LTCM-Hedgefonds kurz darauf die UBS verlassen.

Im zentralen Finanzbereich galt der US-Immobilienmarkt als das bedeutendste Einzelrisiko der Bank. Begründer der Strategie war John Costas, der langjährige Chef der Investmentbank; er kannte sein Vehikel im Detail. Neben Rohner saßen auch CEO Peter Wuffli und der Konzernanwalt (und Ospel-Nachfolger) Peter Kurer im obersten Risikoausschuss der Konzernleitung, dem sogenannten Risk Sub-Committee, wo die größten Risiken der Bank überwacht und die Entscheide mit weit reichenden Folgen für die Bank diskutiert wurden. Auch CEO Wuffli und Chefanwalt Kurer müssen somit mehr oder weniger im Bild gewesen sein.

Aber selbst Präsident Ospel dürfte genaue Kenntnisse vom Risiko in den USA gehabt haben. Ospel hatte sich die Führungsorganisation auf den Leib schreiben lassen, mit dem Chairman's Office, einer Art Verwaltungsrat innerhalb des Verwaltungsrats, der aus ihm und zwei Vizepräsidenten bestand: Stephan Haeringer, dem letzten Topshot der alten Bankgesellschaft, und Marco Suter, der als Vertreter von Ospels Chairman's Office ebenfalls im Risk Sub-Committee saß. Es ist davon auszugehen, dass Suter seinen obersten Chef über alle wichtigen Positionen, von denen er dort erfuhr, regelmäßig informierte.

Die obersten UBS-Verantwortungsträger hatten vom großen Engagement im US-Hypothekenmarkt Kenntnis, trotzdem bestand offenbar keiner darauf, dieses intensiv zu überwachen. Warum nicht? Selbstverständlich konnte nicht vorausgesehen werden, dass die Bank damit zwei Jahre später mehrere Dutzend Milliarden Dollar Verluste erleiden und an den Rand des Abgrunds geraten würde. Doch die Position hatte allemal das Potenzial, ein Milliardenloch in die Wand des Finanztankers zu reißen, und war damit bei weitem groß genug, um ein minutiöses Rapportieren zu rechtfertigen – dies umso mehr, als Risikomanager bereits drei Jahre früher Exponenten der obersten Führung ausdrücklich vor der mangelhaften Überwachung dieser Papiere gewarnt hatten. »Bei PFCA & CRE handelt es sich vermutlich um zwei der komplexesten Geschäftsbereiche der ganzen Bank«, schrieben diese in ihrer Analyse vom Mai 2002 (siehe Kapitel 1).

Nun kritisierten auch außenstehende Stellen den scharfen Wachstumskurs der Schweizer Großbanken, insbesondere jenen der UBS. In ihrem Bericht zur Finanzstabilität von Mitte 2004 machte die Schweizerische Nationalbank (SNB) auf ein Phänomen aufmerksam, das in den kommenden Jahren zum zentralen Problem der größten Schweizer Bank werden sollte. Wurde die Eigenkapitaldecke in Prozenten der risikogewichteten Aktiven berechnet, so stiegen die Ratios, die Quoten, über die Jahre. In Relation zu den gesamten Aktiven entwickelten sich die Eigenkapitalquoten hingegen rückläufig. »Diese Diskrepanz erscheint vor allem im internationalen Kontext groß«, schrieb die SNB zu einer Zeit, als sich die UBS-Führung ihrer besonderen Risikoaversität wegen lobte, und fuhr fort: »Ein Vergleich unter 50 der größten globalen Banken in den USA, der EU und Japan zeigt, dass die Schweizer Großbanken zu den Leadern zählen, wenn die risikogewichteten Quoten betrachtet werden, bei den ungewichteten Quoten aber das Schlusslicht bilden.«[25] Die ungewichtete Eigenkapitalquote der UBS lag mit gut zwei Prozent mit Abstand am tiefsten, jene der Credit Suisse betrug knapp vier Prozent, die Bank gehörte damit ebenfalls zu den am schwächsten kapitalisierten Großbanken.

Der Grund für diese Diskrepanz hatte mit den vermeintlich risikolosen Anlagen der UBS und, weniger stark, der Credit Suisse zu tun. Hypothekaranlagen und Forderungen gegenüber Banken seien zwar groß in absoluten Werten, aber klein in risikogewichteten, schrieb die SNB. »Zieht man die sogenannten sicheren Anlagen vom Total der Aktiven ab, dann würde die gesamte Kapitalquote der großen Schweizer Banken knapp über 4 Prozent betragen und nicht wie heute unter 3 Prozent.«[26]

Im Unterschied zu den Regulatoren, die sich seit 1988 unter dem sogenannten Basel-I-Abkommen allein auf risikogewichtete Aktiven für die Eigenkapitalvorschriften abstützten, drängten die Notenbanker auf absolute Obergrenzen. »Trotzdem braucht es ungewichtete Eigenkapitalquoten, um die Solidität der Kapitalbasis zu analysieren: Diese sind für die Bank ein Puffer, um gegen Risiken vorzukehren, die durch die bestehenden Kapitalvorschriften nicht oder nur ungenügend abgedeckt sind«[27], hielten die SNB-Verantwortlichen schon 2004 fest.

Ab 2005 stellte die SNB-Führung die UBS-Führung zur Rede. Wie er die sich öffnende Schere zwischen steigenden Eigenkapitalquoten unter risikogewichteter Betrachtung und sinkenden bezüglich Bilanzsumme erkläre, wollte SNB-Vizechef Niklaus Blattner von UBS-CEO Peter Wuffli wissen. »Wuffli meinte, wir würden das Problem nicht begreifen«, sagte Blattner im Gespräch. »Als wir nicht lockerließen, schlug Ospel später eine Aussprache mit anderen Topmanagern der Bank vor, unter anderem mit Marco Suter. Dieser meinte überraschend, dass die Schere zwischen wachsender Bilanz und schrumpfendem Eigenkapital auch für den Verwaltungsrat der UBS ein Thema sei.« Im strategischen Führungsgremium, das auch die oberste Verantwortung für die Risiken trug, sei das Thema danach versandet.

Von den Einwänden der Notenbank ließen sich die UBS-Chefs in ihrem Drang zur Weltspitze nicht beirren. »Wuffli wollte wachsen und sagte, die UBS habe nun einen größeren Risikoappetit und wolle deutlich über 20 Prozent Return on Equity erzielen. Dabei führt ein solches Ziel doch in die Irre. Eine hohe Rendite aufs Aktienkapital wirkt nur optisch gut, ist aber für den einzelnen Aktionär irrelevant, da ohne Bezug zum aktuellen Aktienkurs. Über die effektive Rendite sagte dieser ›Fetischwert‹ nichts aus.«

Stand eine Absicht hinter dem Wegschauen und Ignorieren des

Problems? Das ist kaum anzunehmen, zu groß wäre das persönliche Haftungsrisiko eines solchen Verhaltens. Ließen die Warnungen die Verantwortlichen kalt, weil sie diese als irrelevant erachteten? Das wäre das andere Extrem und dürfte ebenso wenig der Wahrheit entsprechen. Diese liegt vermutlich dazwischen. Das oberste Management der UBS dürfte die Möglichkeit erkannt haben, mit Papieren, die als sicher vor Verlusten galten, große Gewinne einzufahren. Die eigene Karriere und den eigenen Bonus vor Augen, schlugen die Entscheidungsträger und Zinsexperten die Warnungen in den Wind, solange das Geschäft boomte und der Rubel rollte. Niemand an der Spitze der Bank scheint versucht zu haben, die Komplexität der strukturierten Vehikel in der Tiefe zu begreifen und mit kritischen Fragen an die Spezialisten versteckte Risiken aufzuspüren. »Die fehlende Aufmerksamkeit für die mit dem Bilanzwachstum verbundenen versteckten Risiken und ein zu unkritisches Vertrauen in die bestehenden Mechanismen zur Risikoerfassung erscheinen im Rückblick als schwerwiegendes Versäumnis der Bank«, brachte die Bankenkommission in ihrem UBS-Bericht von 2008 das Scheitern auf den Punkt.

Das Versagen von Führungskräften einer Unternehmung ist kein Verbrechen, auch wenn in der Folge Aktionäre viel Geld, Angestellte ihren Job und, wie im Fall einer schlingernden Großbank, die Gläubiger das Vertrauen ins System verlieren, mit unabsehbaren Folgen für die ganze Volkswirtschaft. Selbst stümperhaftes oder passives Verhalten der obersten Verantwortlichen gehört zum System und ist Teil unserer liberalen Wirtschaftsordnung. Früher oder später, meist aber erst später, folgt die Rechnung – in Form der Absetzung, des Karriereendes, manchmal sogar der gesellschaftlichen Ächtung.

Nicht richtig funktionieren die Korrekturmechanismen hingegen bei der Entschädigung, bei der »Compensation«, wie sie in der angelsächsisch geprägten Finanzwelt heißt. Als Beispiel soll diesmal nicht Marcel Ospel dienen, der zwar einerseits die Salärlatte als erster Schweizer Manager über die 20-Millionen-Grenze an-

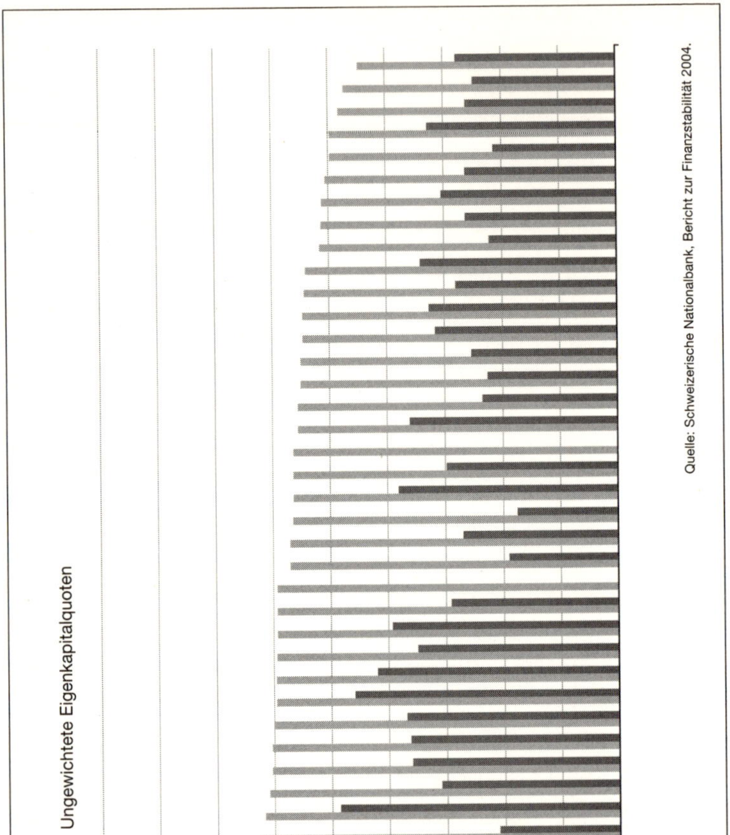

Quelle: Schweizerische Nationalbank, Bericht zur Finanzstabilität 2004.

hob, andererseits aber auch mit seinen wagemutigen Deals – der Fusion von Bankverein und Bankgesellschaft, dem Kauf der englischen Warburg Investmentbank, dem frühen Einstieg ins Geschäft der neuartigen Derivat-Finanzinstrumente mit O'Connor, der Expansion in den USA mit Paine Webber – die UBS zwischenzeitlich zu einem weltweit führenden Finanzkonzern gemacht hatte.

Sein langjähriger Steuermann, CEO Peter Wuffli, hat einen weniger eindrucksvollen Leistungsausweis vorzulegen. Wuffli wechselte 1993 von der Beratungsfirma McKinsey zum damaligen Bankverein und schied kurz vor Ausbruch der US-Immobilienkrise aus der Bank aus. Heute sitzt er im Verwaltungsrat des Zürcher Opernhauses und im Aufsichtsgremium einer Zürcher Baufirma. Eine von ihm gegründete Nonprofit-Organisation versucht, das Verständnis für globales Wirtschaften zu fördern. An der Entschädigung dieses Managers, der die UBS von Ende 2001 bis Mitte 2007 operativ lenkte, soll aufgezeigt werden, wie wenig manchmal Leistung und Salär miteinander zu tun haben.

Ich erinnere mich an ein Abendessen mit Peter Wuffli am 5. Februar 2004, einem Donnerstag. Eingeladen waren rund ein Dutzend Wirtschaftsjournalisten, das Themenspektrum reichte von der Weltpolitik – den US-Nachwehen nach dem zweiten Irak-Feldzug – bis zum Alltag der Bank. Es handelte sich um einen Gedankenaustausch mit Medienvertretern abseits der Hektik der üblichen Presseanlässe. Ein Dauerbrenner für Topmanager waren bereits damals die rasant steigenden Gehälter der obersten Chargen. Die UBS hatte sich durch einen offensiven Umgang mit dem Tabuthema hervorgetan. Präsident Marcel Ospel machte sein Jah-

Die Schweizerische Nationalbank monierte ab 2004, dass die zwei großen Schweizer Finanzkonzerne je nach Betrachtung eine sehr dicke oder sehr dünne Eigenkapitaldecke hatten. Die gemäß Basler Abkommen der Aufsichtsbehörden verwendete risikogewichtete Berechnung ließ UBS und Credit Suisse Group in einem Vergleich von 50 Großbanken auf der sicheren Seite erscheinen. Hingegen lagen die Schweizer Großbanken am Tabellenende, wenn das Eigenkapital auf alle Aktiven, also die ganze Bilanz, bezogen wurde. Dann machten die eigenen Mittel bei der UBS lediglich gut zwei Prozent aller Aktiven aus. Anders ausgedrückt: Die UBS »stemmte« mittels riesiger Verschuldung eine Bilanz, die fast 50-mal größer war als ihr Eigenkapital.

ressalär inklusive Bonus und sämtlicher übriger Vergütungen im Frühling 2002, als erster Topmanager eines Schweizer Multis und ein Jahr früher als vom Regulator vorgesehen, publik. Auf einen Schlag wurden alle Spekulationen, die sich bis zu damals als astronomisch hoch empfundenen zehn Millionen Franken pro Jahr verstiegen, von der Realität überholt. Ospel gab bekannt, dass er im Geschäftsjahr 2001 12,5 Millionen Franken in bar sowie UBS-Aktien und -Optionen erhalten hatte, rund ein Drittel weniger als im Jahr zuvor. Damals waren es 18,5 Millionen oder rund 60 000 Franken pro Arbeitstag bei einer Sechstagewoche, gemäß *NZZ* täglich nur leicht weniger als das durchschnittliche Jahressalär eines zu hundert Prozent beschäftigten Schweizer Angestellten.

Weil Ospel als Erster der Schweizer Topverdiener die neuen Dimensionen aufzeigte, blieb der Lohn des UBS-Präsidenten im Gedächtnis der Nation haften. Daran konnte nichts ändern, dass andere Unternehmenslenker wie Novartis-Chef Daniel Vasella später sogar mit einer höheren Gesamtvergütung als Ospel aufzuwarten hatten. Der UBS-Präsident galt gerade wegen seines Sololaufs in breiten Kreisen der Öffentlichkeit als Symbol für überzogene Saläre.

Beim Arbeitsessen mit Peter Wuffli, Ospels oberstem Angestellten, gab der CEO zu verstehen, dass er in etwa gleich viel wie sein Boss einstreiche, also zwischen rund 12 Millionen und gut 26 Millionen Franken jährlich, je nach Jahresgewinn der UBS. Die Summe zu rechtfertigen mache ihm keine Mühe, dozierte Wuffli zwischen Hauptgang und Dessert, vorausgesetzt, die Entschädigung sei auch verdient. Dann kam er kurz auf den Spitzensport zu sprechen. Dort würden die wenigen Ausnahmekönner, die es ganz nach oben geschafft hätten, für ihre Leistung weit höher belohnt. Sind 50 Millionen Franken für Roger Federer zu viel?, fragte Wuffli rhetorisch. Die Leistungen des Tennis-Asses seien leicht messbar, die der bestverdienenden Manager dagegen nicht, warf einer der Journalisten in die Runde. Falsch, konterte Wuffli, es gebe auch im Wirtschaftsleben nur eine geringe Anzahl von Managern, die multinationale Unternehmen erfolgreich führen könnten.

Wenige Wochen später veröffentlichte die *NZZ* eine harsche Kritik ihres Wirtschaftschefs Gerhard Schwarz an den hohen Entschädigungen für Spitzenmanager in Schweizer Großkonzernen. Schwarz geißelte in seinem Leitartikel vom 28. Februar 2004 weder die relative noch die absolute Höhe der Vergütungen. Ein Dorn im Auge war dem Ökonomen vielmehr das kurzfristige Profitieren von Börsenbooms, die wenig mit der Leistung der Unternehmenslenker zu tun hätten. »Warum soll, wenn der Kurs einer Aktie im Gleichschritt mit dem Markt steigt, dies Boni in Millionenhöhe auslösen?«, fragte Schwarz und fuhr fort: »Als Erfolg wäre zu werten, wenn es gelänge, den Trend zu schlagen, nicht aber das bloße Surfen auf einer Welle. Vor allem der Finanzsektor ist diesbezüglich, man kann es nicht anders sagen, krank. Sowie die Börse boomt, entwickelt sich dort ein Anspruchsdenken sondergleichen. Besonders stoßend ist dabei das Fehlen jeglicher Symmetrie: Bullenmärkte werden – im doppelten Sinn – zum eigenen Verdienst gemacht, Bärenmärkte dagegen als Ausrede für ungenügende Performance vorgebracht.«

Im Zuge der neuen Lohndimensionen hätten die Spitzenmanager die »Bodenhaftung« verloren, schrieb der *NZZ*-Wirtschaftschef weiter. »Sie scheinen zu glauben, ihr Lohn stehe ihnen ohne Wenn und Aber zu und sei ohnehin eher noch zu klein. Dabei ist nichts selbstverständlich auf dieser Welt, und Erfolg und Misserfolg liegen oft haarscharf nebeneinander, nicht nur im Einzelfall, sondern auch über ein ganzes Leben hinweg.«

Es dauerte nur vier Tage, bis sich in derselben Zeitung UBS-CEO Peter Wuffli, der ebenso wenig wie andere Verantwortliche großer Schweizer Konzerne namentlich in Schwarz' Artikel genannt war, zu Wort meldete. »Wenn der Chef der *NZZ*-Wirtschaftsredaktion den Finanzsektor, immerhin den bedeutendsten und einen der weltweit wettbewerbsfähigsten Wirtschaftssektoren unseres Landes, im Zusammenhang mit der Entlöhnung von Führungskräften als krank bezeichnet, soll das nicht unkommentiert bleiben«, begann Wuffli seine Replik und holte dann zum Gegenschlag aus. »Globalisierung, Deregulierung und Wettbewerb haben dazu geführt, dass unternehmerische Erfolge und Misserfolge und deren Verantwortlichkeiten täglich sichtbar werden«, lautete sein erstes Argument. Laut Wuffli, der zwei Jahrzehnte früher als Praktikant selbst für die *NZZ*-Wirtschaftsredaktion geschrieben hatte, waren die Zeiten vorbei, in denen die obersten Verantwortlichen ohne eigenes Zutun erfolgreich sein konnten. Manager großer Konzerne seien heute viel eher Unternehmer als Angestellte, die entsprechend am Erfolg der von ihnen geführten Firmen beteiligt sein sollten. Als Beleg einer bedeutenden unternehmerischen Leistung nannte Wuffli das Verschmelzen von Bankverein und Bankgesellschaft zur neuen UBS, die für die Aktionäre durch steigende Kurse Werte von 60 Milliarden Franken geschaffen hätte. »Ist es denn so abwegig, wenn das Führungsteam – neben den institutionellen Eigentümern und dem Staat (über die Steuern) – auch in einem gewissen Umfang an diesem unternehmerischen Erfolg teilhaben will?«, fragte der UBS-CEO, ohne eine Antwort zu erwarten.

Hingegen konnte es sich Wuffli nicht verkneifen, seinen Text mit einer Drohung abzurunden. »Wenn konkurrenzfähige Erfolgsbeteiligungen für Führungsteams von Großkonzernen in der Schweiz als Folge einer Diskussion, die sich an einzelnen Missbräuchen orientiert, von Neid geprägt ist und das Verständnis für die Realität eines gnadenlosen globalen Wettbewerbs um Anlegergunst und Talente vermissen lässt, verunmöglicht werden, suchen sich unternehmerische Talente ihre Betätigungsfelder anderswo. Das wäre zum Nachteil des Finanzsektors und damit des Schweizer Wohlstands.«

Auf derselben Seite druckte die Zeitung am 3. März 2004 einen Beitrag von Alex Krauer ab. Krauer war von 1998 bis 2001 Präsident der UBS gewesen. Der Pharmamanager und Mitarchitekt der Fusion von Ciba und Sandoz zum Multi Novartis hatte das Präsidium nach dem Derivatedebakel der UBS mit dem Hedgefonds Long-Term Capital Management übernommen und die UBS-Führung unter dem damaligen CEO Ospel zu einem vorsichtigen Risikoverhalten gezwungen. Schwarz' Leitartikel »Wider die Selbstbedienung von Wellenreitern« sei »endlich ein Kommentar mit der notwendigen Tiefe und Schärfe«, schrieb Krauer. Die »Schwachstellen und Risiken des Systems« würden klar geortet. Krauer zählte auf: »Erstens beim Scheinargument der Marktkräfte angesichts der Verflechtungen und Interessenkonflikte zwischen den Anbietern und Nutznießern der sogenannten salärrelevanten Marktdaten. Zweitens bei der ungleichen Machtverteilung zwischen dem CEO und dem Vergütungsausschuss des Verwaltungsrates bei der Festlegung des Salärpakets und der maßgebenden Bemessungskriterien. Drittens bei der Gefahr unternehmerischer Fehlentscheide, wenn Konzernchefs ihre Motivation und ihren Selbstwert aus ihrer Remuneration schöpfen und dieser Aspekt bei ihren Entscheiden eine Rolle spielt. Viertens beim Schaden am liberalen Gedankengut, wenn Exponenten der Marktwirtschaft die Bodenhaftung verlieren und damit Vertrauen und Akzeptanz in breiten Kreisen der Bevölkerung verspielen.« Für Schadensbegrenzung sei es nicht zu spät. »Alles, was es brauchte, wäre Sinn für Maß.«

Drei Jahre später ging Peter Wuffli kommentarlos von der UBS-Kommandobrücke. Kurz darauf prallte die Bank in den US-Subprime-Eisblock, der das Schiff ohne Rettungsmaßnahmen wie eine dreifache Kapitalerhöhung über 35 Milliarden Franken versenkt hätte. Als die UBS im Frühling 2008 ihr Jahresergebnis publizierte, legte sie vorschriftsgemäß die letzten Entschädigungspakete von Wuffli und zwei Kollegen aus der Konzernleitung der Bank, Finanzchef Clive Standish und Investmentbankchef Huw Jenkins, offen, die beide im Herbst 2007 wenige Wochen nach Wuffli aus der Bank ausgeschieden waren. Für ihre Tätigkeit im Geschäftsjahr 2007 erhielten die drei Topmanager zusammen knapp 33 Millionen Franken inklusive Boni, und für die zwölfmonatige Kündigungsfrist und Anteile am zukünftigen Erfolg wurden den drei gescheiterten Spitzenkräften weitere insgesamt rund 61 Millionen gutgeschrieben, fällig in den Jahren 2008 und 2009.

Umstritten sind vor allem die 61 Millionen Franken für die Zeit nach dem Abgang. Man spricht in diesem Zusammenhang von Abgangsentschädigungen, die heute in weiten Kreisen verpönt sind, weil sie sich nicht durch Leistung rechtfertigen lassen. Im Gegenteil, der Schaden, den die drei hohen UBS-Manager zu verantworten haben, ist immens.

Ex-CEO Wuffli als Höchstrangiger der drei gescheiterten Manager könnte etwa zwei Fünftel der 61 Millionen Franken Abgangsentschädigung erhalten haben. Dies entspräche rund 24 Millionen Franken und würde in den Rahmen von 12 Millionen bis 26 Millionen Franken passen, die den obersten Köpfen der UBS in den guten Jahren zugeflossen waren. Von den 24 Millionen fällt nur ein kleiner Teil auf das Fixsalär. Bei Präsident Marcel Ospel lag dieser Anteil jeweils bei rund zwei Millionen Franken, was auch auf CEO Wuffli zutreffen könnte. Rund 22 Millionen Franken wären Wuffli bei dieser Berechnung als Bonus für seinen Beitrag bis nach seinem Abgang zugesprochen worden. Dem steht als »Leistung« der unkontrollierte Aufbau von über 100 Milliarden Dollar in US-Kreditpapieren gegenüber. Dieser musste nach Wufflis Ausscheiden bis Ende September 2008 massiv abgeschrieben und verkauft werden, was zu Verlusten von fast 50 Milliarden Franken führte. Damit ging praktisch das gesamte frühere Eigenkapital verloren, welches in der Folge ersetzt werden musste.

Die Analogie zu Spitzensportlern wie Roger Federer, die sich jeden Punkt auf dem Platz erkämpfen müssen, wirkt in Wufflis Fall an den Haaren herbeigezogen. Federers Erfolg ist einerseits sofort messbar und nicht erst in einigen Jahren, wie dies bei Unternehmensführern der Fall ist. Zudem muss sich der Tennisstar bei jedem Turnier neu gegen seine stärksten Gegner durchsetzen. Gegen wen hingegen ein Bankenchef wie Wuffli antrat, war unklar. Stand er in direktem Wettbewerb mit dem Konzernlenker der Deutschen Bank, Josef Ackermann? Die beiden Institute blicken auf unterschiedliche Historien zurück und entwickelten in der Folge Strategien, die höchstens in Teilen analog und entsprechend als Zweikampf messbar sind. Der Aktienkurs ist nur im langfristigen Vergleich ein vernünftiger Indikator für die Leistung des obersten Managements. Als Wuffli von der UBS-Brücke stieg, lag der Aktienkurs bei fast 75 Franken, Ende Oktober 2008, nachdem sich die Ära des Ex-CEOs als schwere Altlast herausgestellt hatte, war der UBS-Titel für rund 14 Franken zu haben.

Dass Manager multinationaler Konzerne eine rare Spezies von Unternehmertypen seien, die eine stolze Vergütung verdient hätten, wie dies Wuffli bei dem Arbeitsessen von Anfang 2004 reklamierte, wirkt heute wie ein Hohn. Zu dieser Erkenntnis gelangte sogar der tief gefallene Managerstar selbst, der noch für seine Leistungen im Jahr 2005 als Europas bester Banker gefeiert worden war. In einem Interview mit der *NZZ am Sonntag* pries sich Wuffli im November 2008 als Vorbild an. »Ich habe insgesamt auf 12 Millionen Franken von dem, was mir arbeitsvertraglich zustand, freiwillig verzichtet«, sagte er und fuhr im Stil eines selbstsicheren, aus eigener Initiative agierenden, verantwortungsbewussten Wirtschaftskapitäns fort: »Ich setze damit ein Zeichen der Solidarität mit der UBS-Führung und den Mitarbeitern, die in einer schwierigen Situation ausgezeichnete Arbeit leisten.« Indem er betonte, dass sein »lange und reiflich« überlegter Schritt Ausdruck einer »persönlichen Haltung« sei, präsentierte sich Wuffli als geläuterter Bestverdiener. »Hohe Zahlungen für abtretende Topleute in einem Unternehmen in schwerer Schieflage sind nicht zu rechtfertigen.«

Den Hypothekenstrategen war im Sommer 2005 klar, was sie taten. Investmentbankchef John Costas und sein Zinsenchef Mike Hutchins hatten zwar eine gefährliche Hypothekenmaschine konstruiert, kannten aber jede Schraube des Vehikels und wussten, auf welche Erschütterungen das Gefährt reagierte und wie sie es im Krisenfall unter Kontrolle zu halten hatten. Ihr neuer Hedgefonds Dillon Read Capital Management erlitt zwar als einer der ersten Fonds ebenfalls große Verluste, als der Subprime-Sturm im Frühling 2007 ausbrach. Doch der Absturz, der auf die von der Zürcher Zentrale erzwungene Schließung folgte, war viel kleiner als jener der Kollegen, die den DRCM-Machern innerhalb der UBS nacheiferten.

Die Rede ist vom B-Team, wie es Ospel später nannte; von der Ersatzmannschaft, die sich im Spätsommer 2005 aufmachte, die

Stars Costas und Hutchins zu überflügeln, der neuen Führungscrew der Investmentbank und des Zinsengeschäfts, die eine zweite, noch größere und viel gefährlichere Hypothekenmaschine zusammenbaute. Doch im Unterschied zu ihren Vorgängern wussten die Mitglieder des B-Teams nicht genau, was sie taten. Hätten sie es gewusst und wären vorsichtiger ans Werk gegangen, hätte die Bank vermutlich nicht vollständig Schiffbruch erlitten.

Und auch bei der UBS, wie bei vielen anderen gescheiterten Großunternehmen, standen am Anfang der Geschichte die Berater. Das Delegieren wichtiger Aufgaben an externe Mitarbeiter ist meist ein Signal dafür, dass an der Spitze einer Firma etwas faul ist. Wüsste ein Management nämlich, was es will, ließe es sich die Richtung bestimmt nicht von außen vorgeben.

Der neue Chef der Investmentbank, der Brite Huw Jenkins, damals 47, beauftragte aber McKinsey, spezifische Themen rund um die Strategie seiner Geschäftseinheit zu prüfen. Die bekannten externen Analysten sollten Jenkins aufzeigen, wo sich die Investmentbank der UBS noch besonders steigern könnte, nachdem sie nach eigener Aussage bereits zu den drei größten Mitspielern der Welt zählte und nun noch ganz nach oben wollte.

In den Chefetagen von Schweizer Großbanken genossen die McKinsey-Leute einen guten Ruf und waren von ihnen wiederholt engagiert worden. In den neunziger Jahren verpassten sie der Credit Suisse, damals noch die Schweizerische Kreditanstalt, und dem Bankverein jeweils eine Viersäulenstruktur. Die verschiedenen Geschäftssparten Vermögensverwaltung, Retail, Asset Management und Investmentbank wurden separiert. Demgegenüber hielt die Bankgesellschaft als Größte der drei Großen in der Schweiz an der alten Struktur fest, bei der die verschiedenen Bereiche enger miteinander verzahnt und ineinander integriert waren. Nachdem sich Bankverein und Bankgesellschaft 1998 zusammengeschlossen hatten, adaptierte die daraus resultierende neue UBS das Spartenmodell.

Eine der großen Stärken von McKinsey ist das Netzwerk der Firma. Viele ihrer ehemaligen Topberater übernehmen wichtige

Funktionen in multinationalen Unternehmen. Bei den Banken waren ebenfalls Ex-McKinsey-Leute tätig: bei der UBS Peter Wuffli, damals Finanzchef der Nummer drei der Großbanken, bei der Credit Suisse Lukas Mühlemann. Der hochgelobte Sonnyboy der Schweizer Wirtschaft hatte nach nur zweieinhalb Jahren als CEO des Rückversicherers Swiss Re, wo er die Erstversicherungssparte verkaufte und den Swiss-Re-Aktienkurs in steilen Steigflug brachte, das Steuer bei der Credit Suisse übernommen. Der übergangene Josef Ackermann verließ daraufhin das Unternehmen und brachte später die Deutsche Bank auf Kurs. Der branchenfremde Mühlemann hingegen scheiterte nach fünf Jahren: Die Credit Suisse wurde nach einem missglückten Wachstumskurs mit Käufen einer US-Investmentbank und des Schweizer Erstversicherers Winterthur zum Sanierungsfall.

Innerhalb der UBS war McKinsey beim CEO beliebt, galt aber bei anderen Spitzenleuten als umstritten. Ein ehemaliger UBS-Investmentbanker, der die wichtigen McKinsey-Beratungen im Jahr 2005 bei der UBS aus der Nähe verfolgen konnte, kritisierte deren Verpflichtung grundsätzlich.

Doch zu entscheiden hatten andere. Und so empfahl McKinsey im Herbst 2005 dem neuen UBS-Investmentbankchef Huw Jenkins nach einer mehrwöchigen Analyse, in ausgewählten Gebieten zu wachsen. Ziel war es, die gesamte Sparte weiter auf Wachstumskurs zu halten. Denn der Anspruch der Unternehmensleitung, die größte Investmentbank der Welt zu werden, galt mehr denn je. Welche Rolle McKinsey rund um den Expansionskurs der UBS gespielt hatte und wie groß der Einfluss ihrer Berater gewesen war, blieb im Dunkeln. Im Frühling 2008 schrieb ich in der *Weltwoche*, die Firma habe der UBS die Subprime-Strategie empfohlen. Das war falsch, eine andere Gesellschaft, von der noch die Rede sein wird, hatte entsprechende Vorschläge gemacht; von McKinsey stammten andere Wachstumsempfehlungen für die Investmentbank. Irrtümlicherweise hatte ich die Strategie für das Zinsengeschäft als Teil der Arbeiten von McKinsey für die Investmentbank betrachtet.

Aktiv war McKinsey aber schon. Gemäß Shareholder Report der UBS vom April 2008 schlugen die Berater Investitionen in Emerging Markets und Rohstoffmärkten vor und empfahlen, mehr Produkte der Investmentbank der Vermögensverwaltung anzubieten sowie die Risikoprozesse zu optimieren. Im September wurden die Erkenntnisse in einem Meeting der Investmentbankspitze diskutiert. Dabei kam diese zu dem Ergebnis, »dass die Investmentbank signifikant wachsen muss, um nicht hinter die Konkurrenz zurückzufallen«.[28]

Die zweite Beratungsfirma war Mercer Oliver Wyman, und die machte in der Investmentbank ein klares Manko aus. Die UBS habe Lücken mit US-Hypothekenprodukten, lautete ihr Befund. Dass der folgenschwere Schluss ausgerechnet von dieser Beraterin stammte, stellt eine kleine Ironie in der UBS-Geschichte dar. Mercer Oliver Wyman, die als erfahrene Spezialistin für Investmentbanking und Handelsgeschäft gilt, gehört zum US-Multi Marsh & McLennan, einem großen Finanz- und Beratungskonzern, bei dem seit Jahren auch der Schweizer Mathis Cabiallavetta zur obersten Führungscrew zählt – der gleiche Cabiallavetta, der zehn Jahre vor dem aktuellen Absturz der UBS die andere große Krise im internationalen Handelsgeschäft der Schweizer zu verantworten hatte und am 1. Oktober 1998 von seinem Posten als Verwaltungsratspräsident zurückgetreten war. Nun riet ausgerechnet eine Tochter seiner neuen Arbeitgeberin der UBS, im großen Stil in verbriefte US-Wertschriften zu investieren, die auf Immobilien- und anderen Krediten basierten.

Cabiallavetta hatte seine Karriere im Handelsgeschäft des UBS-Vorgängerkonzerns Bankgesellschaft gemacht. Er galt als Manager mit starkem inneren Feuer, hoher Entscheidungsfreudigkeit und einer treuen Anhängerschaft, die sein Vertrauen mit uneingeschränkter Loyalität belohnte. Genaue Analyse und Skepsis gegenüber Neuem zählten hingegen nicht zu den herausragenden Eigenschaften von Cab, wie man ihn intern nannte. Weil seine Sparte einen wachsenden Anteil zum Gesamterfolg der Bank beigesteuert und er als Führungsperson seine Vorgesetzten offenbar überzeugt hatte, wurde Cab 1996 zum CEO gewählt. Ein Novum war seine Berufung insofern, als es bis dahin meist nur gestandene Militärführer an die Spitze der Bankgesellschaft geschafft hatten. Beispielsweise war Robert Studer, Cabs Vorgänger als Konzernchef und nun zum Verwaltungsratspräsidenten aufgestiegen, Oberst in der Armee und Kommandant eines Panzerregiments gewesen. Cab hingegen hatte nicht einmal die Offiziersschule absolviert. Er verkörperte einen neuen Führungstyp innerhalb der alten, auf Traditionen bauenden Bankgesellschaft: hemdsärmlig, dynamisch, unkompliziert – und risikofreudig.

Cab ersetzte nach seiner Wahl an die operative Spitze der Bank zuerst das alte Logo und den alten Namen durch das einfache und weltweit einsetzbare Schriftkürzel UBS ohne jeglichen grafischen Schnickschnack. Danach gab er den von seinen Vorgängern stur verteidigten Alleingang auf und ging auf Marcel Ospels seit einiger Zeit vorliegende Offerte eines Zusammenschlusses von UBS und Bankverein ein. Dass die Weggefährten Ospels mit Ausnahme des Schweizer Geschäfts sämtliche Spitzenpositionen der operativen Geschäftseinheiten einnahmen und Cabs Leuten nur die Führung der Stäbe blieb, verziehen ihm die UBS-Manager nie. Er habe sich von Ospel über den Tisch ziehen lassen, meinten sie. Die viel größere und kapitalstärkere UBS sei vom kleineren und nach dem teuren Aufbau des Investmentbankings stark überschuldeten Bankverein faktisch übernommen worden, und zwar nur, weil sich Cab von Ospels Erfolg im globalen Handelsgeschäft habe blenden lassen. Dass dieser Erfolg auf tönernen Füßen gestanden habe, sei der Aufmerksamkeit des UBS-CEO entgangen. Ohne die Jahrhundertfusion mit der reichen UBS wäre dem Bankverein, so glaubten die Kritiker des Deals, bald der Schnauf ausgegangen. Für sie stand fest: Cabs UBS hätte führungsmäßig Ospels Bankverein schlucken sollen, nicht umgekehrt.

Als noch im ersten Jahr Long-Term Capital Management Bankrott machte und die UBS als neuer Bankkoloss und größter Finanzkonzern Europas eine Milliarde Franken in den Sand setzte, ging Cabiallavetta zusammen mit einigen anderen ehemaligen Bankgesellschaftskollegen von Bord und wurde vom Basler Pharmamanager Alex Krauer abgelöst. Cab verschwand von der Bildfläche und hat sich seit dem raschen Abgang jeglichen Kommentar zur UBS und zum damaligen Abschreiber verkniffen. Er erhielt vom Chef von Marsh & McLennan, einem langjährigen Geschäftsfreund von Cab, eine neue Aufgabe und geriet in der Schweizer Öffentlichkeit in Vergessenheit. Dass es eine Tochter von Marsh & McLennan war, die der UBS die sogenannte Subprime-Strategie empfahl, hat Cab bei seiner einstigen Arbeitgeberin ein Stück weit in Erinnerung gebracht.

Die Berater von Mercer Oliver Wyman fanden im Sommer 2005 eine UBS-Investmentbank vor, die nur in einem ihrer drei Segmente noch nicht zu den größten Instituten weltweit zählte. Das Zinsengeschäft respektive Fixed Income hatte unter dem Duo Costas/Hutchins zwar ebenfalls ein bedeutendes Ausmaß angenommen und gehörte in Teilbereichen zu den führenden fünf Anbietern. In Gesprächen bezeichneten Costas-Vertraute dies als großen Erfolg, zumal der Aufbau des Fixed Income aus eigener Kraft und ohne teure Akquisitionen gelungen sei. Dass die Sparte in gewissen Gebieten zurückgeblieben sei, habe durchaus zum Konzept gehört. Weniger Engagements und somit geringere Risiken in neuen Wachstumsmärkten und bei den Rohstoffen seien als eine Art Absicherung gegenüber der Offensive in verbrieften US-Produkten gedacht gewesen, behaupteten sie.

Doch Costas und Hutchins sprangen nun ab und gründeten den Hedgefonds Dillon Read Capital Management (DRCM). Ihnen folgten rund 120 UBS-Angestellte, davon etwa 45 Händler, die sich von dem Wechsel zur unabhängigeren, von der kapitalstarken UBS finanzierten DRCM einen Salärsprung erhofften. Mit DRCM ging Huw Jenkins als neuem Verantwortlichen der UBS Investmentbank ein großer Teil des Eigenhandels verloren. Zwar blieb seine Sparte durch die Beteiligung der UBS an DRCM an deren Erfolg beteiligt und musste nicht befürchten, dass ihm und seinem Team ein jäher Einbruch beim eigenen Bonus drohte.

Doch ohne den zentralen Teil des Eigenhandels, die Position im US-Immobilienmarkt, der zum Kern von DRCM wurde, hatte das Fixed-Income-Geschäft der UBS Investmentbank stark an Bedeutung verloren. Was tun?, fragte Jenkins die Berater von Mercer Oliver Wyman. More of the same, antworteten diese.

Mercer Oliver Wyman kam nach einer Untersuchung des bestehenden Geschäftsportfolios zu dem im Shareholder Report vom 18. April 2008 veröffentlichten Schluss, dass der Bereich Fixed Income Rückstände gegenüber den jeweiligen Top-3-Banken im «Kreditgeschäft, bei den verbrieften Produkten und den Rohstoffen« habe, «weniger stark bei den Zinsen und den Wachstumsmärkten«.[29] Bei Letzteren hatte die Analyse von McKinsey für die gesamte Investmentbank noch Aufholbedarf konstatiert. Die Mercer-Analysten rieten ihrer Auftraggeberin zu verschiedenen Investments in Schlüsselbereichen, zu denen neben Rohstoffen und Emerging Markets auch sogenannte Mortgage-backed-Securities- sowie Adjustable-Rate-Mortgage-Produkte zählten, denen teilweise minderwertige amerikanische Hypotheken zugrunde lagen. Gemäß dem Shareholder Report identifizierten die Berater diese strukturierten Produkte als «signifikante Ertragswachstumschancen«. Nicht Bestandteil der Analyse der externen Berater sei die Risikofähigkeit der Bank bezüglich solcher Investments gewesen, heißt es weiter. Das, so ist daraus zu schließen, war die Aufgabe von Huw Jenkins und seinen Managerkollegen in der Investmentbank.

Es wurde März 2006, bis Jenkins & Co. den Ausweg aus der Misere im eigenen Fixed-Income-Geschäft und eine Lösung zu dessen raschem Aufschwung bei einem Spitzentreffen mit der Gruppenleitung der UBS vorstellten, wie im Shareholder Report nachzulesen ist. Neben einem Auf- und Ausbau in Wachstumsmärkten, bei den Rohstoffen und dem Geschäft mit Anleihen für amerikanische Gemeinden – dieses trocknete dann in der Kreditkrise von 2007 und 2008 vollständig aus und musste von der UBS und weiteren Investmentbanken auf eigene Rechnung heruntergefahren werden – planten die neuen Chefs eine Offensive in den verbrieften Produkten. Eine neue Einheit sollte den an DRCM verlorenen Eigenhandel mit verbrieften US-Hypothekenprodukten wieder ins Leben rufen und zur Blüte bringen.

Der entscheidende Moment für das spätere Scheitern war gekommen. Die Investmentbank erhielt grünes Licht für ihre geplante Wachstumsinitiative. Ein neues Team, das nach dem ersten Milliardenabschreiber von Präsident Marcel Ospel im Herbst 2007 als »B-Team« bezeichnet wurde, eiferte den abgesprungenen John Costas und Mike Hutchins nach und kopierte deren Handelsstrategien mit verbrieften US-Kreditprodukten, insbesondere im Häusermarkt. Quasi von null auf hundert stürzte sich die Gruppe in die komplexe Materie und baute innerhalb der nächsten anderthalb Jahre einen Eigenbestand von 50 Milliarden Dollar Subprime-Papieren auf.

Während im klassischen Kreditgeschäft oft schon Positionen von 50 Millionen Franken endlose Abklärungen und Diskussionen auslösten, winkten die verantwortlichen Manager die Milliardeninvestitionen mit US-Handelspapieren, die sie als fast risikolos betrachteten, nahezu fraglos durch. Sie verließen sich auf die Risikoüberwacher der Bank, die sich immer stärker dadurch profilierten, dass sie den Frontleuten bei deren Jagd nach mehr Umsatz und Bonus zur Seite standen, statt ihnen genau auf die Finger zu schauen – ein Verhalten, das die Zürcher Risikomanager bereits 2002 im Laden von Costas und Hutchins kritisiert hatten. Selbst als im Frühling 2007 das erste Subprime-Erdbeben die Finanzwelt erschütterte und das B-Team der UBS wie andere Brancheninsider gefährliche Risiken im jahrelang boomenden Geschäft ausmachten, blieb ein radikales Herumreißen des Steuers aus.

5 Das A-Team und das B-Team

Die Kontrahenten waren nur einen Steinwurf voneinander entfernt. Das neue Eigenhandelsteam der UBS Investmentbank, das sogenannte B-Team, saß an der 1285 Avenue of the Americas, im Glastower der ehemaligen Paine Webber, und versuchte, die Strategien der Vorgänger, des A-Teams, zu kopieren. Dieses war ein paar Schritte in Richtung Süden gezogen, über die 51. und 50. Straße Manhattans hinweg hinunter ins Bürohaus 1251 Avenue of the Americas. Dort mieteten John Costas und Mike Hutchins mit ihren 120 Gefolgsleuten zwei Stockwerke und machten sich daran, ihren neuen, von der UBS finanzierten Hedgefonds Dillon Read Capital Management (DRCM) für professionelle Drittinvestoren wie Investmentbanken, andere Hedgefonds oder Anlagegesellschaften attraktiv zu machen.

Alle Beteiligten hatten hohe Erwartungen. Von Costas & Co. versprach sich nicht nur ihre Arbeitgeberin UBS ein lohnendes Abenteuer. Verliefen nämlich ihre Spekulationen mit US-Hypothekenpapieren so erfolgreich wie in der Vergangenheit und sprudelten die Gewinne entsprechend munter weiter, sodass potente Anleger für den Fonds gewonnen werden könnten, dann lägen für die obersten Chefs jährliche Entschädigungen von 40 Millionen Dollar und mehr drin. Das Fachmagazin *The Trader Monthly* führte jedenfalls in seiner Jahresrangliste der bestverdienenden Investmentbanker 2004 einige UBS-Topshots, darunter Hutchins, mit 30 bis 40 Millionen Dollar an der Spitze auf. Im neuen DRCM-Vehikel könnten die Stars diesen Betrag als untere Zielgröße betrachtet haben. Neben solchen Summen verblassten die Vergütungen der Konzernlenker in der fernen Zürcher Zentrale. Diese kamen in guten Jahren auf 25 Millionen Franken – und mussten sich dafür auch noch vor der aufgebrachten Schweizer Öffentlichkeit rechtfertigen.

Zwischen dem A- und dem B-Team in 1251 und 1285 Avenue of the Americas herrschte ein erbittertes Wettrüsten, das beim Salär begann und bei der Firmenadresse aufhörte. Die »zweitklassigen« Händler der UBS Investmentbank, die unter der Hausnummer 1285 logierten, befanden sich in einem simplen Betonklotz, der 1961 als Sitz der Versicherung Equitable Life errichtet worden war. Demgegenüber zählt die Nummer 1251, wo das A-Team von nun an residierte, zu den renommiertesten Adressen der Midtown-Zone Manhattans. Mit 54 Stockwerken ist es das höchste von drei Gebäuden, die zusammen die Erweiterung des Rockefeller Center bilden. Der 1971 fertiggestellte Büroturm hieß einst Exxon Building. Als der Erdölmulti seinen Sitz nach Dallas, Texas, verlegt hatte, wurde die Hausnummer zum neuen Statusobjekt.

Wer in 1251 Avenue of the Americas arbeitet, dem kann die eigene Bedeutung leicht in den Kopf steigen. Blickt man im Lichthof nach oben, sieht man die Kopie eines Wandteppichs von Pablo Picasso. Das Original, das sich in einem Pariser Museum befindet, hatte der Künstler ursprünglich für ein Ballett geschaffen.

Zum gediegenen Arbeitsplatz passten die Hochglanzbroschüren und farbigen Powerpoint-Präsentationen, geeignet, den zukünftigen Kunden vor Augen zu führen, was für talentierte Investmentmanager die DRCM-Leute waren. Ein Verkaufsdokument des UBS-Hedgefonds, mit dem die Verantwortlichen vom Frühling 2006 an auf Investorensuche gingen, listete beispielsweise die früheren Erträge der beiden Teams Principal Finance & Credit Arbitrage (PFCA) sowie Commercial Real Estate (CRE) auf, die den Kern der neuen DRCM bildeten.

Von 2001 bis 2005 generierten die beiden Einheiten dieser Kundenpräsentation zufolge insgesamt Einnahmen von 4957 Millionen Dollar. Das beste Jahresergebnis, 1288 Millionen Dollar, erzielten sie 2003, als die weltweiten Börsen anfangs in den Keller rasselten, dann aber mit dem Ausbruch des zweiten Golfkriegs im Frühling steil nach oben schossen. Auch im Jahr 2005 lagen die DRCM-Leute goldrichtig und erreichten Erträge in Höhe von 1116 Millionen Dollar, ein stolzer Betrag, selbst wenn damals fast sämtliche Märkte boomten. In Spitzenzeiten erwirtschaftete die DRCM-Crew in einem einzigen Monat bis zu 180 Millionen Dollar – so wie es sich für ein A-Team gehört.

Wie viel davon der Bank unter dem Strich, also nach Abzug aller Kosten, in Form von Reingewinn übrig blieb, ist unbekannt. Sicher ist, dass die Bruttoerträge von PFCA & CRE angesichts der hohen Erträge in den zurückliegenden Jahren bis zu zehn Prozent zum Gesamtergebnis des Konzerns beigesteuert hatten. Vor Investoren klopfte Costas sich und seinen Kollegen entsprechend auf die Schultern und verwies bei seinen Auftritten auf die scheinbar makellose Bilanz. Von 1999 bis Anfang 2006 hätten PFCA & CRE jeden einzelnen Monat positive Erträge generiert, verkündete er.

Als Geheimrezept für den bisherigen Erfolg nannte Costas die Flexibilität und Agilität seiner Trader. »Was heute stimmt, muss für morgen nicht das Richtige sein. Gleich bleibt allein der Kerngedanke: Wo liegt der Mehrwert?«[30], stand auf einer der Präsentationsfolien von April 2006. Egal, wohin die Märkte steuern würden, die DRCM-Macher verfolgten dank ihrem durchdachten Prozess immer nur das eine Ziel: Werte zu schaffen. Was intellektuell anspruchsvoll klingt, ist in diesem Geschäft im Alltag relativ banal, nichtsdestotrotz schwierig. Die Händler müssen früher als andere günstige Wertpapiere erwerben und diese vor einem Kurseinbruch wieder abstoßen. Gefühl fürs richtige Timing, das ist das Geheimnis.

Im früheren Paine-Webber-Tower zwei Blocks weiter nördlich in Richtung Central Park lösten die Aktivitäten von DRCM keine Freude aus. Im Gegenteil, viele der zurückgebliebenen Händler und Manager innerhalb der UBS Investmentbank betrachteten ihren Exchef Costas und dessen Anlageguru Hutchins seit ihrem Weggang als aggressive Gegenspieler, welche die eigenen Karriere-

und vor allem die eigenen Verdienstchancen gefährdeten. Aus einer Gesamtsicht bestand für die Bank kein Interessenkonflikt: Die UBS besaß den neuen Hedgefonds zu hundert Prozent und nahm entsprechend dessen Gewinn vollständig ein. Anders verhielt sich die Angelegenheit aus der subjektiven Warte der einzelnen Händler oder Manager. Bisher hatten die Einnahmen des Eigenhandels PFCA & CRE die Bonustöpfe der UBS Investmentbank gespeist und die involvierten Mitarbeiter reich gemacht. In Zukunft sollten diese Gewinne bei der Tochtergesellschaft DRCM anfallen und nicht mehr für die Berechung der eigenen variablen Entschädigung zählen. Wollten die »zweitklassigen« UBS-Händler keine Bonuskürzungen riskieren, mussten sie die wegfallenden Geschäfte kompensieren.

Da trat jener Mann auf den Plan, der den Tanker UBS auf seinem Kurs ins Eismeer mitten in einen riesigen Eisberg lotsen sollte. James Stehli heißt er, seine Kollegen nannten ihn Jim, seine Vorfahren stammten aus der Schweiz. Stehli ging als junger Universitätsabgänger nach Japan, lernte dort die schwierige Sprache des Landes und heuerte 1991 beim Japan-Ableger des US-Wertschriftenhauses Kidder Peabody's in Tokio an. Kidder Peabody's hatte, wie bereits erwähnt, ein starkes Immobilienstandbein, und Jim Stehli konnte während der folgenden sieben Jahre das Geschäft mit verbrieften Hypothekenprodukten im anspruchsvollen japanischen Umfeld von der Pike auf lernen.

1998, als Kidder Peabody's bereits zur großen US-Bank Paine Webber gehörte, wechselte Stehli ins CDO-Team für Hypothekenprodukte. CDO ist die Abkürzung für sogenannte Collateralized Debt Obligations. Wörtlich übersetzt sind das Schuldverpflichtungen respektive Kredite, die mit einem Pfand besichert sind. Um was für Kredite mit welchen Pfandgegenständen als Sicherheit es sich bei einem CDO genau handelt, lässt sich von außen kaum abschätzen. Man hat es mit einem riesigen Kübel voller verschiedenster Papiere von unterschiedlichster Qualität zu tun, einem richtigen Finanzeintopf mit Häusern, Autos, gesicherten Studenten- oder Kreditkartenkrediten als Ingredienzien.

Der Clou ist, dass der CDO-Eintopf zu pfannenfertigen Gerichten verarbeitet werden kann. Das war das große Geschäft der Investmentbanker an der Wallstreet, mit dem verdienten sie sich jahrelang eine goldene Nase. Bildlich gesprochen schütten die Stars der Branche zuerst die pfandbelehnten Schuldscheine, die auf dem Markt von Zwischenhändlern bündelweise eingekauft worden sind, in einen Topf und rühren danach das Gebräu kräftig um. Zuletzt füllen sie die Suppe in kleinere Behälter ab, denen sie unterschiedliche Namen geben. Die Mixturen mit den geringsten Risiken nennen sie Super Senior, das sind die besten und sichersten Tranchen, die von den Rating-Agenturen, quasi den Michelin-Führern der Finanzindustrie, mit dem Spitzenwert Aaa benotet werden. Diese Gerichte machen zwar mit ihren Zinsen weniger her, dafür sollten sie aber auch keine Bauchschmerzen in Form von Wertminderungen verursachen. Weniger sichere Menüs oder Tranchen erhalten die Bezeichnung Mezzanine, und die mit hohem Risiko, sich eine Magen- respektive Vermögensverstimmung einzuhandeln, nennt man Equity-Tranchen, die gar kein Rating mehr aufweisen, dafür im Erfolgsfall gut nähren. Je frischer der Eintopf respektive jünger ein CDO ist, desto höher ist dessen Ausfallrisiko und entsprechend der Zins, um dieses Risiko für die Investoren auszugleichen.

James »Jim« Stehli war einer der CDO-Suppenköche, als die UBS im Jahr 2000 Paine Webber für fast 20 Milliarden Franken übernahm. Für Stehli zahlte sich der Deal vorerst aus. Im neuen Großkonzern stieg er rasch die Karriereleiter hoch, wurde im Frühling 2005 Chef der weltweiten CDO-Gruppe und zwei Jahre später Mitglied der Geschäftsleitung der UBS Investmentbank. Ein halbes Jahr später hatte Stehli ausgekocht. Im Oktober 2007, als die UBS die ersten Milliardenverluste verkündete, wurden er und sein direkter Vorgesetzter, der Chef des UBS-Zinsengeschäfts David Martin, der wie sein CDO-Crack 16 Jahre lang für die UBS respektive deren Vorgängerfirmen tätig gewesen war, aus der Küche der Großbank geschmissen und vor die Tür gesetzt. David Martin tauchte nach kurzer Zeit wieder auf, und zwar bei der englischen Investmentbank Barclays Capital in New York. Ob Stehli einen neuen Job hat, ist nicht bekannt. Seine Mutter versprach, die Bitte um ein Gespräch ihrem Sohn mitzuteilen. Doch Stehli hat sich nie gemeldet.

Wie stark die Suppe von Jim Stehli und seinem kleinen Team die UBS beflügelte, zeigt der Shareholder Report der Bank. Im Februar 2006, also sogar einen Monat bevor die Konzernleitung der Wachstumsoffensive der Investmentbank ihren Segen erteilte, nahm Stehli den großen CDO-Löffel zur Hand. Bis dahin hatte sich die Bank darauf beschränkt, die für den Aufbau ihrer Eintopfgerichte benötigten verbrieften Basiswertpapiere eine Zeitlang bei sich zwischenzulagern, bevor sie die hingestreckten Teller der Investoren füllte. Diese Zwischenphase wurde in der Branche »Warehousing« genannt, was man sich als temporären Aufenthalt der Papiere in der Vorratskammer der UBS-Suppenküche vorstellen kann. Typischerweise lagerten die Ingredienzien, die im Fall von Subprime-verseuchten CDOs auf minderwertigen Hypotheken basierten, zwischen einem und vier Monaten in dieser Vorratskammer. Sollte der Markt für die CDO-Gerichte dereinst einbrechen, so das Kalkül, hinge der Schaden für die UBS und andere Investmentbanken allein von der Höhe ihrer Vorräte ab und würde sich entsprechend in Grenzen halten.

Das war früher. Nun schöpfte sich Jim Stehli selbst die besten Stücke aus dem Suppeneintopf. Und nicht nur das: Er deckte sich zudem mit den saftigsten Teilen aus den CDO-Töpfen bei der Konkurrenz ein. Von Februar 2006 bis September 2007, als klar wurde, dass die Suppen Subprime-kontaminiert waren, legten Stehli & Co. einen Vorrat von rund 50 Milliarden Dollar an Super-Senior-Tranchen an. Rund 30 Milliarden davon stammten aus der eigenen Küche, die restlichen 20 Milliarden erwarb die UBS-Küchentruppe auf dem CDO-Markt.

Die selbst kreierten Super Seniors (die man auch »Suppen-Seniors« nennen könnte) im großen Stil zu horten war eine Voraussetzung dafür, dass das Suppenbusiness der Investmentbanken zum Multimilliardengeschäft werden konnte. Je mehr die Köche bei der UBS und den anderen Wallstreet-Häusern den vermeintlich sichersten Teil ihrer Kocherzeugnisse selbst behielten, desto häufiger konnten sie neue Suppenaktionen durchführen und diese im Markt verkaufen. Denn die Investoren draußen in der Welt des Geldes waren vor allem an den riskanteren Tranchen interessiert, da diese besonders attraktive Zinsen offerierten.

Die Stars von Dillon Read Capital Management (DRCM) köchelten ein paar hundert Meter weiter südlich ihr eigenes Subprime-Süppchen – und auch nicht auf kleinem Feuer: Als der Hedgefonds im Mai 2007 geschlossen wurde und die Positionen zurück in die UBS Investmentbank flossen, betrugen diese Subprime-Bestände rund 20 Milliarden Dollar. Die 50 Milliarden Dollar Super Seniors von Stehlis Truppe und die 20 Milliarden Subprime-Anlagen von DRCM unter John Costas und Mike Hutchins sollten im Herbst 2007, als das Abschreibungsmartyrium der UBS seinen Anfang nahm, im Zentrum der Aufmerksamkeit stehen.

Um den größten Verlustpositionen und deren Gründen nachzugehen, halte ich mich in der Folge an den Shareholder Report der Bank, der den Abschreibungsstand per 31. Dezember 2007 ausweist. Damals hatte die UBS knapp 19 Milliarden Dollar auf ihren US-Subprime-Beständen verloren, einerseits durch buchhalterische Wertkorrekturen, andererseits durch Verkäufe mit Verlust. Rund 66 Prozent oder zwei Drittel davon gingen auf das Konto von Jim Stehlis CDO-Truppe innerhalb der UBS Investmentbank. Weitere 16 Prozent oder knapp ein Sechstel steuerten Positionen bei, die aus John Costas' DRCM-Hedgefonds stammten. Der dritte große Posten machte zehn Prozent aus und stammte aus dem sogenannten Foreign Exchange/Cash Collateral Trading, das ebenfalls zur Investmentbank gehörte. Dort wurden rund 30 Milliarden Dollar in Wertschriften investiert, die auf Krediten – Autoleasing, Kreditkarten, Hypotheken, Studentendarlehen – mit Schwergewicht USA basierten. Es handelte sich um die Anlage von liquiden Mitteln, welche die verschiedenen Bereiche der Bank im Moment nicht für ihre eigenen Geschäfte benötigten und die deshalb gewinnbringend angelegt werden konnten. Darauf verlor die UBS bis Ende Dezember 2007 knapp zwei Milliarden Dollar. »Wir erlitten Verluste auf unsere liquiden Mittel, was nicht passieren sollte – was auf gewisse Weise unverzeihlich ist«[31], sagte der damalige Finanzchef Marco Suter dem US-Nachrichtendienst *Bloomberg* im Frühling 2008. Mit anderen Worten: Die überschüssige Liquidität muss sicher angelegt werden, so wie bis 2002 in japanischen Staatsanleihen, statt auf höhere Renditen mit entsprechend höherem Risiko zu setzen.

Welche Dimension die Engagements der UBS in zunehmend »faulen«, sprich nicht werthaltigen, Positionen per Ende 2007 angenommen hatten, zeigt die folgende Aufstellung:

Engagement der UBS in US-Kreditpapieren (in Mrd. Dollar)

Aufstellung des Autors nach UBS-Quartalsberichten

Bereich	31.12.07	31.03.08	30.06.08	30.09.08	Veränderung
Subprime	27,6	15,6	6,7	5,2	- 22,4
Alt-A	26,6	17,1	6,4	2,3	- 24,3
Prime	15,3	9,4	6,1	2,3	- 13,0
Commercial Real Estate	7,7	6,3	8,2	6,4	- 1,3
Monoline-Positionen	3,6	6,3	4,0	4,3	0,7
Reference Linked Notes	11,2	8,9	7,8	7,2	- 4,0
Leverage Finance	11,4	8,6	6,1	4,7	- 6,7
Student Loans	7,7	10,4	9,0	8,4	0,7
Total	**111,1**	**82,6**	**54,3**	**40,8**	**- 70,3**

Am meisten Geld hatten die Schweizer auf verbriefte US-Hypothekarschulden gesetzt, und darauf werde ich mich bei den folgenden Ausführungen konzentrieren. Wie schon erwähnt, geht der Aufbau dieses Geschäftszweigs auf das Ende der neunziger Jahre zurück, als eine neue, stark US-lastige Händlergeneration in der UBS Investmentbank die Verschreibung und Vermischung von minderwertigen Hypotheken als neue Goldgrube entdeckt hatte und daraus in den Folgejahren ein Multimilliarden-Dollar-Geschäft formte. Angesichts der Dimensionen der US-Investments in verbrieften Kreditprodukten, insbesondere solchen mit minderwertigen Wohnhypotheken als Basis, stellen sich Fragen:

- Wie war es möglich, dass die UBS-Händler derartige Summen in eine bestimmte Anlagekategorie, jene der US-Subprime-Papiere, investieren konnten, ohne dass eine rote Flagge im Konzern hochging?
- Wie konnten die Verantwortlichen noch im Frühling 2007, als die englische Großbank HSBC bereits Milliardenabschreiber auf Subprime-Investments vermeldet hatte, meinen, sie hätten sich gegen Großverluste genügend abgesichert?
- Warum dauerte es trotz Warnungen noch Monate, bis das Steuer beim Bilanzwachstum herumgerissen wurde, in einem Moment, als es bereits zu spät war, das Unglück abzuwenden?

Die Fragen zielen auf die Kultur einer Bank, die nach außen hin ihr Image einer besonders vorsichtigen Institution pflegte, in Tat und Wahrheit aber zu einem der größten Spieler der Finanzindustrie geworden war. In der UBS Investmentbank arbeiteten über dreitausend Controller, sagte der Direktor der Eidgenössischen Bankenkommission (EBK), Daniel Zuberbühler, beim EBK-Jahresgespräch am 1. April 2008 und stellte die rhetorisch gemeinte Frage: »Warum hat dieser Apparat die Risiken nicht erkannt?«

Laut Zuberbühler handelte es sich bei diesen Angestellten keineswegs um schlechtbezahlte oder unterqualifizierte Leute. Die banale Antwort auf die banale Frage lautet deshalb: Diejenigen Risikokontrolleure der UBS, welche die Gefahren partout nicht sehen wollten, halfen mit, das Geschäft am Laufen zu halten. Dieses Fazit lässt sich aus den Ausführungen des Shareholder Reports ziehen, den die UBS am 18. April 2008 als Auszug aus einem fast zehnmal so großen Bericht zu Händen der Aufsichtsbehörde EBK veröffentlichte.

Die Bank kannte insbesondere zwei Prozesse, durch die sie bei neuen Initiativen oder großen Vorhaben eine weitreichende Überprüfung sicherstellen wollte. Der eine hieß »New Business Initiative«, kurz NBI, und kam, wie der Name sagt, zum Einsatz, wenn eine neue Geschäftsidee eingeführt werden sollte. Bei der zweiten Vorsichtsmaßnahme handelte es sich um das sogenannte »Transaction Requiring Prior Approval« oder TRPA (nicht zu verwechseln mit dem Bankenrettungspaket namens TARP von US-Finanzminster Henry Paulson). Beide Prozesse hatten den Zweck, eine breite, umfassende Überprüfung der Risiken zu gewährleisten. Und beide waren offenbar Papiertiger.

Beispielsweise konnte Jim Stehlis Mannschaft, die mit zwei Dritteln mit Abstand am meisten zu den Gesamtverlusten beisteuerte, schalten und walten, ohne dass sie sich einer strengen Überprüfung mittels eines NBI-Prozesses stellen musste. Aber nicht einmal die vorgesehene Prüfung nach dem weniger weitreichenden TRPA-Verfahren wurde auf vernünftige Art und Weise durchgeführt. Stehlis Crew war bekanntlich im großen Stil ins CDO-Business eingestiegen. Um ein CDO-Vehikel zu bauen, häufte sie im Laufe von ein bis vier Monaten einen genügend großen Bestand an verbrieften Schuldpapieren an. Erst danach wurden die Papiere im Markt verkauft, und oft reichten Stehli & Co. ihre CDOs erst zu diesem späten Zeitpunkt dem internen Risikomanagement zur TRPA-Prüfung ein. »Eine Rückweisung zu einem solchen Zeitpunkt hätte eine teure Auflösung des CDO-Lagers und -Deals zur Folge gehabt (und machte ein solches Verhalten unwahrscheinlich)«[32], schrieb die UBS in ihrem Shareholder Report. Die Prüfprozesse wurden zur reinen Pflichtübung, die Risikomanager zu Marionetten.

Das war das eine Risiko, das sich ungeprüft, sprich ohne NBI-Prozess, in den UBS-Alltag eingeschlichen hatte. Sollten während der Aufbauphase, im Bankerjargon »Ramping up« genannt, plötzlich die Kurse einbrechen, hätte die UBS sämtliche Verluste auf den Papieren in ihrer CDO-Vorratskammer zu tragen gehabt. Das Risiko war in seiner anfänglichen Dimension einigermaßen beschränkt: Die UBS-Händler kauften bei Zwischenhändlern über mehrere Monate Bündel mit erstmalig verpackten Hypothekenpapieren, sogenannte Mortgage-backed Securities (MBS), und verpackten diese zu einem CDO. Am Ende dieses Prozesses konnte der Lagerbestand an Hypothekenpapieren für einen CDO eine Milliarde Dollar oder mehr betragen, bei mehreren CDOs entsprechend ein Vielfaches. Laut Shareholder Report trugen die verrotteten CDO-Lagerbestände knapp ein Sechstel zu den gesamten Subprime-Verlusten bis Ende 2007 bei, entsprechend rund drei Milliarden Dollar.

Im Vergleich zu dem, woran sich die UBS-Cracks als Nächstes die Finger verbrannten, war das immer noch ein kleiner Problemberg. Wie bereits angedeutet, begannen Stehli & Co., die vermeintlich sichersten Tranchen der selbstgebauten CDOs, die sogenannten Super Seniors, auf die eigenen Bücher zu nehmen. Sie wollten dafür sorgen, dass ihre CDO-Produktionsmaschine auch weiterhin wie geschmiert lief. Je mehr sie von den höchstzertifizierten und tiefstzinsigen Papieren, die sie im Markt nicht abstießen, selbst übernahmen, desto reibungsloser konnten sie die minderwertige Ware mit den höheren Renditen an Dritte verkaufen. Hinzu kam, dass für die verantwortlichen Händler und Vorgesetzten die Sicherheit der Papiere außer Zweifel stand. Sie hielten das alles für erstklassige Ware, schließlich verfügten die Wertschriften über ein Aaa-Rating, das höchste im Markt. Dass die Papiere mehr Zins abwarfen als andere mit der besten Zertifizierung versehene Wertschriften, zum Beispiel US-Staatsanleihen, schien die UBS-Manager nicht zu kümmern.

Ohne diese Engagements in Super Seniors wäre der gesamte Verlust der UBS mit minderwertigen US-Hypothekenpapieren nur halb so groß gewesen. Per Ende 2007 türmten sich deren Abschreiber laut Shareholder Report auf rund 9,3 Milliarden Dollar auf, und es ist davon auszugehen, dass die Super Seniors einen ähnlich hohen Anteil an den später auftauchenden Verlusten hatten.

Die hochbezahlten Händler der UBS Investmentbank konnten sich nur deshalb derart verspekulieren, weil es ihnen an der nötigen Vorstellungskraft mangelte. Das Schlimmste, was sich die UBS-Cracks nämlich ausmalten, waren Werteinbußen von zwei bis maximal vier Prozent. Um solche Kursrückgänge abzusichern, kauften sie für einen großen Teil der auf die eigenen Bücher genommenen Super Seniors Absicherungen, sogenannte »Hedges«. Diese Strategie – der Aufbau von Super-Senior-Positionen mit solchen bei Drittparteien erworbenen Hedges für zwei bis vier Prozentpunkte der Gesamtbestände – trug bei der UBS den Namen »Amplified Mortgage Portfolio Super Seniors« (AMPS).

Von den über neun Milliarden Dollar Verlusten mit Super Seniors, welche die Bank auf die eigenen Bücher genommen hatte, gingen per Ende 2007 zwei Drittel auf das Konto solcher AMPS. Mit knapp sechs Milliarden Dollar handelte es sich somit um den mit Abstand größten Einzelverlust aller UBS-Engagements im US-Kreditmarkt, wie die folgende Tabelle zeigt:

Subprime-Verluste per Ende 2007 (Zahlen gerundet)

Aufstellung des Autors nach UBS Shareholder Report, 18. April 2008

Bereich	Milliarden Dollar	Prozent
DRCM	3,0	16
CDO-Abteilung:	12,3, davon	66, davon
– im Zwischenlager	3,0	16
– in Super Seniors angelegt	9,3, davon	50, davon
– AMPS	5,9	31
– NegBasis (Monolines)	0,9	5
– Unhedged	2,5	14
Foreign Exchange / Cash Collateral	1,9	10
Übrige	1,5	8

Bei den sogenannten Negative-Basis-Positionen (NegBasis) kauften die UBS-Händler bei den dafür vorgesehenen Monoline-Versicherungen – das sind Versicherer mit nur einer Geschäftssparte – einen hundertprozentigen Ausfallschutz. Bei diesen Investitionen handelte es sich somit nicht mehr um Marktrisiken, sondern um Kreditrisiken. Solange die »Monoliners« als kreditwürdig galten, brauchten sich die UBS und andere Investmentbanken keine Sorgen zu machen. Mit der Kreditkrise gerieten diese Versicherungen aber genauso wie ihre Kunden in eine finanzielle Schieflage und wurden daraufhin von den Rating-Agenturen zu risikoreichen Schuldnern zurückgestuft. Diese Rückstufung schlug sich dann auf die Forderungen von UBS & Co. gegenüber den Monoliners durch, und das verschlechterte Kreditrisiko führte zu Wertkorrekturen auch bei den NegBasis-Anlagen.

Im Unterschied zu den AMPS durchlief das NegBasis-Geschäft den New-Business-Initiative-Prozess. Die Guthaben gegenüber den Monoline-Versicherungen stellten ein Kreditrisiko dar, und ein solches wurde bei der UBS genauer unter die Lupe genommen als Marktrisiken. Dort gab es schließlich Marktpreise, deren mögliche Einbrüche man durch Modelle zu berechnen versuchte. Dass diese Berechnungen immer nur so gut wie die Statistiken der Vergangenheit waren und keine unbekannten zukünftigen Schocks umfassten, änderte bei der UBS nichts an deren hohem Stellenwert.

Warum die UBS-Stars ihre CDOs lieber als AMPS und nicht als NegBasis strukturierten, hat einen einfachen Grund. Die Rückversicherung bei Monoliners kostete rund elf Basispunkte, während die im Markt eingekauften Hedges für die AMPS-Vehikel nur fünf bis sechs Basispunkte ausmachten. Mit anderen Worten: AMPS-Strukturen waren für die Händler attraktiver, da sie der Bank eine höhere Marge und den Händlern entsprechend höhere Boni bescherten. Fünf Basispunkte respektive 0,05 Prozentpunkte Differenz scheinen zwar wenig, doch pro CDO über eine Milliarde Dollar entsprach dies 500 000 Dollar Einnahmeunterschied. »Die Gründe für die Preisdifferenzen der verschiedenen Absicherungsstrategien […] scheint man nicht genau unter die Lupe genommen zu haben«[33], schreibt die UBS in ihrem Report.

Dass vermeintlich gleich Riskantes nur halb so teuer ist, sollte bei jedem Händler, selbst bei Anfängern, Alarm auslösen. Doch die Multimillionäre des CDO-Teams der UBS ließen sich davon nicht aus der Ruhe bringen. Im Gegenteil, sie nutzten die fast unbeschränkten Mittel ihrer im Geld schwimmenden Bank und türmten in anderthalb Jahren rund 50 Milliarden Dollar in undurchsichtigen Subprime-CDOs auf. Grenzen setzte ihnen dabei niemand. »Es gab keine absoluten Limiten, was das Zurückbehalten von ungesicherten Super-Senior-Positionen und AMPS-Super-Senior-Positionen oder das CDO-Warenlager betraf [...]«[34], steht im Shareholder Report.

Das Risikomanagement, das den Frontleuten auf die Finger hätte schauen müssen, achtete stattdessen allein auf die Zertifizierung der Super-Senior-Papiere. Mit ihrem Aaa-Rating galten diese in der internen Risikoüberwachung als sichere Anlage mit historisch geringen Wertschwankungen, wobei der Beobachtungszeitraum nur gerade mal fünf Jahre ausmachte, was in der Finanzwelt ein enger Rahmen für verlässliche Aussagen ist. Doch in ihrem Bestreben, den Händlern ein möglichst günstiges Umfeld für neue Geschäfte zu schaffen, gaben sich die UBS-Risikomanager mit den Signalen zufrieden. »Als Folge hatten selbst ungesicherte Super-Senior-Positionen nur einen schwachen Einfluss auf den VaR«[35], resümiert die Bank in ihrem Rechenschaftsbericht. Das Echolot namens Value at Risk, dem sie vorbehaltlos traute, blieb still. Dabei war die Distanz zwischen den ersten Eisbergen und dem Rumpf des UBS-Tankers gefährlich klein geworden.

Der Alarm erfolgte am 9. März 2007. An jenem zweiten Freitag des Monats verkaufte das A-Team der UBS, wo die vermeintlichen Stars von Dillon Read Capital Management (DRCM) saßen, eine Position mit Subprime-Papieren. Für die Händler war das nichts Besonderes. Der Routinevorgang hatte zum Zweck, einen marktgerechten Bewertungspreis für die sogenannten synthetischen Produkte, die aus verschiedenen Anlageklassen und Instrumenten bestanden, zu erhalten. Doch an jenem Tag trauten die Händler ihren Augen nicht. Der offerierte Preis für die von ihnen angebotene CDO-Tranche war um mehrere Prozentpunkte in die Tiefe gestürzt. Ein Erdbeben erschütterte das wuchtige Exxon-Hochhaus an der Avenue of the Americas in Manhattan.

Dabei hatte es Vorwarnungen gegeben, die Katastrophe kam keineswegs aus heiterem Himmel. Schon im Herbst war der von der Firma Markit erstellte ABX-Subprime-Index des ersten Halbjahrs 2006 für B-klassige Produkte kurz nach dessen Emission eingebrochen. Auf der Kommandobrücke der Deutschen Bank sollen darauf die Alarmglocken Sturm geläutet haben, heißt es in Marktkreisen. In größter Eile sollen die Verantwortlichen ihre Subprime-Positionen im US-Hypothekenmarkt überprüft und so rasch wie möglich abgebaut haben. Auch die zweite Schweizer Großbank, die Credit Suisse, riss nach Auskunft ihrer Führungscrew bereits Ende 2006 ein erstes Mal das Steuer herum. Brady Dougan, der wenige Monate später den Job des CEO der zweiten Schweizer Großbank antrat, bezeichnete auf der Jahrespressekonferenz im Februar 2008 die Wochen vor dem Jahresende 2006 als entscheidenden Moment. »Im Dezember verloren wir Geld mit solchen strukturierten Produkten«, antwortete Dougan auf die Frage, wann die Credit Suisse begann, ihre Subprime-Positionen zu reduzieren. »Danach halbierten wir unsere Engagements.« Auch in der Phase zwischen dem ersten Sturmausläufer im März 2007 und dem Ausbruch des Orkans vier Monate später habe sich die Credit Suisse »sehr konsistent« verhalten, versicherte Dougan.

Schon viel früher hatte der Hedgefonds-Manager John Paulson vor einem riesigen »Bubble«, einer Blase, im amerikanischen Hypothekenmarkt gewarnt. Paulson wettete mit seinem Fonds im großen Stil auf sinkende Kurse bei den verbrieften Immobilienpapieren und verdiente nach dem Platzen der Blase mehrere Milliarden Dollar. Dem *Wall Street Journal* berichtete er später von einem Gespräch, das er mit einem Branchenkollegen bereits Mitte des Jahres 2005 geführt haben will. »Wir müssen das Maximum aus dieser Überbewertung herausholen«, habe er diesem damals gesagt. Als die Subprime-Kurse Anfang 2007 erstmals einbrachen, schlug einer der Hedgefonds von John Paulson in die umgekehrte Richtung aus – 60 Prozent nach oben.

Auch Zeitungsleser konnten schon früh Schlimmes ahnen. Ende September 2006 fragte das englische Wirtschaftsmagazin *The Economist* im Titel »Going down?« und führte aus, warum die Krise im US-Häusermarkt in Richtung Rezession führen könnte. Im August waren die Häuserpreise in Amerika erstmals seit 13 Jahren gefallen, der Überhang an angebotenen neuen Immobilien erreichte neue Rekordmarken und war weiter am Steigen. »Die heutige Debatte dreht sich weniger um das Ausmaß der Immobilienkrise als vielmehr um ihre Folgen«[36], folgerte der *Economist*, für den es keine Zweifel mehr gab, dass es mit dem US-Häusermarkt steil bergab gehen würde.

Zu Beginn des Jahres 2007 begannen einige der verbrieften US-Hypothekenpapiere abzustürzen. Während die Kurse für die höchste Qualität, die Aaa-Anlagen, wie bisher auf hohem Niveau verharrten, raste die minderwertige Ware in die Tiefe. Viele große Marktteilnehmer – Investmentbanken, Hedgefonds, große Pensionskassen und andere vermögende Anleger – hatten offenbar das Vertrauen in die undurchsichtigen Papiere verloren und stießen sie zu Dumpingpreisen ab. Nachdem die Käufer bis dahin Schlange gestanden hatten, suchten sie nun das Weite.

Im Firmensitz 1251 Avenue of the Americas brach Hektik aus. John Costas und sein Zinsspezialist Mike Hutchins sendeten ein Notsignal in Richtung Zentrale ab, nach dem Motto: Zurich, we have a problem. Der oberste Risikochef Walter Stürzinger nahm den Hilferuf entgegen, auch der Chef des Geschäftsbereichs Asset Management, John Fraser, der für die DRCM-Chefs der Ansprechpartner innerhalb des Mutterhauses war, wurde informiert. Die Rede war von einem Abschreiber von rund 40 Millionen Dollar auf mehrere Investments mit Subprime-Inhalt.

Aus dem Umfeld von John Costas heißt es, die DRCM-Händler hätten nach diesem ersten Schock begonnen, weitere US-Hypothekenpapiere auf den Markt zu werfen. »Wir wollten herausfinden, was sich abspielte«, sagte einer im Gespräch. Man habe die eigenen Bestände mit Subprime-Papieren entweder mit Verlusten verkauft oder mit Absicherungsinstrumenten entschärft. Innert weniger Wochen habe sich ein Gewinn von 250 Millionen Dollar in einen Verlust von 124 Millionen Dollar oder rund 150 Millionen Franken verwandelt. Costas und Hutchins hätten fast rund um die Uhr die gefährdeten Positionen bewirtschaftet, heißt es von ehemaliger DRCM-Seite. Doch der Spielraum wurde immer enger.

Gegen Ende April war es so weit. UBS-CEO Peter Wuffli und die Konzernleitung in Zürich beschlossen, den Fonds zu schließen. In einem 20 Zeilen langen Kommuniqué vom 3. Mai, nicht einmal zwei Jahre nach dem frenetisch gefeierten Startschuss, sagte Wuffli, dass die eigenen Erwartungen nicht erfüllt worden seien. Mit dem Satz »Deshalb haben wir nun eine Entscheidung getroffen, die den Interessen unserer Kunden und Aktionäre am besten gerecht wird« beendete der CEO das Kapitel DRCM, vermutlich in der Annahme, das Problem sei damit aus der Welt geschafft. Die Kontrolle über die riskanten DRCM-Positionen ging zurück an die UBS Investmentbank, und John Costas, Mike Hutchins und die inzwischen auf 250 Köpfe angewachsene DRCM-Mitarbeiterschar erhielten dicke Abgangsschecks in die Hand gedrückt und konnten das Schiff verlassen.

Allein die Schließung des Fonds sollte die UBS weitere 314 Millionen Dollar kosten. Für die spätere Zukunft weitaus gravierender war jedoch, dass die Verantwortlichen sämtliche rot blinkenden Warnlampen weiterhin zu ignorieren schienen. Beispielsweise warf Investmentbank-Branchenprimus Goldman Sachs in jenen Wochen eigene Subprime-Papiere auf den Markt und sicherte sich so gut wie möglich gegen weitere Preiseinbrüche ab. Goldman Sachs und DRCM betrieben zu jener Zeit gemeinsam einen CDO mit Subprime-Papieren, und so müssen wichtige Leute im Handel der UBS von der skeptischen Markteinschätzung von Goldman Sachs gewusst haben.

Dort aber, wo die UBS Investmentbank im Wochentakt neue CDO-Konstrukte über eine Milliarde Dollar und mehr generierte, schien niemand die sich abzeichnende Katastrophe wahrhaben zu wollen. Jim Stehli und seine Truppe heizten den Kessel im UBS-Maschinenraum weiter mit CDOs auf. Vom gigantischen Eisberg, dem sie sich mit voller Kraft näherten, hörten und sahen sie nichts. Auf eine Anfrage der Bankenaufsicht in Bern, wie stark die UBS in Subprime-Papiere investiert habe, antwortete das Stehli-Team im Frühling 2007 laut EBK-Chef Daniel Zuberbühler, die Bank sei »short«, überabgesichert, profitiere also sogar, wenn die Preise der Subprime-Papiere weiter einbrächen.

Im Markt war die Haltung der UBS Investmentbank kein Geheimnis. Stehlis Chef David Martin sagte bei einer öffentlichen Präsentation am 28. März 2007, als die Kollegen des A-Teams von Dillon Read längst ums eigene Überleben kämpften, das Geschäft mit verbrieften Immobilienpapieren werde anspruchsvoller. »Die Veränderungen schaffen Gelegenheiten für jene, die ihr Geschäftsmodell anpassen können.«[37] Die UBS, so die implizite Botschaft an die übrigen großen CDO-Investoren, stand bei entsprechenden Preisen auf der Käuferseite, ihr konnte man Angebote unterbreiten, sollte man sich von den Papieren trennen wollen.

Auch intern rührten die CDO-Verantwortlichen weiter die Werbetrommel für ihre intransparenten, synthetischen Konstrukte. Den schwierigen Zeiten zum Trotz stünden die Aussichten der UBS Investmentbank im Vergleich zu vielen Konkurrenten gut, nur wenige CDO-Konstrukte befänden sich derzeit in Entstehung, die Gefahr markanter Abschreibungen sei entsprechend gering. Die maßlose Überschätzung der eigenen Stärke und Unterschätzung der hochexplosiven Engagements in toxischen Subprime-Papieren belegt eine Episode von Ende Mai 2007. Damals beantragten die CDO-Chefs mehr Mittel für weitere Engagements in diesen Produkten, obwohl sie die Lage im Frühling noch selbst als eine Herausforderung bezeichnet hatten und obwohl im Markt bekannt war, dass Goldman Sachs und andere große Investmentbanken die Papiere zu Schleuderpreisen anboten. Unterstützt wurden die CDO-Cracks auch diesmal von den internen Risikomanagern. Zuletzt lehnte das zuständige Senior-Management das Vorhaben ab. Allmählich schwante einigen UBS-Managern auf der Kommandobrücke, dass ihr Schiff zwar rasend vorwärtsschoss, aber vielleicht in die falsche Richtung.

6 Blind ins Verderben

Banking ist ein Geschäft mit Risiken. Ein Finanzinstitut nimmt das Geld seiner Kunden entgegen und investiert es – in Geschäftskredite, Hypotheken, einfache und komplexe Wertpapiere und Drittbanken. Eine Bank managen heißt, vereinfacht gesagt, Risiken zu managen. Jeder Banker ist im Kern ein Risikomanager, einer, der sich des Gewinns zuliebe auf Gefahren einlässt, aber immer nur so weit, dass er auch im Notfall allen seinen Verpflichtungen nachkommen kann. Auch jenen gegenüber dem Eigentümer: Der Aktionär muss zwar sinkende Kurse aushalten können, sollte aber langfristig eine anständige Rendite erzielen.

So viel zur Theorie. In der Praxis führte der Finanzsturm, der im Sommer 2007 an den Weltmärkten ausbrach und viele Monate lang immer schlimmer wütete, zum Verlust von Aktionärswert in schwindelerregender Höhe, zum Untergang vieler Banken und zu staatlichen Rettungsmaßnahmen in nie erwartetem Ausmaß. Der langjährige Fed-Chef Alan Greenspan, der die Brände seiner Amtszeit jeweils mit viel Notenbankgeld gelöscht und damit die Kreditblase erst ermöglicht hatte, prägte den Ausspruch vom Finanz-Tsunami. Die Schäden im Finanzsystem machen dieses Bild plausibel. Trotzdem lassen sich aus einiger Distanz maßgebliche Unterschiede zeichnen. Wenn die englische Hypothekenbank Northern Rock, die sich einseitig kurzfristig verschuldete, um ihr Geschäft zu finanzieren, zu den frühen Opfern zählt, ist die Überraschung kleiner, als wenn die als stockseriös geltende Schweizer UBS nach einem Jahr Finanzsturm kurz vor dem Kollaps steht.

Wie hatte noch ihr Präsident Marcel Ospel im Interview vom

Juli 2005 gesagt? Die UBS sei in seiner Zeit »strategisch« mehrfach bereit gewesen, proportional zum wachsenden Erfolg höhere Risiken einzugehen. Ganz anders verhalte sich die Bank, wenn es um die anvertrauten Vermögen gehe. »Was die Bilanz betrifft, die finanziellen Risiken, da sind wir, diese Crew, hoch risikoavers«, sagte Ospel damals. »Das ist bekannt im Markt. Alle Profis, die mit uns arbeiten, wissen das, die sind auf das getrimmt.«

Die Anleger und die allermeisten Beobachter hatten den Worten des Präsidenten Glauben geschenkt. Die größte Schweizer Bank galt als unbestrittene Weltmeisterin im Managen ihrer Risiken. Selbst als sie im Frühjahr 2007 ihren Hedgefonds Dillon Read nach immensen Verlusten dichtmachte, war ihr Ruf als vorsichtiges, risikoscheues Institut nicht nachhaltig beschädigt. Die Schweizer hatten einen Schuss vor den Bug erhalten, mehr nicht, lautete eine weitverbreitete Einschätzung. Der UBS-Aktienkurs knickte kurz ein, stieg aber sogleich wieder nach oben in Richtung Höchststand. Harsche Kritik wurde nicht laut, weder in der Presse noch seitens der Experten. Vor einem Ausrutscher ist eben niemand gefeit, nicht einmal die Besten ihres Fachs – das war der allgemeine Tenor in der Schweiz und im Ausland.

Selbstverständlich war die riesige Bilanz der UBS mit 2400 Milliarden Franken per Ende 2006 auch den Analysten und professionellen Investoren nicht verborgen geblieben, doch war das rasche Wachstum von jährlich 20 Prozent und mehr in den fünf Jahren zuvor keineswegs ein breit diskutiertes Thema. Die Anlagen galten als werthaltig, warum also sollten die Investoren einen Gedanken an mögliche Schwierigkeiten der Bank verschwenden? Selbst die ersten Subprime-Gewitter, die von aufmerksamen Beobachtern als Vorboten eines größeren Sturms gedeutet wurden, weckten bei einer Mehrheit keine fundamentalen Zweifel. Die wichtigste Schweizer Bank galt als gut organisierter, technologisch führender Finanzkonzern mit einer erfahrenen Crew an der Spitze. Sollten die Zeiten für die Industrie tatsächlich rauer werden, würden einige Institute bestimmt Federn lassen müssen, aber doch wohl kaum die schweizerische UBS, dachte man.

Auch im obersten Management der Bank sonnte man sich im vergangenen Erfolg. Die nach den verschiedenen »Säuberungsaktionen« gleichgeschalteten Spitzenleute gaben nach außen zu verstehen, alles sei zum Besten bestellt. Um mögliche Folgen der Anfang 2007 einsetzenden Subprime-Abstürze unter die Lupe zu nehmen, schien es den UBS-Verantwortlichen genug, eine interne Arbeitsgruppe zu bilden. Des Weiteren wurden die offenen Positionen vom Dillon-Read-Fonds in die Investmentbank zurückverlegt, von wo sie ursprünglich herkamen. Damit sei das UBS-Schiff wieder flott und seetüchtig und könne zum früheren Tempo seiner Fahrt in Richtung führender Finanzkonzern zurückkehren.

Was sollte denn dieser Institution mit den drei Safeschlüsseln im Logo, ihren inzwischen über 80 000 Mitarbeitern und den rund 3000 Milliarden Franken verwalteten Vermögens, von Privatkunden und institutionellen Anlegern schon passieren? UBS, das war im Frühling 2007 eine Macht, ein helvetisches Bollwerk, das weltweite Aushängeschild von Swiss Banking. Die Selbsteinschätzung kommt auch in der autorisierten Biographie »Herr der UBS. Der unaufhaltsame Aufstieg des Marcel Ospel«, verfasst von *Bilanz*-Chefredaktor Dirk Schütz, zum Ausdruck. Auf 192 Seiten ließ sich der UBS-Präsident just im Mai 2007 ein Denkmal setzen.

Ospels Steuermann Peter Wuffli auf der UBS-Kommandobrücke warf nur flüchtige Blicke auf den Radarschirm. Die Instrumente schlugen nicht aus, ihre Werte deuteten auf Courant normal hin. Alles schien zu stimmen: der Kurs in Richtung Nummer eins im Investmentbanking, der sich abzeichnende Rekordgewinn in der Vermögensverwaltung, die eigene Machtbasis. Und dass Wuffli bald den letzten und entscheidenden Sprung machen würde, vom CEO zum Präsidenten, als Nachfolger des zum Rücktritt anscheinend bereiten Marcel Ospel, schien niemand zu bezweifeln.

Oder war die äußerliche Ruhe nur vorgetäuscht? Sträubten sich Konzernleiter Wuffli und seine Kollegen in der UBS-Spitze lediglich dagegen, rigide Vorsichtsmaßnahmen zu ergreifen, sei es aus Nachlässigkeit oder Ohnmacht oder aus einem anderen Grund? Die Frage stellt sich angesichts einer seltenen Konzentration großer Börsentransaktionen des obersten UBS-Managements. Käufe und Verkäufe von Aktien und Optionen des eigenen Unternehmens mussten seit einiger Zeit der zuständigen Börsenaufsicht gemeldet werden und wurden auf der Börsenwebsite veröffentlicht. Von November 2006 an, ein halbes Jahr vor der abrupten Schließung des eigenen Hedgefonds Dillon Read und neun Monate bevor viele Kreditmärkte illiquid wurden, registrierte die Börse gehäufte Verkäufe von Aktien und Optionen, die das UBS-Management als Teil seiner Kompensation zu günstigen Konditionen erhalten oder selbst gekauft hatte.

Den Auftakt machte ein Topshot der Bank am 15. November 2006, als er sich von 100 000 Optionen im Wert von 3,7 Millionen Franken trennte. Bis Jahresende folgten vier weitere Verkaufstransaktionen von UBS-Spitzenleuten. Insgesamt summierte sich der Verkaufserlös allein in diesen sechs Wochen auf 31 Millionen Franken, während es bei Konkurrentin Credit Suisse nur 17 Millionen waren. Bemerkenswert war das Timing: Ende 2006 pendelte der Kurs der UBS-Aktien zwischen 71 und dem Allzeithöchststand von 81 Franken.

Zu einem weiteren Großabbau von Eigenbeständen kam es nach der Publikation von Rekordgewinnzahlen im Februar 2007. Zwischen dem 19. und dem 21. des Monats verkauften drei UBS-Spitzenmanager Tausende von selbstgehaltenen Aktien ihres Unternehmens auch damals noch zu stolzen Kursen, rund 77 Franken pro Stück, und erzielten Erlöse in Höhe von insgesamt etwa zwölf Millionen Franken. Als kurz darauf die ersten Negativmeldungen aus der Welt der Subprime-Kredite auftauchten, sackte der UBS-Aktienkurs auf 67,50 Franken ab. Nun wurden die größten Finanzmitspieler in diesem gefährdeten Markt bekannt. Die *New York Times* schrieb am 10. März 2007: »Die großen Firmen im Business sind Lehman Brothers, Bear Stearns, Merrill Lynch, Morgan Stanley, Deutsche Bank und UBS.«[38] Der überwiegende Teil des US-Hypothekenmarktes werde nicht mehr wie einst von amerikanischen Spar- und Leihkassen beherrscht, sondern zu rund 60 Prozent von den maßgeblichen Wallstreet-Investmentbanken.

Nach dem ersten Orkan erholte sich die UBS-Aktie und lag Mitte April bei 75 Franken. Für die UBS-Führungsriege war offenbar der Moment gekommen, sich ein weiteres Mal von Tausenden von Wertpapieren ihrer Firma zu trennen. Zwischen dem 4. Mai und dem 18. Juni 2007 meldete die Bank insgesamt acht Verkäufe ihres obersten Kaders im Gesamtwert von 10,9 Millionen Franken. Die Kurse lagen zwischen 78 und 80,05 Franken, nur einen Franken unter dem Rekord. Insgesamt verkauften UBS-Spitzenleute aus dem Verwaltungsrat und der obersten Geschäftsleitung in der Zeit von November 2006 bis Juni 2007 eigene Aktien und Optionen im Wert von rund 55 Millionen Franken, weit mehr als ihre Kollegen in den Chefetagen anderer Großfirmen des kleinen Landes. So beliefen sich solche Insidertransaktionen in jener Zeitspanne beim Schweizer Pharmamulti Novartis auf 39 Millionen Franken, bei der Großbank Credit Suisse auf 31 Millionen, beim Nahrungsmittelmulti Nestlé auf 26 Millionen und beim schweizerisch-schwedischen Industriekonzern ABB auf 24 Millionen.

Die zeitliche Koinzidenz der gehäuften Insidertransaktionen macht einen stutzig: Ahnten die Verantwortlichen im UBS-Olymp, dass ihr Unternehmen von einbrechenden Finanzmärkten besonders in Mitleidenschaft gezogen werden würde? Zumindest der obersten operativen Führung musste die eigene Schwäche im Messen, Aufzeichnen und Überwachen von Risiken bekannt sein. Ausgerechnet jenes Institut, das in anderen Bereichen wie der täglichen Verarbeitung des Schweizer Kundengeschäfts führend im Einsatz moderner Technologie war, verfügte in der wichtigen Risikokontrolle nach wie vor über keine zeitgemäße Lösung. Zwar war ständig die Rede von Greenfield approach, vom Aufbau einer komplett neuen und leistungsfähigen State-of-the-Art-Applikation also. Doch über das Stadium von Ankündigungen war das Projekt bis ins Annus horribilis 2007 nie hinausgekommen.

Wie ich noch im Detail darstellen werde, mussten sich Heerscharen von UBS-Risikomanagern tagtäglich mit einer Datenverarbeitung abmühen, die auf einem in die Jahre gekommenen System basierte. Die Risikomanager an der Front trugen ihre Positionen in Files ein, die simplen Textdokumenten glichen und die sie sich im Verlauf eines Handelstags von Asien über Europa nach Amerika weiterreichten. Mit einem Tag Verzögerung wurden dann diese einfachen Dokumente mit Excel-Kalkulationen verknüpft und durch ein Rechenprogramm geschleust, dem in Stoßzeiten des Öfteren der Geist ausging. Schließlich landete der Wust von Zahlen und Berechnungen auf Dutzenden von Listen, die per internem elektronischem Verteilprogramm den zuständigen Managern noch vor Feierabend zugestellt wurden.

Während dieser Datenberg über die Jahre immer größer wurde – auch weil die Anforderungen der Behörden an die Überwachung stiegen –, muss der UBS der klare Blick für Risiken abhandengekommen sein. Es schlich sich eine Unkultur ein, die nicht mehr von Vorsicht und Misstrauen geprägt war, sondern in der Probleme rasch aus dem Weg geräumt wurden, statt heikle Fragen aufzuwerfen.

Erst viele Monate nach Ausbruch der Krise und nachdem sich die UBS längst in einem verzweifelten Überlebenskampf befand, wagte endlich auch die Eidgenössische Bankenkommission (EBK), Kritik an diesem gefährlichen Laisser-faire gegenüber den Fronteinheiten zu äußern. In ihrem Bericht vom 30. September 2008, der allerdings weitgehend auf dem von der UBS ein halbes Jahr früher erstellten Shareholder Report basierte, zogen die staatlichen Aufseher das für die vermeintlich konservativen und arbeitsamen UBS-Chefs ernüchternde Fazit, dass »das System der Datenerhebung zur Erfassung der relevanten Risiken aus heutiger Sicht als unzulänglich beurteilt werden« müsse. Die staatliche Bankenaufsicht bestätigte in ihrem sechzehnseitigen Report das Bild des Datenbergs, der den Blick der Verantwortlichen vernebelte, statt ihn zu schärfen. »Es [das System der Datenerhebung] produzierte zwar eine Vielzahl von Informationen, war aber nicht geeignet, die zur Früherkennung der Gefahr wesentlichen Faktoren hervorzuheben.« Die verwendeten Stressszenarien seien »viel zu optimistisch ausgelegt« gewesen. »Eine bedeutende organisatorische Fehlleistung«, urteilten die Spezialisten der EBK.

Die späte Reaktion der Behörden rückt ein grundsätzliches Problem ins Blickfeld, das an dieser Stelle beleuchtet werden soll. Als oberste Bankenaufsicht des Landes hat die EBK die gesetzliche Pflicht, die Banken permanent zu überwachen. Weil die beiden Großbanken Credit Suisse und UBS infolge ihrer Größe eine besondere Gefahr für das Schweizer Finanzsystem darstellen, existiert in Bern eine separate Großbankengruppe, die sich ausschließlich um die Kontrolle der beiden Riesen kümmert. Doch die dafür eingesetzten Mittel erinnern an eine Schar Pappsoldaten, die gegen eine hochgerüstete Armee antritt. Pro Bank stand zu jener Zeit je ein etwa zehnköpfiges Team zur Verfügung, die Bezahlung richtete sich nach dem Berner Beamtenlohnsystem. Den EBK-Leuten standen auf Seiten der Credit Suisse und der UBS Hunderte hochbezahlter Spezialisten gegenüber, die auf jede Frage eine Antwort parat hatten. Man habe die UBS-Leute »gegrillt«, sagte Daniel Sigrist, Chef der Großbankengruppe der EBK, in einem Gespräch, das ich im Januar 2008 mit ihm führte. Das Argument, dass die Finanzfirmen neuerdings die Risiken mittels verbriefter Wertpapiere auf die Investoren verteilen würden, statt sie bis zum Ende der Laufzeit auf den eigenen Büchern zu halten, habe ihn schließlich überzeugt. »Die UBS hat ein solides Risk-Management«, sagte Sigrist. »Das sind keine Hasardeure, die den Kopf in den Sand stecken.« Die Bank habe ständig Stresstests mit extremen Szenarien gemacht. »Da die Subprime-Positionen scheinbar aber nur ein äußerst geringes Risiko aufwiesen und als vermeintlich abgesichert betrachtet wurden, haben sie selbst auf sehr aggressive Szenarien nicht angesprochen.«

Wie war es möglich, dass die oberste Bankenüberwachung im Land, die das Risikomanagement der größten Schweizer Bank seit Jahren unter die Lupe nahm, es beanstandete und zertifizierte, nie auch nur den geringsten Verdacht schöpfte? Für jeden Risikomanager im Banking war klar, dass große Klumpen eine besondere Gefahr darstellten. Hinzu kam, dass UBS-interne Spezialisten die riesigen Positionen im verbrieften US-Hypothekenmarkt frühzeitig aufs Tapet gebracht hatten. Deren Warnungen, sich angesichts vermeintlich unbedeutender Verluste in den Stresstests nicht in falscher Sicherheit zu wähnen, waren längst an der Spitze des Konzerns deponiert und bei den Chefs des Risikomanagements kein Geheimnis. Zu jenen Spezialisten aber hatten die Prüfer der Bankenkommission einen direkten Draht. Darüber hinaus herrschte schon damals, lange vor dem Platzen der Kreditblase, unter den Risikoüberwachern generell die Losung vor, den komplexen Modellen nicht allzu viel Vertrauen zu schenken, sondern die größten Positionen scharf im Auge zu behalten.

»Schon als ich Chef der UBS Investmentbank war, habe ich die Value-at-Risk-Zahlen für meinen Geschäftsbereich kaum angeschaut«, schrieb der ehemalige Spitzenmanager Markus Granziol in einem Essay kurz vor Weihnachten 2007 in der *Bilanz*. »Ich habe sie zur effektiven Risikobeurteilung als nahezu untauglich erachtet. Stresstests waren schon nützlicher, aber auch nur als Hilfsmittel. Es ist doch allen klar, dass das Testen von vergangenen Katastrophenszenarien nur wenig Aufschluss über künftige Krisen vermittelt. Im Finanzbereich läuft ja immer wieder etwas Neues schief.«

Skeptischer als die Aufseher waren die führenden Köpfe in der Schweizerischen Nationalbank. Das Institut hat seine Stellung dank der eigenen Währung und dem gewichtigen Finanzplatz gegenüber der Europäischen Zentralbank verteidigen können. In den Hinterzimmern der helvetischen Notenbank brüten ein paar helle Köpfe über den großen Problemen der Finanzindustrie. Dass die UBS und die Credit Suisse längst viel zu groß für den Schweizer Finanzplatz geworden waren, bereitete ihnen zunehmend Kopfzerbrechen. Wie sollte die Notenbank zusammen mit dem Bund im Extremfall in der Lage sein, eine einbrechende Großbank zu stützen, um einen Kollaps des Bankensystems in der Schweiz abzuwenden? Neben der Sicherstellung eines geregelten Geldflusses ist dies die zentrale Aufgabe einer Notenbank.

Warum selbst die Verantwortlichen der Notenbank trotz ihres Wissens und ihrer Skepsis nicht rechtzeitig, das heißt vor dem Höhepunkt des Booms, das Wachstum der beiden Schweizer Finanzgiganten abwürgten, hängt mit der starken Stellung der Banken und insbesondere der Credit Suisse und UBS im Land zusammen. Je nach momentaner Stärke oder Schwäche einer Großbank steigt der Druck aus der Chefetage. Die Credit Suisse war nach einem Milliardenloch bei ihrer Versicherungstochter Winterthur am Anfang des Zyklus mit sich selbst beschäftigt. Nicht so die UBS. Niklaus Blattner, bis 2007 Vizechef der Schweizerischen Nationalbank, berichtete, wie Konzernleiter Peter Wuffli in den regelmäßig stattfindenden Gesprächen ab 2005 zunehmend forsch auftrat und das Ende der von Zurückhaltung geprägten Geschäftspolitik verkündete, welche die Bank seit dem Debakel mit dem Hedgefonds Long-Term Capital Management im Herbst 1998 verfolgt hatte. Wie hatte noch Wuffli laut Blattner gesagt? »Die UBS habe nun einen größeren Risikoappetit«, man wolle »wachsen« (siehe Kapitel 4). Von richtigem Banking sei die Rede gewesen, sagte Blattner im Gespräch, denn laut Wuffli habe die Bank ihre Risiken in den Griff gekriegt und eine erfahrene und fähige Führungscrew ans Ruder gesetzt. Orientiert habe man sich am Erfolg der US-Investmentbank Goldman Sachs, der Nummer eins im globalen Handelsgeschäft, die für das UBS-Duo Ospel und Wuffli der zukünftige Maßstab bezüglich der eigenen Ergebnisse sein sollte.

Einfach so konnten die UBS-Chefs allerdings die Risiken nicht erhöhen. Wie jede Bank unterstand auch ihr Institut der Auflage, jeden zusätzlichen Risikofranken mit Eigenkapital zu unterlegen. Diese Vorschrift sollte die Gläubiger eines Bankinstituts vor Ausfällen und die Finanzindustrie vor Systemkrisen bewahren. Eigenkapital aber gilt als teuerstes Kapital, da es im Verlustfall als Erstes verlorengeht und die Kapitalgeber für dieses Risiko entsprechend entschädigt werden wollen. Vor Beginn der großen Finanzkrise war es deshalb bei den Banken Mode, das Eigenkapital zu reduzieren statt auszuweiten, in der Absicht, den Gewinn pro Aktie und damit den Unternehmenswert zu steigern. Dahinter stand nicht nur der Wunsch, die Eigentümer zu beglücken: Der Wert der eigenen Aktie war auch die härteste Währung, um bei einer allfälligen Konsolidierung der Branche zu den aktiven Mitspielern zu zählen.

Mit Aktientransaktionen konnte man Konkurrenten übernehmen und an Gewicht zulegen.

Von 2001, als Marcel Ospel Präsident der UBS wurde und Peter Wuffli zum CEO machte, bis Herbst 2007, als die Bank ihr Rückkaufprogramm nach den ersten Milliardenverlusten einstellte, hatte die Großbank eigene Aktien für fast 25 Milliarden Franken respektive 17 Milliarden Euro erworben – Kapital, das ihr in der Krise schmerzhaft fehlen sollte. Je weniger Aktien im Markt waren, desto mehr vom Konzerngewinn fiel auf einen einzelnen Titel. Bei der UBS kletterte dieser Return on Equity zuletzt gegen 30 Prozent. Doch für die treuen UBS-Eigentümer, die nicht ständig Titel zukauften und abstießen, lautete die Quintessenz nach dem Kurszerfall von 2007 und 2008: Wie gewonnen, so zerronnen.

Aus dem Blickwinkel der Aufsicht stellte sich eine andere Frage: Wie wollten die großen Banken mehr Risiken eingehen, wenn sie zwecks Aktienkurspflege ihr Eigenkapital ständig verknappten? Deren Antwort klang unverfänglich. Man sorge dafür, dass die internationalen Spielregeln flexibilisiert würden. Wie viel Eigenkapital eine Bank als Minimum benötigte, hing nicht mehr von der Bilanzsumme, also der Summe aller Aktiven respektive Passiven, ab, sondern von der Höhe der sogenannten »Risk-weighted Assets«, kurz RWA. Vereinfacht gesagt bedeutete RWA, dass nicht mehr alle Aktiven über denselben Leisten geschlagen wurden, sondern je nach ihrer Gefährdung mit Eigenkapital zu unterlegen waren. Beispielsweise stellte eine Forderung gegenüber einer Regierung wie der Deutschlands oder der USA faktisch null Risiko dar, während ein ungesicherter Geschäftskredit für eine Textilmaschinenfirma, deren Bonität stark vom Zyklus der Branche und von der Konkurrenzsituation abhing, rasch vollständig ausfallen konnte. Je geringer das Risiko von Ausfällen war, desto stärker sanken die RWAs und desto weniger Eigenkapital war nötig.

Was sich bei simplen Hypotheken und überschaubaren Firmenkrediten leicht nachvollziehen ließ, wurde bei strukturierten Kreditpapieren kompliziert. So beinhalteten Collateral Debt Obligations (CDOs), dieses Gemisch aus Wertschriftenpaketen, die häufig auf Wohn- oder Geschäftsliegenschaften basierten, sowohl geringe als auch hohe Risiken. Waren das nun sichere Anlagen in der Bilanz einer Bank, oder stellten sie eine besondere Gefahr dar, im Krisenfall rasch an Wert zu verlieren? Das Interesse der Banken war, dass die neuartigen Konstrukte, die sie selbst kreierten, als hochliquide, sprich jederzeit handelbar, und deren mit dem höchsten Rating versehene Tranchen als besonders sicher galten. Schließlich wuchs der Berg dieser Papiere stetig, den der weltweite Kreditboom mit billigem Geld für jedermann und für jeden Zweck erst möglich gemacht hatte und auf dem Banken, Hedgefonds, Pensionskassen und andere Großanleger zunehmend saßen. Das höchste Rating der Agenturen, von den Banken in Auftrag gegeben und bezahlt, zeichnete die Aaa-Tranchen der CDOs und die anderen strukturierten Vehikel als Anlagekategorie der besten Risikoklasse aus.

Wie schon früher geschildert, konnte der Verwaltungsrat der UBS im Herbst 2004 mit dem Segen der Aufsicht die neuartigen Konstrukte als besonders sichere und liquide Anlagen verbuchen. Der Value at Risk, der den maximal zu erwartenden Verlust für eine bestimmte Periode auswies, sank um über 20 Prozent und ermöglichte entsprechend einen weiteren Ausbau der komplexen Kreditpapiere, ohne dass im gleichen Rahmen teures Eigenkapital nötig wurde. Wie von Zauberhand verwandelte das Triple-A-Rating verbriefte Wertschriften mit ihren zugrunde liegenden krisenanfälligen Krediten in Anlagepapiere scheinbar erster Güte.

Laut dem Mathematikprofessor Paul Embrechts, der an der Eidgenössischen Technischen Hochschule in Zürich (ETH) lehrt und beim Lebensversicherer Swiss Life im Verwaltungsrat sitzt, lag der Grundfehler in der Annahme, dass sich die momentan modellierte Welt durch die neuen Modelle nicht verändern würde. In Tat und Wahrheit sei aber ein »Rückkoppelungseffekt« eingetreten, der in den Statistiken, die nur wenige Jahre zurückreichten, noch nicht enthalten gewesen sei, erklärte Embrechts in einem Gespräch. »Die Theorie war quasi statisch, geeignet für eine Momentaufnahme, nicht aber für die dynamischen Kräfte, die da-

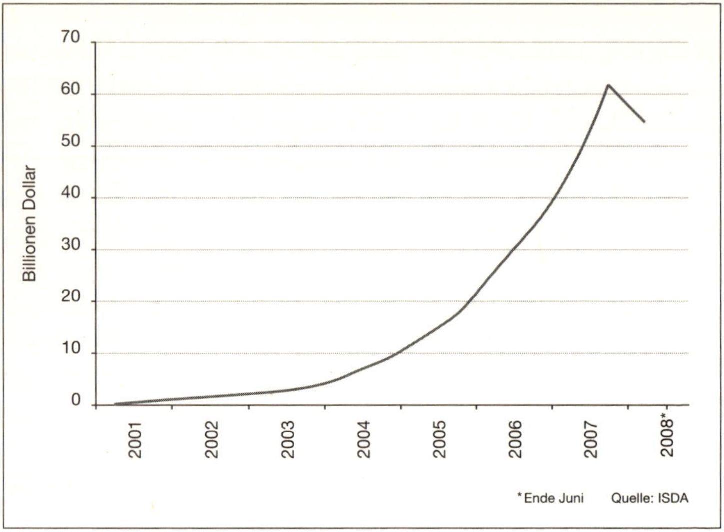

Im Glauben, die Risiken könnten wieder und wieder verbrieft, verkauft und gehandelt werden, explodierte der Bestand strukturierter Produkte wie der Credit Default Swaps (CDS) Anfang des 21. Jahrhunderts. Mit diesen neuartigen Wertpapieren versicherten sich die Marktteilnehmer mittels Zahlung einer Prämie gegen den Konkurs von Unternehmen. Damit wollten sie ihre erteilten Kredite vor Wertberichtigungen schützen. Weil die Aufsichtsbehörden dem Treiben nicht Einhalt geboten, summierten sich die CDS-Bestände 2007 auf über 60 Billionen Dollar.

durch entfesselt wurden.« Dies sei der fundamentale Irrtum gewesen, sagte der Mathematiker, und weil er in weiten Kreisen der Marktteilnehmer verbreitet gewesen sei, habe niemand mehr rechtzeitig Stopp gerufen. »Plötzlich war die Finanzwelt überzeugt, dass die Wahrscheinlichkeit von Kreditausfällen genau berechenbar sei. Schlechte und gute Risiken wurden rechnerisch vermischt und in Konstrukte verwandelt, die bei den Investoren willkommen waren.« Wie sehr, zeigt als ein Beispiel von vielen das von 2001 bis 2007 ungebremste Wachstum bei den Credit Default Swaps (siehe Grafik).

Die hausgemachten Fehler der UBS im Managen von Risiken fanden also nicht im luftleeren Raum statt. Das macht zwar die Sache für die Mitarbeiter, Anleger, Aktionäre und Steuerzahler nicht besser. Doch es relativiert die populäre Stammtischthese, wonach die gierigen Bonusbezieher an der UBS-Spitze allein für die Exzesse verantwortlich seien. In den Aufsichtsstuben der Behörden, wo die Skepsis zum Job gehört, kam die nötige kritische Haltung im Verlauf der Boomphase abhanden. Erst im Nachhinein – die Angelsachsen sprechen von »benefit of hindsight« – erkannte EBK-Großbankenchef Daniel Sigrist das Kernproblem: »›Size matters‹, die absolute Größe spielt eine Rolle«, sagte er in einem Gespräch im Januar 2008. »Die Realität hält sich nicht an Modelle. Deshalb gibt es nicht das allein selig machende Risikomanagementinstrument. Verschiedene Ansätze ergänzen sich. Unter anderem können deshalb auch scheinbar althergebrachte nominelle Limiten sinnvoll sein, das heißt, das gesamte Risiko einer bestimmten Position soll in Form eines Frankenbetrags beschränkt bleiben.« Die Einsicht kam zu spät.

In der Schweizer Zentrale der UBS Investmentbank saßen rund zwei Dutzend Risikokontrolleure in einem großen Büro etwas abseits von den lauten Händlern. In dieser von Zahlen und Berichten getriebenen Welt entstand bei mir das Bild von kleinen Rädchen in einer riesigen Maschine der Großbank, die in den letzten Jahren erstaunt wahrnahmen, wie die Risikokontrolle im vermeintlichen Vorzeigebetrieb versagte.

Die gut ausgebildeten Überwacher gingen ihrer Arbeit in einem Gebäude nach, das schon das UBS-Vorgängerinstitut Bankverein in den neunziger Jahren nahe dem Zürcher Flughafen aufgezogen hatte. Vor dem Bezug beantragten die Verantwortlichen eine Änderung der Adresse. »Kanalstraße 1, Glattbrugg« wurde durch ein glamouröses »Europastraße« ersetzt. Dass es hier einmal eine Kanalstraße gab, daran erinnern sich nur noch ältere Bürger des einstigen Bauerndorfs, das sich dank Zuzügen von Weltfirmen wie der UBS in eine graue Agglomerationswüste verwandelt hat.

Als Bankverein und Bankgesellschaft 1998 zur UBS verschmolzen, wurde der gläserne Bürokomplex von Glattbrugg zur Schweizer Zentrale der globalen Investmentbank. Während von sechs

Uhr früh bis zehn Uhr nachts die Jets über das Dach donnerten, bereiteten die Kontrolleure im Innern des Hauses die wichtigsten Risikokennziffern für die Großbank auf. Aus den Frontbüros in London, New York und Hongkong schossen Milliarden von Daten durch gesicherte Leitungen zur Europastraße. Aufgrund dieses Zahlenwustes wurden wichtige Indikatoren berechnet, die danach auf Listen ausgedruckt und dem obersten Management zugestellt wurden.

Die vielen Mathematiker und Ökonometriker, das sind Ökonomen mit großem Statistikwissen, kümmerten sich um die komplexe Verarbeitung und Aufbereitung der verschiedenen Risiken, denen ihr Arbeitgeber auf den Marktplätzen der Finanzwelt ausgesetzt war. Sie machten nur einen verschwindend kleinen, tief unten in der Hierarchie angesiedelten Teil des über 3000 Leute zählenden weltweiten Risikomanagements der Schweizer Bank aus. Einen Händler in Asien oder Amerika direkt anzurufen wäre etwa das Gleiche gewesen, wie wenn sie den Schweizer Bundesrat ans Telefon verlangt hätten. Sie waren die Wühlmäuse, die im Datenberg das Wesentliche aufspürten. Eine Stufe höher befanden sich die Risikokontrolleure, die den Frontleuten auf die Finger zu schauen hatten. Und über ihnen thronten schließlich wie Könige die Händler, die mit ihren Wetten Millionen für sich und gar Milliarden für die Bank verdienen konnten. Sollten sie Millionen oder Milliarden verlieren, traf es hingegen ausschließlich die Bank.

Wenn ein Händler eine Limite überschritt, mussten die Zürcher Überwacher den zuständigen Risikokontrolleur draußen an der Handelsfront kontaktieren. Bereits dieser Schritt kostete sie angesichts der herrschenden Machtverhältnisse große Überwindung, und so war es kaum verwunderlich, dass sie als Informationskanal die elektronische Post und nicht den direkten Draht benutzten. Sie sahen sich als kleine Firma, in der Unmengen von Listen zusammengestellt wurden, wo die Menschen aber kaum eine Ahnung hatten, was in der Welt draußen vor sich ging. Selbst wenn ein Kontrolleur an der Front eingeschaltet wurde, passierte normalerweise nichts. Mit Standardsätzen wurde den rückwärtigen

Kollegen erklärt, warum alles seine Richtigkeit hatte. Mit der Zeit gewöhnten sich die Glattbrugger Risikoüberwacher an dieses Gebaren, auch wenn sie wohl im Inneren wussten, dass dies um 180 Grad das Falsche sei.

Auch die Bankenaufsicht EBK führte in ihrem »UBS-Subprime-Bericht« vom 30. September diese Obrigkeitshörigkeit als eine Ursache für das Debakel an. Die Frontabteilungen hätten Druck auf die Kontrolleure ausgeübt, um rasch positive Entscheide für ihre täglichen Geschäfte zu erhalten. »Die Kontrolleure neigten deshalb tendenziell dazu, die von der Front als mühsam, zeitaufwändig und mithin geschäftsverhindernd wahrgenommenen Risikokontroll- und Bewertungsprozesse möglichst zügig und schlank zu handhaben«, konstatierten die Regulatoren. Es schlich sich Routine in den Arbeitsalltag ein. Die Risikoüberwacher, die aus aller Welt stammten, erledigten vormittags ein paar Wartungsarbeiten an ihren Computerprogrammen, genehmigten sich danach ausgedehnte Mittags- und Kaffeepausen oder vertrieben sich anderweitig die Zeit. Die Stunden vergingen langsam, die Anforderungen waren im Verhältnis zur Ausbildung der Leute gering. Doch wie Fluglotsen, die meist träge vor ihren Bildschirmen sitzen, im Notfall aber über Tod und Leben entscheiden können, gingen auch die UBS-Risikoüberwacher Tag für Tag plötzlich zu vollem Engagement über. Und zwar um fünf Uhr abends. Das war der Moment, wenn aus Amerika die letzten Files mit den Handelsbeständen des Vortags eintrafen und endlich die Fütterung der großen Rechenmaschine beginnen konnte.

Schien die Zeit zuvor stillzustehen, herrschte nun hektischer Betrieb. Alle Listen – es waren bis zu 30 – mit den wichtigsten Risikopositionen mussten noch am selben Abend an Konzernleitung, Risikoausschüsse, die Spitzen der Vermögensverwaltung, der Investmentbank, des Asset Managements und andere Entscheidungsstellen verschickt werden. Und um nicht jeden Abend bis acht oder noch später im Büro zu schuften, versuchten die Risikoüberwacher, die tägliche Aufgabe so rasch wie möglich hinter sich zu bringen.

Ein schwieriges Unterfangen. Ausgerechnet in diesem zentralen Geschäftsbereich, wo jeden Abend die weltweiten Handelspositionen überwacht und das Gesamtrisiko der Bank berechnet wurden, vertraute die UBS auf ein in eigener Regie entwickeltes und seit Jahren im Wesentlichen unverändertes System.

Im Kern der weltweiten Risikoüberwachung stand bei der UBS der Grundsatz, die Risikomanager als erste Stufe in der Sicherheitskette möglichst nah bei den Händlern anzusiedeln. Sobald der Handelstag zu Ende ging, berechneten diese Frontkontrolleure die offenen Positionen und schickten die Ergebnisse in die Glattbrugger Zentrale. Dort wurden diese Positionen, die man in der Fachsprache Risikoprofile nennt, zusammengefügt respektive aggregiert.

Im Alltag lief die Erfassung der Daten wie folgt ab: Die Risikomanager auf der ganzen Welt trugen nach Börsenschluss ihre Positionen in die entsprechenden Risikoprofile ein. Als Erstes waren die Frontleute in Asien an der Reihe, diese reichten die Dateien an ihre Kollegen in Europa weiter, bis schließlich die Händler in den USA ihre Profile erfassten. Deadline für den vorangegangenen Tag war elf Uhr New Yorker respektive 17 Uhr Schweizer Zeit. Spätestens dann mussten die fertigen Risikoprofile durchs gesicherte UBS-Datennetz nach Glattbrugg geschickt werden. Dort wartete das zentrale Aggregationsteam bereits ungeduldig und berechnete in den nächsten Stunden das Risiko, das die Bank am Vortag eingegangen war.

Die große tägliche Kalkulation basierte auf der Value-at-Risk-Methode, mit welcher der maximale statistische Verlust auf einem gegebenen Portfolio bestimmt werden kann. Der Berechnung zugrunde liegen die historischen Preisausschläge von Zinssätzen, Währungskursen und Aktienpreisen sowie die historischen Korrelationen zwischen diesen. In den letzten 15 Jahren wurde der Value-at-Risk-Ansatz zum Standard für die Finanzindustrie. Nicht nur die Banken wenden ihn an, um ihre Exponiertheit zu berechnen, sondern auch die Regulatoren, die damit die Finanzhäuser überwachen. Aufgrund des jeweiligen Value at Risk eines Instituts legen die Aufseher fest, wie viel Eigenkapital zur Deckung allfälliger zukünftiger Verluste vorhanden sein muss.

Das VaR-Konzept war seit seiner Einführung in den neunziger Jahren umstritten. Die Händler an der Front und die pragmatisch veranlagten Risikomanager machten frühzeitig Schwächen in diesem komplexen Überwachungskonzept aus. Es galt als zu träge für das von ständiger Innovation getriebene moderne Investmentbanking. Für erfahrene Risikoüberwacher eigneten sich die VaR-Größen höchstens als Zusatzinstrument für die tägliche Überwachung. Bedeutungsvoller waren schon damals aggressive Stressanalysen. Dass sich die VaR-Modelle im oberen Management und bei der staatlichen Aufsicht durchsetzen konnten, führten die Spezialisten auf deren beschränktes Wissen zurück. Der auf mathematischen Modellen und statistischen Daten basierende VaR vermittelte ihnen ein Gefühl von Sicherheit, selbst wenn die zugrunde liegenden Annahmen auf wackligen Beinen standen und der VaR per definitionem nur in 99 Prozent der Fälle zutreffend war. Der maximale Verlust, den der VaR anzeigte, musste also früher oder später übertroffen werden – um wie viel, darauf gab der VaR keinerlei Hinweis.

Die historischen Datenreihen reichten fünf Jahre in die Vergangenheit zurück. Die in dieser Zeit aufgezeichneten Werte und Ausschläge steckten den Rahmen für die zukünftige Entwicklung ab. Was schon mal da war, kann wieder passieren, lautete vereinfacht die Grundprämisse. Mit dem Value-at-Risk-Werkzeug machten sich die Überwacher in der UBS Investmentbank beim Zürcher Flughafen ans Werk. Der tagtäglich berechnete One Day Value at Risk wies den mit 99-prozentiger Wahrscheinlichkeit zu erwartenden Maximalverlust eines Handelstages aus. Mit anderen Worten: Im Schnitt würde die Investmentbank alle einhundert Tage einmal einen höheren Verlust erleiden, als mittels Value at Risk im Voraus berechnet worden war, ein Ereignis, das man »backtesting exception« nannte. Solche Ausnahmen von der Regel, die man erst im Nachhinein feststellte, wenn sich echte Verluste ergeben hatten, waren somit in normalen Zeiten ganz selten, vielleicht zwei- bis dreimal im Jahr, zu erwarten.

Entscheidend für das VaR-Konzept war die korrekte Erfassung der Risiken. Dies fiel den Verantwortlichen erst ein, als der Schaden schon angerichtet war. Eine Hauptursache für die gigantischen Verluste mit US-Hypothekenpapieren sei auf die unzutreffende Einschätzung von deren Risiken zurückzuführen, schrieb die EBK in ihrer Analyse. Sowohl die Händler an der Front als auch die Kontrolleure im Backoffice hätten sich zu stark auf die Aaa-Bewertung der Wertschriften gestützt. »Diese Information wurde in den Risikomesssystemen eingegeben«, stellten die Regulatoren fest. »Entsprechend generierten abgesicherte Super-Senior-Positionen bis zum Ausbruch der Krise praktisch null Value-at-Risk.« Als Folge seien die Positionen »vom Radarschirm« verschwunden.

Aus den täglichen Berechnungen in Glattbrugg resultierten bis zu 30 Reports. Einer listete das Risiko des Geschäfts mit Obligationen und anderen festverzinslichen Instrumenten auf, ein zweiter die offenen Aktienpositionen, ein weiterer die Währungspositionen, dann gab es auch zahlreiche sogenannte Stresstests, die den maximalen Verlust im Fall von extremen Ausschlägen auswiesen, des Weiteren wurden Listen mit Risiken in der Vermögensverwaltung für private und institutionelle Kunden gedruckt, für verschiedene Tochtergesellschaften und noch viele mehr. Auch für den bankeigenen Hedgefonds Dillon Read erstellte die Risikoüberwachung in Glattbrugg eine eigene tägliche Auflistung mit dem maximalen Risiko, was besonders schwierig war, da bei diesem Vehikel zwischen eigenen Anlagen und solchen von Drittkunden unterschieden werden musste.

Nicht nur der große Output und die knapp berechnete Zeit strapazierten die Nerven der UBS-Kontrolleure. Auch die Infrastruktur ließ zu wünschen übrig. Den zwei Dutzend Spezialisten stand ein einziger Billigdrucker zur Verfügung, für den im Fall eines Defekts kein Ersatz bereitstand. Mitten im frühabendlichen Stress kam es vor, dass Serviceleute das Gerät in einem mehrstündigen Sondereinsatz reparieren mussten. Noch aufreibender waren Abstürze des Rechenprogramms, die an der Tagesordnung waren. Mit jedem Neustart des Systems ging wertvolle Zeit verloren, was den Unmut unter vielen Angestellten verstärkte.

Neben dem System zur VaR-Berechnung gab es eine zweite Rechenapplikation, die sich um die Berechnung von Klumpenrisiken kümmerte. Ein Klumpenrisiko ist, wie es der Name suggeriert, eine Position, die nicht in erster Linie wegen ihrer Qualität gefährlich ist, sondern vor allem wegen ihrer absoluten Größe. Das System zur Überwachung solcher Risiken, welches die UBS insbesondere in den USA benutzte, stürzte zeitweise täglich ab und musste daraufhin neu gestartet werden. Im Herbst 2007 ging eine Zeitlang gar nichts mehr. Die zuständigen Manager mussten das Programm bis Februar 2008 vollständig aus dem Verkehr ziehen, um es robust für den täglichen Einsatz zu machen. In dieser Phase konnte die Bank ihre Klumpenrisiken nicht richtig überwachen – ein gravierender Mangel, sah doch der Regulator eine permanente Kontrolle vor.

Insgesamt konnte beim UBS-System nicht von einer zeitgemäßen Risikoüberwachung gesprochen werden. Um das Versagen zu erklären, müsse »eine ganze Kette von im Nachhinein unglücklichen Strategieentscheiden, mangelndem Nachhaken, fehlender Skepsis gegenüber den bankeigenen Prozessen und Systemen herangezogen werden, die sowohl an der Front als auch seitens der Kontrollfunktionen aufgetreten« seien, konstatierten die Kontrolleure der EBK in ihrem Schlussbericht. Wie mangelhaft das UBS-Risikoüberwachungssystem war, bestätigte auch der Befund der UBS-Spitze selbst. »Der Fokus der Management Information soll dabei auf denjenigen Informationen liegen, welche für eine effektive Entscheidfindung notwendig sind«, schrieb die Bank in einer Zusammenfassung ihres »Aktionsplans« zu Händen der EBK, den die UBS am 12. August 2008 veröffentlichte und der aus den Milliardenverlusten resultierende Maßnahmen auflistete. Der Satz kann auch als Eingeständnis der obersten Unternehmensleitung gelesen werden, dass das bisherige Überwachungssystem zwar viel Output generierte, die wesentlichen Risiken jedoch nicht vernünftig zutage förderte. Der Rückstand in der Risikoüberwachung der

UBS überraschte umso mehr, als die Schweizer Großbank andernorts keine Kosten scheute, um ihre Informatik auf den neuesten Stand zu bringen. Beispielsweise hatte die Bank nach der Jahrtausendwende beschlossen, alle Programme der Tagesendverarbeitung, die immer noch in der alten Programmiersprache Cobol geschrieben waren, komplett zu erneuern. Es handelte sich vor allem um Batch-Applikationen, die nicht wie Onlineprogramme sofort aktiviert wurden, sondern nachts die unter dem Tag zwischengespeicherten Kundendaten am richtigen Ort verbuchten. »Abacus« nannte die UBS diese riesigen Computerprogramme, die das eigentliche Rückgrat der Großbank bildeten und von der einstigen Bankgesellschaft stammten. In einer komplexen Aktion, die Hunderte Millionen Franken kostete, wurden sie von 2002 bis 2004 umgeschrieben oder neu entwickelt und von Unisys- auf IBM-Rechner migriert. Seit der gelungenen Umstellung verfügt die UBS im Schweiz-Geschäft und in der weltweiten Vermögensverwaltung über eine leistungsstarke IT-Plattform.

Was die kleinen Rädchen an ihren Positionen tief im Maschinenraum beobachteten, war auf deren Kommandobrücke längst ein offenes Geheimnis. Doch die Unzulänglichkeiten in der Informatik der Investmentbank nahmen die Verantwortlichen offenbar bewusst in Kauf. Jedenfalls schrieb die Bankenaufsicht in ihrem UBS-Subprime-Bericht vom Herbst 2008, die Großbank habe »zwar schon frühzeitig erkannt, dass die Infrastruktur der Investment Bank (vorab: IT-Systeme) nur bedingt in der Lage war, mit dem Geschäftsvolumen und den laufenden Weiterentwicklungen bei den Finanzprodukten Schritt zu halten«. Das Management habe es jedoch verpasst, »rasche und entschiedene Schritte zur Behebung dieser Mängel zu ergreifen«. So starrten die UBS-Kapitäne während ihrer Rekordfahrt im Investmentbanking auf das vorsintflutliche Radar eines alten Fischkutters.

Als im Sommer 2007 zwei Bear-Stearns-Hedgefonds pleitegingen, meldete das System eine Backtesting Exception für die gesamte Bank. Bezogen auf eine einzelne Handelsposition oder eine Abteilung konnten die prognostizierten und die später tatsächlich möglichen Maximalverluste schon mal beträchtlich voneinander abweichen. Nach ein paar Mails oder Telefongesprächen war die Sache in der Regel erledigt. Eine ganz andere Dimension ergab sich hingegen, wenn eine Backtesting Exception auf oberster Stufe eintrat. Der Ausreißer musste den »Watchdogs« in der Hauptstadt Bern gemeldet werden. Diese hatten dann zu entscheiden, ob zusätzliche Reservepolster in Form von Eigenkapital nötig seien für die Risiken, die höher waren als angenommen.

Das Besondere war, dass es sich um das erste formelle Subprime-Warnsignal an die Behörden handelte. Weil alle US-Hypothekenrisiken verbrieft waren und die UBS nur die sichersten Tranchen in den eigenen Büchern behielt, wurden diese in den Risikosystemen der UBS einfach als Aaa-Bonds erfasst. Das eigentliche Kreditrisiko der darunterliegenden Hypotheken oder sonstigen Darlehen blieb verborgen, obwohl die Bank einige dieser Papiere selbst verpackt und vertrieben hatte. Nun tauchte das Kernproblem eines Modells auf, das unter Händlern und Aufsehern als »Originate to distribute« bekannt war und einen fünfjährigen Goldrausch an der Wallstreet ermöglicht hatte. Trotz der internen Warnungen im Jahr 2002 hatte sich das Topmanagement in die Finanzbonanza gestürzt und sich in seinem Optimismus durch die Bestnoten der Rating-Agenturen und die Kursentwicklung der Vergangenheit bestärkt gefühlt.

Wie aber kam eine vermeintlich hochprofessionelle Bank wie die UBS, die besonders stolz auf ihre jahrelange strenge Kreditvergabepolitik war und sich im Bereich der Leveraged Loans, der Kredite für Firmenübernahmen, bis zuletzt zurückgehalten hatte, dazu, ausgerechnet bei den modernen und höchst komplexen verbrieften Konstrukten sämtliche Vorsicht über Bord zu werfen? Statt sicher wie Staatsanleihen entpuppten sich die Produkte als Junk-Bonds, Obligationen minderwertiger Qualität. Ein Decoupling-Effekt war eingetreten. Die komplexen CDOs und andere wenig durchschaubare Vehikel hatten sich von den üblichen Aaa-Unternehmens- und Staatsobligationen entkoppelt. Der tatsächlich eintretende Verlust überstieg den vom Value-at-Risk-Modell theoretisch berechneten Wert um ein Vielfaches. Kein Wunder, schließlich hatte niemand mit solchen Erschütterungen gerechnet, und entsprechend waren sie im historischen Datenmodell nicht vorhanden.

Es rächte sich, dass sich die UBS in der Risikoüberwachung so stark auf ihr Value-at-Risk-Modell gestützt hatte. Weil dieses die Vergangenheit abbildete, erinnert es an einen Steuermann, der seinen Tanker durch Meerengen, Untiefen und Eismeere lenkt und dabei in den Rückspiegel blickt. Hindernisse, die auf dem Kurs des Schiffes liegen, nimmt er nicht wahr.

Auch ein zweiter Radarschirm blieb schwarz. Im Kreditrisiko, das Gegenparteien bewertet, beispielsweise das maximale Kreditausfallrisiko bei Nahrungsmittelmulti Nestlé oder dem Chemiekonzern BASF, waren sich die Spezialisten offensichtlich nicht bewusst – oder nicht daran interessiert –, dass die strukturierten Vehikel aus einer Vielzahl von Hypotheken bestanden, aus nichts anderem als Hunderten oder Tausenden einzelner Kreditrisiken, deren Güte von der Entwicklung des Immobilienmarktes abhing. Die UBS und andere große Handelsbanken hatten eine neue Welt kreiert, in der sich selbst ihre cleversten Risikomanager nicht mehr zurechtfanden. Das Eingeständnis, eine für diese Art von Risiken ungenügende Organisationsstruktur zu haben, lieferte auch die UBS in ihrem »Aktionsplan« zu Händen der Aufsicht vom 12. August 2008. »Die Markt- und Kreditrisikofunktionen wurden zusammengeführt«, gab die Bank bekannt. Die von internen Kritikern schon früh angemahnte Schwäche wurde endlich behoben.

Was die UBS-Chefs zu sehen bekamen, war, technisch betrachtet, eine starke Abweichung von Prognose und Realität. Zum Zeitpunkt $t+1$ hatten die Risikoüberwacher den VaR des Vortages, also von t, für verschiedene Einheiten berechnet, unter anderem auch für die Investmentbank. Einen Tag später, bei $t+2$, war die Realität an den Märkten zum Zeitpunkt t bekannt, und die Risikomanager konnten das tatsächliche Verlustrisiko, das sie zuvor nur theoretisch berechnet hatten, mit dem effektiv eingetretenen Minus vergleichen. Nun zeigte sich, dass die Investmentbank deutlich höhere Risiken eingegangen war als im Vorfeld vermutet.

Dabei war Vorsicht gerade in der Investmentbank oberstes Gebot. Im Unterschied zur Vermögensverwaltung, wo die Bank eine Beratungsfunktion ausübte, gingen die Investmentbanker große Wetten ein, finanzierten teure Firmentransaktionen und strukturierten komplexe Anlageprodukte für eine zahlungskräftige Klientel. Dafür musste die Investmentbank viel Kapital auftreiben. Man spricht in diesem Zusammenhang von Funding: Das Geschäft auf der Aktivseite der Bilanz, die Ausleihungen und Anlagen, musste mit entsprechenden Mitteln auf der Passivseite unterlegt respektive refinanziert werden.

Die UBS verfügte beim Funding jahrelang über einen Konkurrenzvorteil. Die Rating-Agenturen stuften ihre Kreditwürdigkeit mit einem Aa2 respektive AA + ein, das war die zweitbeste Klassierung auf einer Skala von Triple-A bis Triple-B. Damit galt die UBS als ausgesprochen sichere Gegenpartei im Markt und stand bei Anlegern, Obligationären, Drittbanken und anderen Geldgebern hoch im Kurs. Niemand brauchte sich bei der UBS Gedanken über einen Ausfall zu machen. Das Geld schien bei ihr in ausgesprochen sicheren Händen.

Die Einstufung als besonders sichere Qualitätsbank sollte sich bezahlt machen. Nur dank ihrem Top-Rating erhielt die UBS über Jahre langfristiges Kapital zu einem Zinssatz, der rund 50 Basispunkte oder ein halbes Prozent unter dem Libor-Satz lag, zu dem sich die Geschäftsbanken gegenseitig ungesichert Geld ausleihen. Zahlreiche Zinssätze orientierten sich am Libor, und Banken mit einem hohen Rating wie die UBS erhielten in den Jahren vor der großen Krise von den übrigen Instituten kurz- und langfristige Kredite zu Sätzen ausgeliehen, die unter Libor lagen.

Die UBS Investmentbank nutzte die günstige Refinanzierung ihres Konzerns für die eigenen Ziele. Zwar verrechnete auch die Zentrale einen Zinsaufschlag, doch der war so klein, dass die Kapitalkosten immer noch deutlich unter Libor lagen. Andere große Häuser wie Goldman Sachs, Morgan Stanley, Merrill Lynch und

Lehman Brothers, die keine Quersubventionierung einer Universalbank mit Top-Rating in Anspruch nehmen konnten, mussten infolge ihres riskanten Geschäftsmodells höhere Zinsen bezahlen. Lehman Brothers als kleinstes der bekannten Investmenthäuser bezahlte in den guten Jahren beispielsweise einen Libor-Aufschlag von rund 30 Basispunkten oder drei zehntel Prozent.

Nicht nur die günstige Refinanzierung am Kapitalmarkt versorgte die Händler der Investmentbank mit Geld wie Heu. Der gute Ruf der UBS hatte auch ständig neue Kunden mit großen Vermögen zum Aushängeschild des Schweizer Finanzplatzes hingezogen. In den besten Jahren lagen über 3000 Milliarden Franken bei der UBS, davon stammte etwa die Hälfte von institutionellen Kunden, die stark auf die Performance achteten und ihr Geld rasch zur Konkurrenz verschoben. Die andere Hälfte kam von privaten Kunden, und diese zeichneten sich durch spezielle Treue zur Bank aus. Klassischerweise investierten die Privatkunden ihr Vermögen in Wertpapiere und ließen den Rest auf einem Konto liegen. Alle Bareinlagen zusammen beliefen sich bei der UBS auf Hunderte Milliarden Franken und kosteten die Bank kaum Zins. Ein Großteil dieses Bargeldtopfes landete bei der Investmentbank, die sich so günstig refinanzieren konnte.

Bis im Frühsommer 2007 funktionierte das De-facto-Modell eines Carry Trade wie geschmiert: günstige Refinanzierung dank bestem Rating, hinübertragen in die Investmentbank zwecks Anlage in vermeintlich sicheren Aaa-Hypothekarwertschriften mit höherer Rendite. Doch mit der Subprime-Krise wurde aus dem Vorteil eine schwere Last. Die UBS Investmentbank hatte die Bilanz des Mutterunternehmens bis unters Dach mit Kreditpapieren aufgefüllt. Vor allem die Subprime-Bewertungen waren Anfang des Jahres erstmals ins Rutschen geraten, erholten sich zwischendurch und drohten nun erneut einzubrechen.

Viele professionelle Anleger wie Banken und Hedgefonds waren längst nervös geworden angesichts der Entwicklung von komplex strukturierten Vehikeln, deren Kurse wild ausschlugen – vor allem nach unten. Am 20. Juni 2007 schreckte das *Wall Street Jour-*

nal die Weltöffentlichkeit mit einer Meldung über zwei Fonds der Investmentbank Bear Stearns auf, die seit Anfang des Jahres tief ins Minus gestürzt waren und nun dringenden Kapitalbedarf hatten. Die *Süddeutsche Zeitung* nahm die Meldung auf und schrieb: »Der drohende Zusammenbruch der beiden Fonds zeigt, wie ernst die Hypothekenkrise in den USA ist.« Wie die Vehikel von Bear Stearns hätten viele weitere Fonds in Wertpapiere investiert, die auf minderwertigen Immobilienkrediten beruhen würden. Es sei nicht klar, meinte die *Süddeutsche,* »ob diese Papiere noch korrekt bewertet sind, da es für sie meist keinen liquiden Markt gibt«. Wenige Tage später waren die Bear-Stearns-Fonds pleite.

Im Rückblick markiert das Aus der beiden Hedgefonds den endgültigen Ausbruch der historischen Kreditkrise von 2007 und 2008. Im Juli und August 2007 brachen viele Märkte ein, und die meisten auf Subprime-Papiere gestützten CDOs und andere Konstrukte konnten von da an nur noch zu Tiefstpreisen abgestoßen werden. Daraufhin nahmen die Erschütterungen Erdbebenstärke an, und insgesamt musste die UBS der Aufsichtsstelle 16 Backtesting Exceptions bei der Investmentbank melden. Die Bank brauchte dringend mehr Eigenkapital.

In jenen Tagen zog sich das oberste Management der UBS zu einer längst geplanten mehrtägigen Klausur zurück. Das Timing hätte angesichts der Lage an den Weltmärkten nicht besser sein können, um die eigene Lage zu analysieren und Maßnahmen für die Zukunft zu diskutieren.

Aus aktuellem Anlass fand das Meeting nicht in einer UBS-Zentrale statt, sondern im frühsommerlich warmen Valencia an der Mittelmeerküste. In den spanischen Gewässern verteidigte ein UBS-Verwaltungsrat, der Pharmaunternehmer Ernesto Bertarelli, mit seiner Jacht »Alinghi« den vier Jahre zuvor gewonnenen America's Cup, die begehrteste Trophäe im Segelsport. Am Donnerstag, dem 28. Juni, berieten Vollblutsegler und Hobbybanker Bertarelli und die übrigen Mitglieder des UBS-Lenkungsgremiums in einem Sitzungssaal des Luxushotels, in dem sie residierten, über den wichtigsten Job in der Großbank. Wer sollte Marcel Ospel im kommenden Frühjahr als Präsident der UBS ablösen, wenn der große Maestro nach Ablauf seiner zweiten Amtszeit auf eigenen Wunsch zurücktreten würde, lautete die Fragestellung. Zur Wahl stand nur einer: CEO Peter Wuffli, der die Bank seit Dezember 2001 operativ von Rekord zu Rekord geführt hatte. Wuffli war aus dem Schatten von Übervater Ospel herausgetreten, was unter anderem seine Wahl zum »European Banker of the Year 2005« zeigte, eine Auszeichnung von europäischen Wirtschaftsjournalisten.

Hätte die breite Öffentlichkeit von diesem Traktandum gewusst, wären die Wetten klar gewesen. Niemand bezweifelte ernsthaft, dass Wuffli das Rennen machen würde. Bei der Präsentation des Jahresergebnisses im Februar hatte der CEO für das abgeschlossene Jahr zwölf Milliarden Gewinn vermelden können. Die offiziellen Verluste rund um die Schließung des Hedgefonds Dillon Read waren damals viel zu klein, um Wufflis Ruf als neuer starker Mann der UBS ernsthaft zu ramponieren. Und vom Eisberg, auf den das UBS-Schiff zuraste, ahnte die Öffentlichkeit nichts.

Über die entscheidende Sitzung im Hotel »Las Arenas« geistern verschiedene Versionen herum. Unbestritten ist, dass Präsident Marcel Ospel einige Zeit zuvor selbst eine Verjüngung der Führungsspitze angeregt und seinen ersten Steuermann Wuffli als seinen Nachfolger vorgeschlagen hatte. Ebenso gewiss scheint, dass Peter Wuffli mit seiner Wahl rechnete, sonst hätte er sich kaum als Kandidat zur Verfügung gestellt. Gemäß Ospel-Biograph Dirk Schütz war es Wuffli selbst, der auf eine rasche Entscheidung drängte. »Also ließ Wuffli die Nachfolgefrage in Valencia traktandieren«, schrieb der *Bilanz*-Journalist in einer überarbeiteten Ausgabe seines Ospel-Buchs. Als der Verwaltungsrat über die Wahl Wufflis beriet, sei Ospel als Antragsteller und aktueller Inhaber der Funktion in den Ausstand getreten. Ospel-Intimus Marco Suter, der als Kreditspezialist eine Reduktion der Bilanz angemahnt hatte, habe Wufflis Sturheit kritisiert, schreibt Schütz. Stephan Haeringer als zweiter vollamtlicher Vizepräsident sei das Dillon-Read-Debakel sauer aufgestoßen.

Dem *Weltwoche*-Journalisten und Co-Autor des Buches *Swiss Banking – wie weiter?*, Claude Baumann, zufolge hatte sich eine »seltsam wuchtige Front gegen den CEO« gebildet. »Offensichtlich traute das Gremium dem seit je wenig charismatischen Peter Wuffli nicht zu, als künftiger Präsident die weiter aufziehenden Probleme in den USA lösen zu können.« Die für die Strategie und die Schlagkraft der operativen Spitze verantwortlichen Verwaltungsräte seien »plötzlich risikoscheu« geworden, schreibt Baumann und fährt fort: »Beteiligte berichten von einer fatalen Eigendynamik gegen Wuffli.«

Am Freitag, dem 6. Juli 2007, platzte die Bombe. »Der Verwaltungsrat sieht die automatische Ämternachfolge nicht als zwingend, sondern sucht unvoreingenommen nach der in seiner Einschätzung jeweils besten personellen Konstellation für die Bank«, begründete die UBS per Kommuniqué Wufflis Ausscheiden. »Vor diesem Hintergrund«, fuhr sie in ihrer offiziellen Verlautbarung fort, »hat der Verwaltungsrat Marcel Ospel gebeten, sich für mindestens eine weitere dreijährige Amtsperiode als vollamtlicher Präsident zur Verfügung zu stellen.«

Die Ursachenforschung setzte sofort ein, blieb aber im Ungefähren. »Letztlich, so muss man annehmen, haben sie Wuffli nicht zugetraut, die Erfolgsgeschichte der UBS an oberster Stelle fortzuschreiben«, interpretierte am 7. Juli 2007 Wirtschaftsjournalist Ermes Gallarotti von der *NZZ* den Entscheid der Verwaltungsräte. »Kein anderer auf dieser Welt wird darüber mehr enttäuscht sein als Wuffli selbst.« Ospel-Biograph Schütz schrieb am 18. April 2008: »Ospel ließ Wuffli mitteilen, dass dieser weiter operativer Konzernchef bleiben könne, aber als Präsident nicht in Frage komme.« Davon habe der »in seiner Ehre tief« getroffene Wuffli nichts wissen wollen. Laut Buchautor Baumann bleibt bis heute die Frage unbeantwortet, »wieweit der Verwaltungsrat der UBS bei Peter Wufflis Nichtwahl das drohende Desaster mit den verbrieften Subprime-Produkten schon ahnte oder gar kannte«. Wuffli selbst hat sich nie öffentlich zu seinem Abgang geäußert.

Nach diesem personellen Gewitter setzte die sommerliche Hitze ein, und die UBS-Chefs zogen, anscheinend zufrieden mit ihrem Werk, von dannen. »Ich bin zuversichtlich in die Ferien gefahren«, sagte Ospel-Nachfolger Peter Kurer ein Jahr später in einem Dokumentarfilm des Schweizer Fernsehens. Es sollten für lange Zeit die letzten besinnlichen Tage sein.

7 Der Aufprall

Der Eisberg tauchte am 6. August 2007 auf, acht Wochen vor dem Aufprall. Spitzenleute der Investmentbank trafen sich an jenem Montag mit Präsident Marcel Ospel und dem CEO-Novizen der Bank Marcel Rohner. Die Investmentbanker überbrachten schlechte Nachrichten. Die UBS saß auf Milliarden illiquid gewordener US-Kreditpapiere.

Bis dahin wollen Ospel und Rohner nichts von der Gefahr gewusst und stattdessen den Spezialisten der Investmentbank geglaubt haben, die ständig versicherten, die große Position im US-Hypothekenbusiness sei dank einer geschickten Absicherung und cleverer Handelsstrategien harmlos. Das Thema war nicht gänzlich neu, im vorangegangenen Herbst hatte der Risikoausschuss der Konzernleitung erste allgemeine Fragen zur US-Immobilienblase aufgeworfen, und nach den Anfangsverlusten beim Hedgefonds Dillon Read von Mitte März 2007 galten Subprime-Kredite auch zuoberst in der Bank als »Issue«, als ein Punkt, den es zu beobachten galt. Die interne Revisionsstelle hatte zudem den Fall Dillon Read unter die Lupe genommen und war in einem Bericht zu dem Schluss gekommen, dass Subprime-Kreditpapiere genauer überwacht und transparenter bewertet werden müssten.

Damals, im Frühling 2007, hatten sich auch die CDO-Spezialisten der Investmentbank skeptisch zu den Aussichten des Subprime-Segments geäußert. Bei einem Einbruch des Geschäfts käme die UBS nicht ungeschoren davon, meinten sie. Doch die Händler gaben sogleich Entwarnung. Es sei vorgesorgt, sagten sie. Zum einen hätten sie bereits auf die Bremse getreten, zum anderen sei die Investmentbank mittels Derivatinstrumenten abgesichert. »Darauf basierend glaubte das zuständige Team, dass die UBS besser als viele ihrer Konkurrenten positioniert sei, waren doch ihre Pipeline dünn und die Restpositionen relativ klein«[39], schrieb die Bank in ihrem Rechenschaftsbericht zu Händen der Aktionäre ein Jahr später. Die UBS, so versicherten die Frontleute ihren Chefs zu Beginn der Subprime-Krise und diese wiederum der Spitze der Bank, würde von den Turbulenzen im US-Immobilienmarkt weniger stark berührt werden als andere große Investmentbanken.

Kurz darauf kamen die Händler zu einer noch optimistischeren Einschätzung der eigenen Lage. Gemäß dem Bericht der Schweizer Bankenaufsicht (EBK) schrieb die zuständige Stelle in einem internen Papier, das nicht zuoberst in der UBS landete, von einem weiterhin »großen Wachstum des Verbriefungsgeschäfts«, was »erhebliche Erweiterungen« der Risikolimiten erforderlich machen würde, wollte man von diesen neuen Möglichkeiten profitieren. Ein entsprechendes Gesuch lehnte die Risikokontrolle angesichts der unsicheren Märkte ab.

Selbst als der Orkan Anfang August auf Land traf und der Handel mit Subprime-Papieren und anderen undurchsichtigen Vehikeln »eingefroren« war, malten die Verantwortlichen die Lage der Schweizer Großbank und deren Zukunft nicht in düstersten Farben. Finanzspezialisten der Investmentbank setzten zwei Tage nach dem Meeting bei Präsident und CEO die Mitglieder des Prüfausschusses des Verwaltungsrats ins Bild. Diese kümmerten sich um ein korrektes Reporting nach außen und um die Einhaltung aller rechtlichen Vorschriften. Das Dreiergremium bildeten die UBS-Verwaltungsräte Lawrence Weinbach aus den USA und die beiden Schweizer Rolf Meyer und Peter Voser.

Weinbach war Partner einer Private-Equity-Firma, Meyer ein Exchef der Chemiefirma Ciba und langjähriger Vertrauter von UBS-Präsident Ospel, Voser erfolgreicher Finanzchef des Erdölmultis Shell und zuvor in gleicher Funktion beim Industriekonzern ABB tätig. Per Mitte 2009 wird der Betriebswirt gar die Konzernleitung der Weltfirma übernehmen. Die auf den eigenen Büchern zurückbehaltenen Subprime-Tranchen seien »net flat risk or low risk«, keinerlei Nettorisiko oder wenn, dann nur ein geringes, sagten die Investmentbankleute ihren obersten Aufpassern. Don't panic, sollte die Botschaft lauten, wie im Aktionärsbericht der UBS nachzulesen ist. Die Einschätzung passte zur Aussage des späteren Präsidenten Peter Kurer im TV-Dokumentarfilm *Der Fall: Wie die UBS in den Strudel der Finanzkrise geriet.* Die Spitze der Bank habe zwar im August 2007 sofort gewusst, dass die Ferien vorbei seien, sagte er. Von da an hätten er und viele andere Manager rund um die Uhr gearbeitet, um »besser zu verstehen, was zu tun« sei. »Wir hatten aber noch nicht das Gefühl, dass dies die ganz große Krise ist«, fügte Kurer hinzu.

Doch konnte das sein? An mehreren Stellen im Bankkonzern, auch auf höchster Stufe, war seit Jahren bekannt, dass das größte einzelne Risiko der UBS im amerikanischen Hypothekenmarkt lag. Nun hatte die im Februar 2007 begonnene Subprime-Krise weite Teile des verbrieften US-Hypothekenmarktes erfasst. Und noch immer wollten die obersten UBS-Chefs keine Vorstellung davon gehabt haben, welchen Schaden dieser Orkan dem eigenen Schiff zufügen konnte? Oder wussten Kapitän Marcel Ospel, sein neuer Steuermann Marcel Rohner, Konzernanwalt Peter Kurer, Risikochef Walter Stürzinger, Ospels Risikovertrauter im Verwaltungsrat Marco Suter und weitere Topshots genau, was die Stunde geschlagen hatte? Hatten sie vor der Publikation des Rechenschaftsberichts nur noch eine Wahl zwischen zwei Übeln: sich dumm zu stellen und sich zum Gespött der Branche zu machen oder transparent aufzuzeigen, dass man das Problem mittels Auslagerung in den Hedgefonds Dillon Read seit 2005 zu lösen versucht und dabei die Übersicht über die Expansion in der eigenen Investmentbank verloren habe – und dass einem zuletzt die Zeit davongelaufen war?

Die Konzernleitung äußerte sich in der Öffentlichkeit jedenfalls anfänglich vage. Am Dienstag, dem 14. August 2007, deutete UBS-CEO Marcel Rohner anlässlich der Halbjahrespressekonferenz erstmals Probleme an. Die Märkte seien volatil, die weitere Entwicklung lasse sich nur schwer abschätzen. In einem Kommuniqué schrieb die Bank damals: »Sollten die aktuell turbulenten Bedingungen im ganzen dritten Quartal andauern, werden wir möglicherweise mit einem stark beeinträchtigten Handelserfolg rechnen müssen.« Und weiter: »Es ist daher wahrscheinlich, dass der Gewinn für das zweite Halbjahr 2007 nicht an das Niveau der zweiten Jahreshälfte 2006 anknüpfen kann.« Von Panik und Milliardenabschreibern war noch keine Rede, und die Investoren reagierten zwar verschnupft und verkauften einen Teil ihrer UBS-Bestände, doch grundlegende Zweifel an der Güte der Turbo-großbank kamen selbst im Spätsommer 2007, als die Finanzwelt bereits verrücktspielte, nicht auf.

Anders präsentierte sich die Lage hinter den Kulissen. Nach seiner überraschenden Wahl zum Konzernchef machte Marcel Rohner im August seine Aufwartung beim Regulator in der Bundeshauptstadt. Dabei legte er große Positionen seiner Bank in US-Kreditpapieren offen. Die Beamten sahen in einen tiefen Abgrund. »Per August 2007 belief sich das Gesamtengagement der UBS im US-Hypothekenmarkt auf 173,8 Milliarden Franken ›long‹ und 66,1 Milliarden ›short‹«, konstatierte die Bankenkommission in einem späteren Bericht. Netto befanden sich damals sage und schreibe 107,7 Milliarden Franken solcher Papiere in den Büchern der UBS, mehr als das Doppelte des Eigenkapitals. Daran, so Rohner, lasse sich derzeit wenig ändern.

In Daniel Sigrists Kopf läutete es Sturm. Der studierte Mathematiker mit Ökonomie-Zusatzstudium galt als Risikospezialist und war bei der Bankenkommission zuständig für die Großbankengruppe. Sigrist, der in diesem Moment vor den intensivsten Wochen und Monaten seiner Karriere stand, erinnerte sich in unserem Gespräch Anfang 2008 an seinen einstigen Lehrmeister. Professor Paul Embrechts hatte in seinen Vorlesungen immer davor gewarnt, sich zu sehr auf theoretische Rechenmodelle zu verlassen. Das Ziel der Risikospezialisten war seit rund einem Jahrzehnt, möglichst präzise Korrelationen abzuleiten. Was passiert mit dem Preis von Aluminium, wenn die Autoindustrie kriselt?, lautet eine triviale Fragestellung. Mit Hilfe solcher Beziehungen und Abhängigkeiten entwickelten die Händler komplexe Strategien, die viel Gewinn bei wenig Risiko versprachen. Eine große Unbekannte blieb allerdings das Verhalten von Korrelationen in extremen Situationen wie Illiquidität und Crashs.

Abhilfe sollten mathematische Copula-Funktionen schaffen. Paul Embrechts ist ein Kenner solcher »Copulae«. Theoretisch sei es mit diesen Funktionen möglich, das Zusammenspiel verschiedener, höchst selten gleichzeitig auftretender Ereignisse abzubilden, erklärte der Schnellsprecher und -denker am Rande einer Veranstaltung in Zürich im Dezember 2007, als sich erst ein paar helle Köpfe die Tiefe des bevorstehenden Absturzes auszumalen vermochten. Der 55-jährige Belgier war einer dieser Theoretiker, die sich der Grenzen der Copula-Funktionen in der gefährlichen realen Welt der Finanzen längst bewusst waren. »Pädagogisch, pädagogisch, Stresstest«, lautete deshalb Embrechts' Credo. Gut für den akademischen Gebrauch, um zu begreifen, zu simulieren und Fragen aufwerfen zu können, meinte der Mathematiker. Für die Praxis mit ihren Risiken gebe es hingegen nur eines: harte Stresstests. »Alle gewinnen, und niemand weiß, warum«, das sei immer verdächtig, sagte Professor Embrechts. »›Understand your gains!‹, die Gewinne verstehen«, das sei genauso wichtig wie die Suche nach Gründen bei Verlusten. »Welche Annahme hat zu einem bestimmten Gewinn geführt? Was passiert, wenn die Annahme eines Tages falsch ist?«

Im Fall der UBS und anderer Investmentbanken, die mit Subprime- und ähnlichen Spekulationen im US-Kreditmarkt ihre Existenz aufs Spiel setzten, blieben solche Fragen lange aus. Und nun, da sie offen auf dem Tisch lagen, hatten sie keine Priorität mehr. Denn nun ging es um die Rettung des Systems. Der Gouverneur des New Yorker Federal Reserve Board und zukünftige US-Finanzminister Timothy Geithner bat im September 2007 die Aufseher der wichtigsten Finanzmärkte zu sich. Ziel des geheimen Meetings war, dem Versteckspiel zwischen den Instituten und ihren jeweiligen Heimatstaaten ein Ende zu setzen und alle Risiken gegenseitig offenzulegen. In der Sitzung bezifferte ein Spitzenbeamter nach dem anderen die Höhe der illiquiden Positionen der eigenen Großinstitute. Mehrheitlich schilderten die Behörden die Lage als noch nicht dramatisch. Da schwante dem Schweizer Sigrist Böses. Der Kontrolleur der Eidgenossenschaft sprach von Milliardenabschreibern der UBS. Wenn nun der Schweizer Finanzriese als einziger globaler Mitspieler einen hohen Verlust ankündigen müsste, orakelte er, stünde er allein im Regen. Investoren könnten im großen Stil ihre Aktien auf den Markt werfen, der Börsenwert würde einbrechen, die UBS liefe Gefahr, eine Übernahmekandidatin zu werden. Sigrist kam die holländische ABN Amro in den Sinn, die kurz zuvor von drei Konkurrenten gekauft, filetiert und aufgeteilt worden war. Wenn Akquisiteure fähig waren, über 70 Milliarden Euro für eine Bank aufzubringen, wäre auch eine UBS-Übernahme möglich, dachte Sigrist.

Das Ausscheren der UBS hatte nicht nur hausgemachte Ursachen, sondern war auch zeitliches Pech. Die US-Banken, die wie die Schweizer Milliardensummen im US-Immobilienmarkt riskiert hatten, schlossen ihre Quartalsbücher traditionsgemäß einen Monat früher als die Konkurrenz in Europa. Bei Goldman Sachs, Morgan Stanley, Merrill Lynch und weiteren Investmentbanken wurde der verlustreiche August damit teilweise kompensiert durch gute Junizahlen. Die UBS hingegen musste neben dem August auch den katastrophalen September verdauen.

Zurück in der Schweiz, legte sich Bankenaufseher Sigrist ins Zeug. »Bisweilen hatten wir täglich Konferenzgespräche mit der UBS-Konzernleitung«, schilderte mir der Chefbeamte im Januar 2008 die letzten Tage und Wochen vor Bekanntwerden des UBS-Milliardenlochs. »Von Beginn weg machten wir klar, dass die Bank ihr Eigenkapital stärken muss.« Unbemerkt von der Öffentlichkeit erstellten die Behörden Vorsorgepläne für den Tag der Wahrheit. Sigrists Leute fühlten den UBS-Spezialisten auf den Zahn. Diese mussten ihre tägliche Liquidität offenlegen und aufzeigen, wie viel Geld via elektronisches Banking abgehoben wurde und wie viel

Bargeld in den Filialen lagerte. Keinesfalls durfte bei Bekanntmachung des Verlustlochs der Eindruck entstehen, die UBS sei einem Spareransturm nicht gewachsen. Immer wieder schaltete sich die Notenbank ein und wollte von der Bankenaufsicht wissen, ob die Großbank genügend solvent sei. Alles im grünen Bereich, antworteten Sigrist und seine Kontrolleure.

Dann hielten Nationalbank und Bankenkommission den Atem an. Der Eisberg lag da, ragte riesengroß in die Höhe, furchterregend und unausweichlich. Alles Korrigieren und Bremsen, Verkaufen und Verstecken der letzten zwei Monate hatte nichts genützt. Als der UBS-Tanker am Montag, dem 1. Oktober 2007, ins harte Eis krachte, blieb nur noch die Hoffnung.

Die Nachricht von der UBS-Havarie verbreitete sich schneller, als die Schweizer Großbank kommunizieren konnte. Schon in der Nacht meldeten Websites englischsprachiger Wirtschaftsblätter große Verluste und ein Köpferollen an der Spitze des Finanzkonzerns. Um sieben Uhr in der Früh, zwei Stunden vor Börseneröffnung, drückte die Bank selbst auf den Knopf. »UBS mit Abschreibungen, erwartetem Verlust für das dritte Quartal und reorganisiertem Management« war ihr Kommuniqué nüchtern überschrieben. Für das abgelaufene dritte Quartal des Jahres meldeten die Schweizer einen provisorischen Verlust zwischen 600 Millionen und 800 Millionen Franken, der oberste Investmentbanker und der Finanzchef mussten ihren Platz räumen. Die UBS war der erste Global Player der Finanzindustrie, der einräumte, leckgeschlagen zu sein.

Die Dimension ging allerdings nicht in aller Deutlichkeit aus der UBS-Meldung hervor. Abschreibungen auf US-Hypothekarpapiere würden zu einem »negativen Erfolgsbeitrag in der Größenordnung von CHF 4 Milliarden« führen, schrieb die Bank in ihrer Mitteilung, ohne näher auf diese gigantische Zahl einzugehen. Neun Jahr zuvor, im Herbst 1998, hatte der damalige Präsident der frisch fusionierten UBS Mathis Cabiallavetta sein Büro räumen müssen. Damals hatte sich der Verlust mit dem Hedgefonds Long-Term Capital Management (LTCM) auf die vergleichsweise harmlose Summe von rund einer Milliarde Franken belaufen.

Konzernleiter Rohner, erst seit drei Monaten im Amt, versuchte, die Wogen zu glätten. Dass die Bank erstmals seit dem LTCM-Absturz einen Quartalsverlust bekanntgeben müsse, sei selbstverständlich unbefriedigend. Mit »größtmöglicher Transparenz« und einem »Wechsel im Managementteam« glaubte der Schweizer CEO das Problem rasch in den Griff bekommen zu können. »Nach Umsetzung dieser Maßnahmen ist UBS für den weiteren Ausbau ihres Kundengeschäfts stark positioniert«, versicherte der junge Manager, der in geschützten Zonen weit hinter der Front und in der vergleichsweise ruhigen Vermögensverwaltung Karriere gemacht hatte. Als die UBS ihren ersten Verlust bekanntgab, rechnete Rohner noch damit, »das Gesamtjahr 2007 auf gutem Gewinnniveau« abschließen zu können. Denn: »UBS verfügt unverändert über eine herausragende Wettbewerbsstellung im Finanzdienstleistungsgeschäft und über eine sehr gute Ausgangslage für langfristig profitables Wachstum«, ließ sich der CEO im Kommuniqué der Bank zitieren.

Hundert Kilometer westlich der Zürcher Bankenmeile saß Großbankenaufseher Daniel Sigrist vor seinem PC. »Wir hatten ein mulmiges Gefühl, schauten den ganzen Morgen auf den Aktienkurs. Der stieg. Da waren wir das erste Mal seit Wochen erleichtert.« Ein Sturm der Anleger auf die UBS, ein Szenario, das die Behörden nicht ausgeschlossen hatten, blieb aus. Schließlich hatten nur zwei Wochen zuvor Tausende verängstigter Kunden ihr Konto bei der englischen Hypothekarbank Northern Rock geleert. Es waren stürmische Zeiten, welche die Northern Rock nicht als privates Institut überlebte.

Beim Crash der UBS reagierten auch die Börsianer erstaunlich gelassen auf die Milliardenverluste. Statt hinter dem offengelegten Abschreiber ein viel tieferes Loch zu vermuten, freuten sie sich über das Ende der Verunsicherung und fassten neues Vertrauen in die Bank. Endlich, so glaubte eine Mehrheit der Marktteilnehmer, hatte sich ein großes Finanzhaus ein Herz gefasst und Tabula rasa bei seinen illiquiden Positionen gemacht. Überzeugt, dass für die UBS das Schlimmste bereits vorüber sei, kauften sie massenweise Aktien der Schweizer. Deren Kurs war bis Ende September auf 62 Franken abgestürzt und schoss in den Tagen nach der Verlustmeldung auf 68 Franken hoch.

Während viele Spekulanten und Anleger einen kurzen Sturm vermuteten, rieb sich die Bevölkerung die Augen. Ausgerechnet die UBS, der Stolz der Bankennation Schweiz, der solide Fels in der von Gier und Größenwahn umspülten Finanzbranche, war als erster Großer in Schräglage geraten. Klar, nach den Hedgefondsschließungen in den USA und den Stützungsaktionen bei der deutschen IKB und der englischen Northern Rock war mit Ausfällen bei den großen Banken zu rechnen. Doch im Vordergrund standen die »usual suspects«: eine Credit Suisse, die fast bei jedem Einbruch im Investmentbanking durchgeschüttelt worden war und noch beim Platzen der Technologieblase ab 2001 riesige Verluste erlitten hatte; und auch die Deutsche Bank zählte nach dem Kauf der US-Investmentbank Bankers Trust von 1999 zu den exponierten Global Players, bei denen nach einem Einbruch der Märkte immense Verluste zu befürchten waren.

Die UBS hatte hingegen bei fast niemandem auf der Verdachtsliste gestanden, zumindest nicht in der Schweiz selbst. Das zeigt auch eine kleine Episode aus meiner eigenen Arbeit. Für die Schweizer Zeitung *Sonntag* hatte ich eine Woche vor Bekanntwerden des UBS-Verlustes ein paar Experten zum Zustand der beiden Schweizer Großbanken befragt. Diese seien »kaum betroffen« von der Kreditkrise, sagte Beat Bernet, der Leiter des Bankeninstituts der renommierten Wirtschaftsuniversität Sankt Gallen. Sein Kollege von der Universität Zürich, Hans Geiger, zählte die Credit Suisse und die UBS zu den Siegern der sich abzeichnenden Umwälzungen. »Noch mehr internationale Vermögen werden in unserem sicheren Hafen landen«, glaubte der Bankenexperte. Die beiden Stimmen stehen stellvertretend für die damals vorherrschende Meinung im Heimmarkt der UBS. Krise? Nicht hier.

Als treffsicherer Experte erwies sich hingegen der Schweizer Topshot Hans-Jörg Rudloff, der nach einer langen Karriere bei der Credit Suisse seit einigen Jahren eine Spitzenposition bei der englischen Investmentbank Barclays Capital an deren Hauptsitz in London bekleidete. »Dies ist die schwerste Krise – nicht der Kreditwirtschaft, sondern des Kreditwesens«, sagte Rudloff und zeigte sich bereits damals überzeugt davon, dass der Staat die »verlorene Kontrolle über das Kreditwesen« zurückerobern wolle. Zu den Aussichten eines einzelnen Instituts wollte sich Rudloff nicht äußern.

Weil Warner wie Rudloff beim breiten Publikum weitgehend ungehört blieben, lösten die Milliardenverluste der größten und wichtigsten Schweizer Bank umso mehr Entrüstung über das Versagen der Verantwortlichen aus. Nach zwei Tagen fielen die Hemmungen. Mit der Headline »Gesucht: Marcel Ospel, UBS-Präsident« zielte der Zürcher *Tages-Anzeiger* auf den Architekten der ambitiösen Wachstumsstrategie der Bank. Zwar seien mit CEO Peter Wuffli, Finanzchef Clive Standish und Investmentbankchef Huw Jenkins die Hauptschuldigen benannt. Doch: »Da gibt es auch einen Verwaltungsrat mit einem bis anhin dreiköpfigen vollamtlichen Präsidium an der Spitze«, schrieb Wirtschaftsjournalist Bruno Schletti, der es von seiner früheren Arbeit beim staatlichen Radiosender her gewohnt war, Klartext zu reden. »Darunter ein ›aktiver Präsident‹, wie sich Marcel Ospel selbst immer wieder definiert, um seine zweistelligen Millionenbezüge zu rechtfertigen. Dieser Präsident scheint aber vom Erdboden verschluckt. Er tritt öffentlich nicht in Erscheinung, als gingen ihn die aktuellen Vorkommnisse nichts an.«

Am Samstag, fünf Tage nach Bekanntgabe des Verlustes, publizierte die *NZZ* ein Interview mit Marcel Ospel. Ermes Gallarotti fackelte nicht lange: Wie es dazu gekommen sei, dass »gerade die UBS, die lange als stabil, gradlinig und risikoscheu galt, plötzlich Abschreibungen in Milliardenhöhe bekanntgeben« müsse, wollte der Wirtschaftsredaktor zur Gesprächseröffnung wissen. Die Einstiegsfrage zeigt den Kern des Erstaunens: Mit vielem hatte man gerechnet, einiges konnte man sich nach dem Zufrieren der US-Kreditmärkte vorstellen, doch mit der UBS als größtem Opfer der Subprime-Krise rechnet in der Öffentlichkeit fast niemand.

Als bedeutende Investmentbank seien die Schweizer wie viele Konkurrenten im boomenden US-Immobilienmarkt eine wichtige Mitspielerin, antwortete Ospel scheinbar gelassen und lieferte eine auf den ersten Blick nachvollziehbare, damals rational wirkende Erklärung für die enormen Verluste. »Bei normalen Marktverhältnissen waren verbriefte Hypothekarforderungen attraktive Wertschriften, die wir nicht nur auf Lager nahmen, um sie später bei Kunden zu platzieren. Sie waren uns auch recht in unseren eigenen Portefeuilles, zumal sie von den Rating-Agenturen mit besten Bonitätsnoten versehen wurden – auch dann noch, als die Standards für die Vergabe von Hypotheken gelockert wurden.« Die Abkühlung des Marktes habe nun viele Produkte illiquide gemacht, was unter den modernen Buchführungsregeln sofortige Wertkorrekturen verlange, führte Ospel an.

Dann gab er die Schuld am Klumpen einem kleinen Team und legte damit jene Fährte, der bis heute viele Beobachter gefolgt sind: Nicht die Manager der obersten Führungscrew inklusive des vollamtlichen und hochbezahlten Präsidiums hätten versagt, sondern nur ein paar Händler. »Unsere Investmentbank hat ihr A-Team von Zinsspezialisten an DRCM abgetreten, und zurück blieb das B-Team«, sagte Präsident Ospel, und beide Einheiten hätten solche Wertpapierpositionen aufgebaut, »unterstützt« von günstigen internen Zinsen. »Dies führte dazu, dass die Volumina die vernünftige Größe überschritten«, schloss der UBS-Kapitän. Er und seine Kollegen im Verwaltungsrat hätten keineswegs blind gehandelt und Änderungen »angemahnt«. Worauf Ermes Gallarotti als Erster die Eisbergsymbolik in die Welt setzte. »Sie standen also mit Ihren Verwaltungsratskollegen auf der Brücke des Schiffes UBS und haben gesehen, dass weit vorne möglicherweise ein Eisberg trieb?«, fragte der *NZZ*-Journalist. Darauf Ospel: »Einen Eisberg haben wir nicht gesehen, weil es ja auch keinen gab. Gesehen haben wir Eisblöcke, die das Potenzial hatten, das Schiff zu beschädigen.« Die Verwerfungen seien nicht vorhersehbar gewesen, schloss der UBS-Präsident. »Niemand fährt wissentlich oder blind an einen Eisblock.«

Ein Eisblock, aber kein Eisberg? Bei vier Milliarden Franken Wertberichtigungen, die vor Absicherungen gar über fünf Milliarden betrugen und nur dank Gegenpositionen etwas reduziert werden konnten, wie das definitive Ergebnis ein paar Wochen später aufzeigen sollte, wäre der öffentliche Aufschrei bei allen anderen Spitzenmanagern laut gewesen. Bei Marcel Ospel, der als einer der Ersten in der Schweiz CEO-Löhne in zweistelliger Millionenhöhe als gerechtfertigt propagiert hatte, legte sich die Aufregung hingegen rasch. Bereits im Interview mit der *SonntagsZeitung* am folgenden Tag zeigte sich der machiavellistische Banker zum Spaßen aufgelegt. Auf den Vorwurf, seit Verkündung der traurigen Nachricht abgetaucht zu sein, gab er mit scheinbarer Entrüstung zurück: »Ich bin doch da. Deshalb stehe ich Ihnen auch Rede und Antwort.«

Wie eine Katze war Ospel in sämtlichen Krisen auf den Füßen gelandet. Der UBS-Präsident rechnete sich offenbar gute Chancen aus, dass dies so bleiben würde. Vorerst zu Recht. Ospel-Biograph Dirk Schütz sprach im *SonntagsBlick* vom »unverzichtbaren Sensor«, der es dem Bankier erlaube, die »Brisanz der Themen« zu spüren. Mit seiner Interviewoffensive am ersten Wochenende nach dem großen Knall gelang es Ospel, die gigantischen Abschreiber als vertretbare Dimension erscheinen zu lassen. Seit 1998 habe die Bank einen kumulierten Gewinn von 66 Milliarden Franken erzielt, sollte Ospel ein paar Monate später den Aktionären vorrechnen, nun würden halt einmal ein paar Milliarden Verluste entstehen. Schmerzlich, aber verkraftbar, lautete Ospels Botschaft.

Ein Hintergrundartikel in der Wirtschaftszeitung *Bilanz* zehn Tage nach der Verlustmeldung steht stellvertretend für die rasche Akzeptanz der neuen Dimension. Der gut recherchierte Text von Autor Erik Nolmans leuchtete die Mängel in der vermeintlich fehlerresistenten Risikokontrolle aus und zeichnete das Bild einer Firmenkultur, die von Ospels Ehrgeiz geprägt war. Trotz dieses

Befunds fiel die Kritik am Ende schonend aus. »Mit dem Vier-Milliarden-Abschreiber ist nicht nur der Mythos der UBS als besonders vorsichtige Bank vorerst zerstört, auch das Image des Präsidenten hat tiefe Kratzer abbekommen«, schätzte Nolmans die Lage ein. Von Rücktritt und einem nötigen Neuanfang war keine Rede.

Die Krise allerdings zog ihre Kreise und machte keinerlei Anstalten, sich an das von Ospel & Co. gewünschte Drehbuch zu halten. Die UBS, der es so oft gelungen war, negativen Storys einen für sie günstigen Spin in der Öffentlichkeit zu geben, hatte ihr glückliches Händchen verloren. Statt nämlich bereits beim nächsten Auftritt am 30. Oktober 2007 mit einer erfreulichen Nachricht die Märkte zu überraschen, musste ein bedrückt wirkender Marcel Rohner via Internet-Webcast das Horrorquartal im Detail präsentieren. Der junge Bankenchef wirkte unruhig, bewegte seinen Oberkörper vor und zurück, raschelte in der Fragenrunde in Papierstapeln, bevor er eine Antwort gab. Das Leiden des jungen Konzernleiters war mit Händen zu greifen – nicht unsympathisch, denn Rohner erinnerte an einen Musterschüler, der nicht mehr auf Anhieb die Lösung kennt, was angesichts des Ausmaßes der Krise eine allzu verständliche Blöße war.

Das Problem war ein anderes. Der Kontrast zum neuen starken Mann der Konzernleitung hätte kaum größer sein können. Marco Suter, seit 2005 Ospels Risikospezialist im Verwaltungsrat, sollte als neuer Finanzchef die Bilanz im Expresstempo verkleinern und den toxischen US-Wertpapiermüll entsorgen. Derselbe Suter, der 2002 Warnungen aus New York vor immer größer werdenden US-Hypothekenbergen nicht genügend ernst genommen hatte, war zum Ausmister geworden. Inzwischen 49-jährig, strahlte der Finanzmann Kraft und Entschlossenheit aus. »Thank you, Marcel«, sagte Suter, als er das Wort ergriff, wobei er in seinem schweizerisch gefärbten Englisch die Betonung auf die zweite Silbe legte. Die Finger gestreckt, die Spitzen gegeneinandergedrückt, in dunklem Anzug mit ebenfalls dunkler und schmaler Krawatte, erinnerte der breitschultrige Suter an einen reformierten Pfarrer aus einem US-Western, der die Zuschauer mit geradem Blick fixiert und eine Botschaft verkündet, die von seinem Vorredner noch nicht klar und deutlich gemacht worden war. »Dieser Quartalsverlust ist unakzeptabel«, begann er und gab von Anfang an zu verstehen, dass mit seinem Einzug in die operative Leitung ein neuer Wind wehen würde. Für die UBS seien die Verluste ein »timely wake-up call«, ein Weckruf, der zur richtigen Zeit komme. In Stakkatosätzen verkündete er die wichtigsten Maßnahmen. »Ich kann Sie versichern, dass die Krise uns wachgerüttelt hat und wir sofort Maßnahmen ergreifen. Wir müssen uns auf unsere Mission zurückbesinnen und noch schärfer dieser Mission nachleben.«

Diese Stärke und Zuversicht behauptenden selbstkritischen Botschaften erzielten vorerst keine Wirkung. Die UBS-Aktie lag unmittelbar nach der Präsentation der Quartalszahlen noch bei rund 62 Franken, ging dann aber rasch in einen Sturzflug über und durchbrach in den folgenden drei Wochen die 50-Franken-Schallmauer. Auf diesem Niveau hatte der Titel letztmals Mitte 2005 gestanden. Die Analysten und großen Investoren sahen offenbar schwarz für die Schweizer Bank, nachdem sie deren Datenmaterial für das dritte Quartal des Geschäftsjahrs ausgeleuchtet hatten. Sorgen bereitete den Beobachtern insbesondere die Größe der Bilanz. Von 2002 bis Mitte 2007 waren die Aktiven, also die eigenen Vermögenswerte, um rund 115 Prozent auf über 2500 Milliarden Franken angewachsen.

Das absolute Wachstum war das eine, die Herkunft des Wachstums das andere. Wer die Bilanz der UBS genauer unter die Lupe nahm, konnte feststellen, dass eine der Hauptursachen für den rasanten Ausbau des Geschäfts das interne »Wettbüro« war: die Anlagen der UBS Investmentbank, in der Bilanz unter Handelsbeständen ausgewiesen. Lagen diese per Dezember 2002 erst bei 371 Milliarden Franken, hatten sie sich bis Ende 2006 auf fast 627 Milliarden ausgeweitet. Auch nach der von Finanzchef Marco Suter verkündeten Vollbremsung sollten die Handelsbestände per Ende 2007 immer noch hohe 610 Milliarden Franken betragen. Hier kam er zum

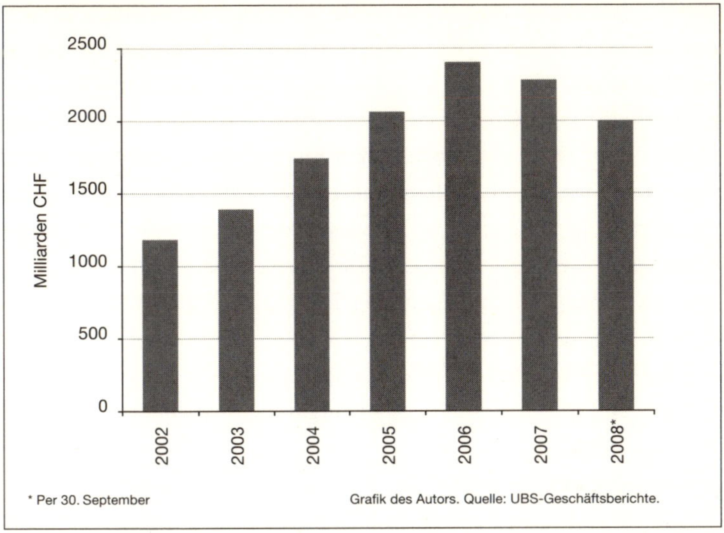

Von 2002 bis 2006 stieg die Bilanzsumme der UBS von rund 1200 Milliarden Franken auf weit über 2000 Milliarden. Ihren höchsten Stand (in der Grafik nicht sichtbar) erreichte sie mit 2540 Milliarden Franken kurz vor Ausbruch der Subprime-Krise Ende Juni 2007. Vom dritten Quartal 2007 an trat die UBS scharf auf die Bilanzbremse und verkaufte und wertberichtigte ihre »toxischen« Investments.

Vorschein, der Anlagebrocken der größten Schweizer Bank, der die UBS in einen Hedgefonds verwandelt hatte.

Allerdings bestand ein wesentlicher Unterschied: Hedgefonds unterlegten ihr Geschäft mit deutlich mehr Eigenkapital. In den Jahren des billigen Geldes erhielten sie von den Banken bis zu 95 Prozent Kapital für ihre Wetten auf steigende oder sinkende Märkte. Sicherheiten waren aber eingebaut. Die Bank zog zuerst fünf Prozent vom Marktwert einer Anlage ab, man nennt dies in der Branche »Haircut«. Darauf gab sie 95 Prozent Kredit, was den Hedgefonds zwang, rund zehn Prozent Eigenkapital aufzubringen. Sollte sich der Kurs der hinterlegten Wertpapiere der 95-Prozent-Grenze nähern, verlangte die Bank die Rückzahlung des Kredits oder zusätzliche Sicherheiten, in der Fachsprache Collaterals, zur Abdeckung ihres Risikos. Konnte der Hedgefonds der Aufforderung nicht nachkommen, verkaufte die Bank einen Teil der hinterlegten Wertpapiere, um nicht selbst mit ihren Ausständen ins Minus zu fallen, sondern immer den gewünschten Sicherheitspuffer aufrechtzuerhalten.

Beim UBS-Hedgefonds namens Investmentbank gab es lange weder einen »Haircut« noch eine konsequent eingehaltene Unterlegung mit Eigenkapital. Bankenprofessor Hans Geiger geht sogar davon aus, dass die UBS den Handelsbeständen ihrer Investmentbank »praktisch kein Eigenkapital« unterlegt hatte. »Der UBS und anderen Großbanken mit eigener Investmentbank fehlte eine solche Disziplinierung.«

Die UBS-Investmentbanker befanden sich in der besten aller Welten. Dank dem Top-Rating des Schweizer Finanzkonzerns, das von der risikoarmen Vermögensverwaltung stammte, hatten sie unbeschränkten Zugang zu günstigem Geld. Und weil sie dieses in scheinbar todsicheren strukturierten Aaa-Wertpapieren anlegten, wurden weder Sicherheitspuffer noch Nachschusspflicht verlangt. Das Schlüsselwort lautete »Masse«. Diese sorgte trotz kleiner Marge zwischen internem Zinssatz und Rendite der US-Hypothekenpapiere für stolze Milliardengewinne. Damit sollte nun Schluss sein. »Unsere Investmentbank wird ihre Ressourcen wieder auf das Kundengeschäft konzentrieren, und Bilanzsumme und Risiken in Teilen des Eigenhandels werden rigoros reduziert«, versprach CFO-Marco Suter anlässlich des Pressegesprächs von Ende Oktober 2007.

Als Suter sein lautes »Maschinen halt!« verkündete, hatten die hochbezahlten Investmentbanker ihre Wetteinsätze längst getätigt und ihre Millionenboni eingesteckt. Nun verließen sie das Schiff, das zu sinken drohte. »Subprime putzt UBS-Chefs weg«[40], titelte die *New York Post* am 11. Oktober. Gemeint waren zwei der wichtigsten Entscheidungsträger des inzwischen berühmten B-Teams der Schweizer Investmentbank. Der Handelschef der festverzinslichen Papiere David Martin und sein Mitarbeiter Jim Stehli, der noch im Sommer 2007 Milliardensummen in CDO-Strukturen mit US-Hypothekenpapieren investiert hatte, wurden über Bord geworfen. Die Entlassungen seien rasch und schmerzlos über die

Bühne gegangen, schrieb die Website dealbreaker.com, auf den Einsatz des internen Sicherheitsdienstes sei verzichtet worden. Allerdings, so gibt der Internetdienst Klatsch von Investmentbankern wieder, habe David Martin laute Verwünschungen in Richtung Chefetage ausgestoßen, bevor er die Tür zugeschlagen habe. Manche glaubten, dass er nicht der Hauptschuldige war, sondern vor allem ein Bauernopfer, das seinen Kopf für die wahren Schuldigen hinzuhalten hatte. Das war auch die Ansicht der Verantwortlichen der englischen Investmentbank Barclays Capital, die den Ex-UBS-Topshot kurze Zeit später unter Vertrag nahmen.

Als sich Marcel Ospel um 8.03 Uhr erklärte, war nichts mehr von seinem legendären Charme zu spüren. Schwer klang der Atem des UBS-Kapitäns in der Morgensendung vom 10. Dezember 2007 von *Schweizer Radio DRS* durch den Äther. Die Sätze waren kurz, abgehackt. »Wir haben zehn Milliarden Dollar Risiken aus der Bilanz genommen«, »Wir haben mehr Klarheit in der Bewertung von US-Hypotheken geschaffen«, »Noch schlimmere Auswirkungen sind für mich sehr schwer vorstellbar«.

War der 1. Oktober 2007 der Tag, an dem die UBS in den Eisberg krachte, so war der 10. Dezember Ospels Waterloo. Seine Niederlage und sein Versagen ließen sich nicht mehr beschönigen. Nach gut vier Milliarden Dollar Nettoabschreibungen im US-Hypothekenmarkt im Oktober schockte die Schweizer Großbank die Welt nun mit einem zweiten, viel größeren Minus. Weitere zehn Milliarden hatte die UBS in den vergangenen Wochen als wertlosen Schrott aus der Bilanz entfernen müssen und kündigte für das ganze Geschäftsjahr 2007 einen Verlust von über vier Milliarden Franken an. Noch Mitte des Jahres war von Rekordgewinn die Rede gewesen, jetzt war das Leck im UBS-Kreuzer nicht mehr aus eigener Kraft zu reparieren.

Der in große Not geratene Ospel musste ein SOS funken. Zu Hilfe eilten ihm zwei Investoren aus dem Osten. Der eine war ein sogenannter Staatsfonds namens Government of Singapore Investment Corporation, kurz GIC, der andere stammte aus dem arabischen Raum und blieb ungenannt. Obwohl offengelegt, gab insbesondere das Engagement des reichen asiatischen Inselstaats Anlass zu Spekulationen. Singapur verfolgte im Banking eine ähnliche Strategie wie die Schweiz, der Stadtstaat hatte sich in Fernost einen Namen als sicherer Hort für flüchtige Vermögen gemacht und respektierte den Wunsch der Kunden nach weitreichender Wahrung ihrer Identität, so wie es die Schweiz seit sieben Jahrzehnten mit ihrem berühmten Bankgeheimnis vormachte. Das Wortspiel »UBS – United Bank of Singapore« ging in der Schweiz rasch um. Mit einiger Logik: Kraft seiner fast neun Prozent Besitz an der Großbank konnte der Fonds wichtige Entscheide fast im Alleingang blockieren. Für Statutenänderungen bedurfte es einer qualifizierten Mehrheit von zwei Dritteln der Stimmen, und weil meist nicht mehr als ein Drittel aller Aktionäre an den Generalversammlungen der UBS teilnahm, verfügte GIC über erheblichen Einfluss auf die Bank.

Die milliardenschwere Rettungsaktion war das Eingeständnis eines kolossalen Versagens. Die UBS hatte inzwischen 14 Milliarden Dollar Verluste erlitten in einem Markt, in dem sie im Rahmen ihrer Tradition als bedeutende und sichere Schweizer Vermögensverwalterin nichts zu suchen hatte. Bisher hatten Verluste über eine Milliarde ausgereicht, um den Sitz an der Spitze zu räumen. Würde Ospel nun die Segel streichen? War das Spiel für den erfolgreichen Banker, der fast auf den Tag genau zehn Jahre zuvor, am 8. Dezember 1997, seinen Bankverein mit der Bankgesellschaft fusioniert und damit die zweitgrößte Bank der Welt geschaffen hatte, zu Ende? »Ich war im Verwaltungsrat nie ein Thema«, sagte Ospel am Morgen im Radio. »Auch für mich selbst nicht. Ich wollte Teil der Lösung sein.« An der auf Englisch geführten Medien-Telefonkonferenz zwei Stunden später wirkte Ospel immer noch bedrückt und passiv. Doch auf einen Schlag regten sich wieder seine Lebensgeister. Was die Verluste für die Managementkompensation bedeuten würden, wollte ich wissen. Wie aus der Pistole geschossen antwortete Ospel: »I don't expect and I don't want to have a bonus.«

Markus Granziol, der unter Ospel bis an die Spitze der Investmentbank aufgestiegen und 2002 nach einem Zerwürfnis mit dem langjährigen Weggefährten ausgeschieden war, beschrieb Ospels Vorgehen als taktischen Zug. Der Rauswurf großer Teile der Konzernleitung könne durchaus dienlich sein, meinte er. »Ein Chef kann sich mit der schnellen Entlassung der sogenannt Schuldigen unersetzbarer machen«, schrieb Granziol in einem Essay für das Wirtschaftsmagazin *Bilanz.* »Jemand muss schließlich das Steuerrad halten, auch wenn er am Unfall genauso beteiligt war wie der Hinausgeworfene.« Massive Verluste auf die Fehler weniger Leute zurückzuführen sei jedoch wenig glaubwürdig. »Oft ist der Druck eines überambitiösen Chefs das Problem. Nach einem sehr guten Jahr werden unvernünftig aggressive Zielvorgaben fürs nächste Jahr gemacht. Die Handelsabteilungen werden damit unter enormen Druck gesetzt, noch mehr Geld als im Vorjahr zu erwirtschaften. Wer nicht mitspielt, kann seine Tage zählen.« Dann legte der damals 55-jährige Granziol den Finger auf die heikle Stelle. »Ab einer bestimmten Größenordnung deutet jeder Verlust auf ein fundamentales Problem betreffend Kultur und Kompetenz hin.« Kultur und Kompetenz, beides muss von der Spitze her kommen, beides muss von oben vorgelebt werden. Und beides war bei der UBS wie bei kaum einer anderen großen Schweizer Unternehmung von Marcel Ospel bestimmt.

Zwei Wochen später nahm Ospel wie jedes Jahr an der Basler Fasnacht teil. Ein eingefleischter Fasnächtler wie er ließ sich »Die drei schönsten Tage des Jahres« trotz Milliardenverlusten seiner Bank und hohem Seegang an den Finanzmärkten nicht nehmen. Der Zufall des Terminkalenders wollte es, dass die UBS am Tag danach die Details präsentierte, die zum Verlust von 12,5 Milliarden Franken von Oktober bis Dezember 2007 geführt hatten. Der Jahrespressekonferenz blieb Ospel jedoch fern und überließ es seinem CEO Marcel Rohner, die Veranstaltung zu moderieren. In der ersten Reihe saß Chefjurist Peter Kurer.

Dass der CEO das Jahresergebnis vorstelle, entspreche den formellen Anforderungen, kommentierte die *NZZ* darauf. Doch Ospel sei nicht bekannt dafür, solche »Gewaltentrennung« zu respektieren, wie das Beispiel der Swissair-Notfallübung vom Herbst 2001 gezeigt habe. Umso erstaunter äußerte sich Journalist Beat Brenner über Ospels »Absentia«. »In der Stunde der Not gehört der Kapitän – zuständig oder nicht – auf die Brücke«, schrieb der *NZZ*-Mann, der sich selbst als Basler Fasnächtler outete. »Nun, am Tag nach der Fasnacht, war Ospel in der UBS, die ihn während Jahren fürstlich gelöhnt hatte, nicht sichtbar anwesend. Er mied die eigene Brücke. Ungeachtet aller großen Verdienste ist er damit zunehmend nicht mehr Teil der Lösung. Er avanciert zum Teil des Problems.« Einige Tage später bedauerte die Zeitung »allfällig entstandene Missverständnisse« und löschte den Artikel in den elektronischen Archiven.

Als am 14. März 2008 die amerikanische Notenbank Fed in ihrem bis dahin größten Einsatz die Investmentbank Bear Stearns vor dem Untergang rettete und die US-Hypothekenpapiere in Richtung 50 Prozent fielen, zeichneten sich auch für die Schweizer Großbank weitere Rekordabschreibungen ab. Zum Stopfen des neuerlichen Lecks im UBS-Rumpf, das am 1. April schließlich 19 Milliarden Dollar umfassen sollte, reichten die wenige Tage zuvor von Singapur und aus dem arabischen Raum zugeflossenen 13 Milliarden Franken bereits nicht mehr aus. Die Bank brauchte eine weitere Kapitalerhöhung, sonst bestand die Gefahr, dass ihre Solidität im Markt bezweifelt und dass rasch Vermögen abgezogen würden.

In jenen stürmischen Tagen sollte in einem unscheinbaren Gebäude an der abgelegenen Schwanengasse 12 in der Bundeshauptstadt Bern das Schicksal einer der schillerndsten Figuren der Schweizer Wirtschaftsgeschichte besiegelt werden. »Nach der zweiten Kapitalerhöhung gaben wir Marcel Ospel zu verstehen, dass es für die Bank wohl besser sei, wenn das Steuer in neue Hände übergehen würde«, erinnerte sich der Chef der Bankenaufsicht Daniel Zuberbühler in einer Unterhaltung vom November 2008. Der Beamte lehnte sich zurück und zog tief an seiner Tabakspfeife. Mit der graumelierten Haarpracht, dem gestutzten

Bart und seinen Designer-Lederschuhen wirkte der 60-jährige Oberaufseher in seinem mit Papierbergen übersäten Büro nicht wie der Prototyp eines paragraphenfixierten Bürokraten. »Ospel befand sich immer noch im Modus des Helfenwollens und hatte stets betont, dass er sich als Teil der Lösung und nicht des Problems sah.« Die letzten Worte sprach Zuberbühler in Basler Dialekt und imitierte so Ospel. Hey, that's the name of the game – so wollte der Beamte, der die Krise nie hatte kommen sehen, den großen Ospel wohl für seinen letzten Karrieregang trösten. »Er sah jedoch rasch ein, dass es Zeit für ihn war zu gehen, zumal er kein Sesselkleber sein wollte.«

Alte Mannschaft, neuer Schein

8 Der Sturm erfasst die Vermögensverwaltung

Am 21. April 2008 wurde Martin Liechti, Mitglied der erweiterten Geschäftsleitung der Schweizer Großbank UBS, in Miami verhaftet. Liechti war ein paar Tage zuvor reibungslos, aus Europa kommend, in die USA eingereist, hatte sein UBS-Team in Manhattan besucht und dann eine Maschine nach Miami genommen, um von dort aus zu einer Sitzung in der Karibik zu fliegen.

Fast sieben Jahre zuvor, im November 2001, hatten die obersten Köpfe des Private Banking, für das Liechti tätig war, über die Zukunft im tückischen Markt USA beraten. Das Resultat dieser Sitzung könnte dereinst als wichtigster Grund gelten, warum die UBS in der amerikanischen Vermögensverwaltung auf Grund lief und weshalb die Schweiz im Zuge einer eskalierenden Affäre Teile ihres Bankgeheimnisses opfern musste.

Auf jener Konferenz im Spätherbst 2001 stand zur Diskussion, ob die UBS in den USA ihr gewohntes Geschäftsmodell in der grenzüberschreitenden Vermögensverwaltung wie bisher weiterführen könne oder ob aus rechtlichen Überlegungen einschneidende Änderungen nötig seien. Das Thema wurde in der Geschäftsleitung des Bereichs Private Banking diskutiert, das sich um die vermögende weltweite Kundschaft kümmerte und den Kern der Bank ausmachte. Daneben gab es die Bereiche Schweiz, Asset Management für die Vermögensverwaltung institutioneller Kunden und Investmentbanking.

Chef des Private Banking war der gestandene Ex-Bankverein-Manager Georges Gagnebin, der damals 55 Jahre alt war, und ihm zur Seite stand seit kurzem ein erst 37-jähriger aufstrebender

Ökonom namens Marcel Rohner. Zum innersten Führungszirkel der UBS-Paradedisziplin zählte auch Martin Liechti als Americas-Chef. Liechti galt als Ziehsohn von Gagnebin, stammte wie dieser aus der französischsprachigen Westschweiz und hatte ebenfalls eine steile Karriere im Bankverein hinter sich. Dann gab es noch den Liechti hierarchisch gleichgestellten Asienchef Raoul Weil. Dessen künftige Karriereschritte und Entscheidungen sollten viele Jahre später für die Bank und den Manager selbst schwere Folgen zeitigen.

Um den anstehenden Entscheid rund ums US-Offshore-Geschäft einordnen zu können, muss man sich die Bedeutung der grenzüberschreitenden Vermögensverwaltung vor Augen führen. Diese ist nicht nur bei der UBS der wichtigste und stabilste Geschäftszweig, sondern für fast alle Schweizer Banken von existenzieller Bedeutung. Dank ihrer Spezialisierung auf die Vermögensverwaltung für die betuchte Kundschaft brachten es große und kleine Schweizer Finanzhäuser zu Berühmtheit und guten Gewinnen. Besonders hilfreich beim Aufstieg zum Bankenplatz erster Güte war ein Gesetz von 1934. Während Europa auf den Weltkrieg zusteuerte, beschloss das Schweizer Parlament, den Kunden ihrer Banken einen weitreichenden Schutz vor Auskünften zu gewähren. Es war die Geburtsstunde des Bankgeheimnisses, das es Behörden anderer Staaten schwer macht, an Kundendaten heranzukommen. Deshalb legten die Finanzhäuser schon immer Wert auf die Bezeichnung Bankkundengeheimnis, mit Betonung auf dem Schutz der Privatsphäre des Kunden.

Bankgeheimnis und blühendes Offshore-Banking bedingen sich gegenseitig. Offshore bedeutet Betreuung von Geldern, die nicht im Heimatstaat des Kunden angelegt werden, sondern außerhalb. Die Schweiz ist gemäß einer Aufstellung der Beratungsfirma Boston Consulting Group mit 28 Prozent Marktanteil die größte Offshore-Zone, vor der Karibik und Luxemburg mit je 15 und den britischen Kanalinseln mit 13 Prozent. Dahinter folgen London, New York, Miami, Hongkong und Singapur mit kleineren Anteilen. Insgesamt lagerten Anfang 2008 in der Schweiz fast

5000 Milliarden Franken. Davon stammte mehr als die Hälfte aus dem Ausland.

Experten schätzen, dass es sich bei mindestens der Hälfte aller aus dem Ausland hereinfließenden Vermögen um Schwarzgeld handelt. Lieber sprechen die Schweizer Bankiers von unversteuertem Geld, Kapital also, das die Kunden widerrechtlich an ihrem Fiskus vorbeigeschleust und in der Schweiz vor dem Zugriff des eigenen Staates in Sicherheit gebracht haben. Um ihr Schwarzgeld-Geschäftsmodell über Jahrzehnte hinweg erfolgreich zu betreiben, kaprizierte sich die mächtigste Branche im kleinen Alpenstaat auf juristische Haarspalterei: die Unterscheidung zwischen Steuerhinterziehung und Steuerbetrug. Beides ist verboten, aber nicht gleich schlimm. Deklariert ein Bürger zu wenig Einkommen oder Vermögen, geht der Staat von einem unbeabsichtigten Vergessen aus und erledigt die Unterlassungssünde mit einer Buße. Um als strafbarer Steuerbetrüger zu gelten, muss man in der Schweiz mehr kriminelle Energie aufwenden, beispielsweise Dokumente fälschen. Betrug ist Betrug, schimpfen immer mehr ausländische Behörden, am lautesten die deutschen und amerikanischen, und zeigen nicht das geringste Verständnis für den helvetischen Sonderweg. Das »Geschäftsmodell« der Schweizer Banken animiere die Bürger des eigenen Landes zu Straftaten, sagen sie und werfen dem Bankenland Hehlerei vor. Der Staat habe dem Bürger zu trauen, statt ihm zu misstrauen, argumentieren die hiesigen Verfechter.

Bankgeheimnis und Schutz für Steuersünder verwandelten die Schweiz in den Welthort für Privatvermögen. Dessen globale Speerspitze und bekannteste Adresse ist die UBS. Die Schweizer Großbank wies Ende 2007 verwaltete Vermögen in Höhe von insgesamt 3189 Milliarden Franken aus, davon stammten 1294 Milliarden von Private-Banking-Kunden aus der Schweiz und aus dem Ausland. Die UBS war damit die mit Abstand größte Vermögensverwalterin auf dem Globus, und sie galt selbst in dem Jahr, als sie in ihre bisher tiefste Krise geraten war, als Magnet für Neugelder: Dem Private Banking flossen 2007 über 125 Milliarden frische Vermögen zu. Das Geschäft ist nicht nur sehr groß, sondern auch besonders lukrativ. Nach Abzug der Kosten blieb ein halbes Prozent auf die verwalteten Vermögen als Vorsteuergewinn übrig. Das mag nach wenig klingen, machte aber wegen der schieren Menge der verwalteten Gelder über 6,3 Milliarden Franken aus.

Die weltweite Vermögensverwaltung hatte einen zweiten großen Vorteil. Sie stellte eine günstige Refinanzierungsquelle für den Expansionskurs im Investmentbanking dar. Ohne die der UBS zufließenden Vermögen aus aller Welt hätten sich die Händler der Investmentbank nicht zu günstigsten Konditionen mit Geldern für ihre hochriskanten Wetten eindecken können. Vereinfacht gesagt: Wäre die UBS nicht die Nummer eins im Private Banking gewesen, hätte sie auch niemals eines der größten Finanzwettbüros zimmern können.

Swiss Banking hat schon manchen Angriff auf das lukrative Offshore-Geschäft und sein Bankgeheimnis erfolgreich abgewehrt. In Erinnerung geblieben ist der Vorstoß des World Jewish Congress Mitte der neunziger Jahre aus den USA heraus. Auf Konten der Schweizer Großbanken lägen Hunderte von Millionen nachrichtenloser Gelder, die Nachkommen jüdischer Opfer der Naziverbrechen gehörten. Als ein internationales Imagedebakel drohte, zogen die Schweizer Banken mittels Zahlung von über einer Milliarde Dollar einen Schlussstrich unter die Affäre.

Im Jahr 2001, in dem der hier geschilderte Teil der UBS-Geschichte seinen Anfang nahm, drohte erneutes Ungemach aus dem Westen. Diesmal stand allerdings nicht nur eine einzelne Kundengruppe im Fokus, sondern gleich das ganze Geschäftsmodell in der Vermögensverwaltung. Die UBS hatte mit der Akquisition von Paine Webber im Vorjahr erheblich an Masse in den USA zugelegt, mit einer über den ganzen Kontinent verteilten Präsenz und über 8000 Broker-Dealern, wie die Kundenberater in den USA genannt werden. Insgesamt stießen durch die Paine-Webber-Transaktion fast 20 000 neue Mitarbeiter in den USA zu den Schweizern. Diese hatten nicht nur einen Fuß in der US-Tür, sondern hielten auch mit wehenden Fahnen und großem Brimborium Einzug im weltgrößten Finanzmarkt. Wer im Banking wirklich global sein wollte, musste ein gewichtiger Mitspieler in den USA sein, lautete die Losung.

In die Zeit des US-Feldzugs der UBS fielen zwei schwerwiegende Entscheide. Erstens ließ die Bank im Frühling 2000 ihre Aktien an der New Yorker Börse kotieren. Von da an unterstand sie den Börsenvorschriften der Amerikaner, die von den Unternehmen weitreichende Offenlegungen verlangten und die obersten Manager stärker in die Verantwortung nahmen. Noch bedeutungsvoller war – die zweite Weichenstellung – ein Abkommen, das die UBS 2000 mit den US-Behörden unterzeichnet hatte und das im Januar 2001 in Kraft getreten war. Die Rede ist vom Qualified-Intermediary-Vertrag, kurz QI.

Einfach übersetzt bedeutet QI, »Qualifizierter Intermediär«, dass eine Finanzgesellschaft von den zuständigen US-Stellen einen bevorzugten Status mit besonderen Rechten und Pflichten erhält. Dank dem QI konnte die UBS für ihre Nicht-Amerika-Kunden amerikanische Wertschriften handeln, ohne dass diese in den Staaten steuerpflichtig würden, vorausgesetzt, es bestand ein sogenanntes Doppelbesteuerungsabkommen. Im Gegenzug musste sich die Bank verpflichten, die Vermögen ihrer amerikanischen Kunden entweder offenzulegen oder ihre Aktivitäten für diese auf ein Minimum zu beschränken. Die Einhaltung der QI-Vorschriften wurden von Revisionsgesellschaften, deren Beauftragung den US-Behörden oblag, alle zwei Jahre überprüft, erstmals 2003.

Die Einschränkungen durch das QI-Abkommen und die große Präsenz durch den Paine-Webber-Kauf, der die UBS in den USA exponierte, sorgten für intensive Diskussionen im Team von Americas-Chef Martin Liechti. Hansruedi Schumacher, der US-Teamleiter und ein Direktunterstellter von Liechti, analysierte die neue Lage. Zusammen mit anderen US-Vermögensberatern und Spezialisten der Rechtsabteilung kam Schumacher zu dem Schluss, dass die Bank grundsätzlich über die Bücher gehen müsse, und verfertigte ein »Proposal to the Business Committee«, einen Antrag an die oberste Führung des Bereichs Private Banking. Befragt zu diesem Vorschlag, wollten sich weder Schumacher, der die UBS kurz nach den Ereignissen vom Spätherbst 2001 verließ, noch andere direkt Beteiligte äußern.

»Für die US-Behörden unterliegen unsere Offshore-Aktivitäten amerikanischem Gesetz«, schrieben Schumacher und seine Mitstreiter in ihrem Antrag, der mit »Background/Status Quo« betitelt war, und führten ihren Befund, dass das Offshore-Geschäft dem US-Gesetz unterstellt ist, im Detail aus. »Unsere Private-Banking-Aktivitäten sind stark reguliert. Kauf- und Verkaufsservices, Anlageempfehlungen, Anfragen, Marketing etc. unterstehen dem Gesetz der amerikanischen Börsenaufsicht von 1934 und dem Anlageempfehlungsgesetz von 1940.« Dann kamen sie zum Kern ihrer Befürchtungen. »Der Kauf von Paine Webber und die im Jahr 2003 anstehende QI-Revision werfen wichtige juristische Fragen bezüglich unserer heutigen Aktivitäten und noch stärker bezüglich unserer zukünftigen Strategie auf, denn Ersteres macht uns in den USA angreifbar, und Letzteres beinhaltet die Gefahr, dass die Art und das Ausmaß unseres Offshore-Geschäfts aufgedeckt werden.«[41]

Den Autoren des Antrags an die Private-Banking-Geschäftsleitung bereitete nicht so sehr der einfache Passus im QI-Abkommen Sorgen, dem zufolge die US-Kunden der Bank keine US-Aktien und sonstige US-Wertschriften besitzen dürften, ohne dass diese gegenüber den Steuerbehörden mittels eines US-Formulars namens W-9 offengelegt würden. Diese Bestimmung ließ keinen Interpretationsspielraum zu, und die UBS wollte sie bis Ende 2001, rechtzeitig vor Inkrafttreten des QI-Abkommens mit den Amerikanern, umsetzen. Zu diesem Zweck sollten in den folgenden Wochen sämtliche US-Wertpapierbestände der amerikanischen Offshore-Klientel verkauft werden, die sich den Behörden nicht zu erkennen geben wollte. Das war die überwiegende Mehrheit der rund 20 000 Kunden.

Besonders »tricky«, wie die Angelsachsen sagen würden, war hingegen eine zweite Auflage, die laut UBS-Spezialisten indirekt mit dem QI-Abkommen zusammenhing. Unter zwei US-Steuervorschriften, die eine hieß »deemed sales«, die andere »paid in US«, existierten Einschränkungen nicht nur für den Kauf und Verkauf von US-Wertpapieren, sondern auch für solche aller anderen Länder. Eine Steuer wurde auch erhoben, wenn ein Wertpapiergeschäft zwar von einer Bank außerhalb der USA ausgeführt wurde, der US-Kunde aber zum Zeitpunkt der Auftragsvergabe in den Vereinigten Staaten weilte. Dann betrachteten die US-Steuerbehörden diese Transaktionen als »wie in den USA ausgeführt« und somit meldepflichtig, »falls diese Verkäufe in den USA stattfanden, sei es physisch via Broker in den Staaten oder mittels Telefongespräch oder E-Mail von Amerika aus«[42], wie der Bericht eines US-Senatsausschusses zu Steuerparadiesen von Mitte 2008 aufführte.

In einer Ende 2005 verfassten Präsentation unter dem Titel »Key Clients in NAM, Business Case 2003–2005« – Geschäftsmodell für Schlüsselkunden im Nordamerikageschäft –, die wichtige Punkte hinsichtlich der Offshore-Vermögensverwaltung in den Staaten zusammenfasste, schrieben die UBS-Spezialisten: »Die Deemed-sales-Regel weitet das QI-Abkommen aus, sodass auch nichtamerikanische Wertpapiere von US-Kunden betroffen sind. Die UBS-Berater dürfen dementsprechend keine Kundenaufträge entgegennehmen, die direkt aus den USA heraus erfolgen.«[43]

In ihrem »Proposal« gingen die US-Spezialisten der UBS auf diesen heiklen Punkt ein: »Weil unsere Interpretation des QI-Abkommens bezüglich ›deemed sales‹ davon ausgeht, dass die UBS Verkäufe auf Nicht-US-Wertpapieren von US-Kunden melden muss, ist eine Anpassung unserer heutigen Aktivitäten, ja unseres ganzen Offshore-Geschäfts, zwingend.«[44] Deutlicher konnte die Warnung kaum ausfallen.

Die rote Flagge war gehisst. Wie in der Investmentbank, wo Risikomanager ebenfalls bereits im Frühling 2002, fünf Jahre vor dem Ausbruch der Krise, einen Blindflug im US-Hypothekengeschäft an der Spitze der Bank thematisiert hatten, wussten auch die obersten Köpfe der UBS-Vermögensverwaltung um die Risiken in den USA. Für einen Grundsatzbeschluss war es höchste Zeit. Bis die

UBS das neu geltende Regime als von den USA zertifizierter Qualified Intermediary umzusetzen hatte, blieben nur noch wenige Wochen.

Die UBS, die sich zu jener Zeit immer stärker in einen angelsächsisch dominierten Finanzmulti verwandelte, nannte den Vorsitzenden wichtiger Leitungsgremien »Chairman«. Im Fall des Business Committee des Private Banking war dies der Chef der weltweiten Vermögensverwaltung, Georges Gagnebin. Dem Romand zur Seite saßen alle einflussreichen und verantwortlichen Manager des Bereichs. Marcel Rohner war anwesend, Raoul Weil ebenso, auch Martin Liechti und, quasi als Gast, Stephan Haeringer, der Chef des Schweizer Geschäfts, dessen Bereich nach einer Reorganisation im Folgejahr mit dem Private Banking zusammengelegt werden sollte. Als die Zukunft des US-Offshore-Business an die Reihe kam, stießen auch der für den Antrag an die Geschäftsleitung zuständige Manager Hansruedi Schumacher und die übrigen Mitglieder des den Antrag stellenden Projektteams hinzu. Auf ein paar Folien skizzierte der Leiter des US-Teams die rechtlichen Gefahren bei einer unbesehenen Fortsetzung des traditionellen Geschäftsmodells. Dieses sollte grundsätzlich überdacht werden. »Wir sind in den USA besonders exponiert, und unsere internen Regeln schreiben die Einhaltung regulatorischer Bestimmungen vor. Beides zwingt uns, ein eher den Gesetzen entsprechendes US-Geschäftsmodell zu erwägen«[45], hatten Schumacher und die übrigen Mitglieder der zuständigen Arbeitsgruppe im Vorfeld argumentiert.

Im Sitzungssaal war es einen Moment lang still. Schumacher, der zuständige US-Mann, hatte soeben vor gefährlichen Untiefen gewarnt, in die der UBS-Hochseekreuzer geraten könnte, falls das Steuer nicht rasch herumgerissen würde. Chairman Gagnebin blickte in die Runde, fixierte Martin Liechti, der als Schumachers Chef ebenfalls als Absender des Vorschlags aufgeführt war, und fragte diesen, ob es allenfalls Alternativen zum vorgeschlagenen radikalen Bremsmanöver gebe. Liechti schien auf diesen Moment gewartet zu haben. Schumacher male die Lage zu schwarz, meinte der für ganz Nord- und Südamerika zuständige Vermögensverwaltungschef, die Bank könne ihr bewährtes Geschäftsmodell trotz ihrer neuen Größe und ihres QI-Status auch in den Vereinigten Staaten aufrechterhalten und würde davon sogar profitieren.

Warum fiel Liechti seinem Direktunterstellten Schumacher in den Rücken? Und worauf stützte sich die optimistische Sicht des Managers, der wenig später den Titel eines Generaldirektors der UBS erhalten sollte, was ihn zum Mitglied eines erlauchten Kreises von rund 70 Topshots machte, der die entscheidenden Köpfe der Bank vereinigt? Zu den Antragstellern für eine Strategieanpassung gehörte auch Franz Zimmermann, zuständig für Rechtsfragen in der Vermögensverwaltung. Zimmermann setzte sich wie Manager Schumacher für ein Überdenken der Strategie ein. Doch im Gegensatz zu Schumacher, der die Fronteinheit des US-Geschäfts anführte und nach dem ablehnenden Entscheid der Geschäftsleitung das Schiff verließ, blieb der Jurist an Bord. Er sollte in Zukunft mithelfen, die UBS unbeschädigt durch juristisch verminte Gewässer zu steuern.

Zum Zeitpunkt des wegweisenden Entscheids hatte Rechtsanwalt Zimmermann einen fachlichen Vorgesetzten, der in der sich in den folgenden Jahren zuspitzenden Affäre eine Hauptrolle spielen sollte. Es handelte sich um Peter Kurer, heutiger UBS-Präsident und damals seit wenigen Monaten oberster Rechtsexperte des Bankkonzerns. Der renommierte Zürcher Wirtschaftsanwalt war geholt worden, weil in der globalisierten Finanzwelt juristische Expertise gefragt war. Die rechtlich korrekte Umsetzung des QI-Konzepts unter dem klassischen Offshore-Businessmodell der UBS war zweifellos eine große juristische Herausforderung.

Ihren Kniefall im Land der allmählich unbezahlbaren Möglichkeiten hatte die UBS einem Mann zu verdanken, den sie einst für teures Geld angeheuert hatte. Bradley Birkenfeld, ein Amerikaner, hatte die US-Ermittler mit Hunderten von Seiten Belastungsmaterial versorgt. Der einstige UBS-Kundenberater hatte zwei Wochen nach der spektakulären Verhaftung Liechtis, die von angelsächsischen Leitmedien wie *Financial Times* an prominenter Stelle vermeldet worden war, seine Zelte in Genf abgebrochen und war im Frühling 2008 in seine Heimat Boston geflogen, wo ihn die US-Behörden kurzzeitig inhaftierten. Für Birkenfeld war dies keine Überraschung. Via seinen US-Anwalt hatte er vor seiner Heimreise über seine Prozesschancen verhandelt. Er sollte wegen Beihilfe zu Steuerbetrug vor ein Gericht gestellt werden, doch als Whistleblower, als einer, der Missbräuche seiner eigenen Firma anprangert, konnte er auf Gnade hoffen.

Dass er die mächtigste Exponentin von Swiss Banking in Bedrängnis und das legendäre Schweizer Bankgeheimnis möglicherweise zum Einsturz bringen könnte, wird sich Birkenfeld sieben Jahre zuvor wohl nicht einmal in seinen wildesten Träumen ausgemalt haben. Der Amerikaner war zwar schon damals kein unbeschriebenes Blatt in der Szene der globalen Vermögensverwaltung. Dies hatte allerdings nichts mit einer allfälligen Kritik an den Gepflogenheiten der Branche zu tun. Im Gegenteil, Birkenfeld eilte der Ruf voraus, besonders stark von der Bereitschaft gewisser Finanzkonzerne zu profitieren, vermögende Kunden vor dem Zugriff des Fiskus zu schützen. Denn Birkenfelds größtes und vielleicht einziges Kapital in seinem Beruf war seine langjährige Beziehung zu einem vermögenden Russen. Igor Olenicoff hieß dieser, ein Selfmademan, der aus seiner Heimat in die USA emigriert war und dort ein Vermögen mit Immobiliendeals gemacht hatte. Geschätzte 200 Millionen Dollar verwaltete Birkenfeld für den Russen, der seinem Kundenberater, wie sich noch herausstellen sollte, blind vertraute.

Birkenfeld arbeitete damals für die englische Barclays Bank. Dank der Verwaltung der Olenicoff'schen Millionen generierte er für seine Arbeitgeberin geschätzte vier Millionen Dollar Gebühren pro Jahr. Das sprach sich in der Branche herum, und auch UBS-Manager Martin Liechti hörte davon. Liechti, ein entscheidungsfreudiger Manager mit unkonventionellen Ideen, warf kurzentschlossen sein Netz aus – und das scheint für Birkenfeld einträglich gewesen zu sein. »Birkenfeld war einer der bestbezahlten

Mitarbeiter des UBS Private Banking, vielleicht sogar der bestbezahlte«, sagte jedenfalls Udo Hamm, der sich bei der UBS in jenen Jahren um Events für die reiche US-Klientel kümmerte und Birkenfeld auf mancher Kundenreise nach Übersee begleitete.

Just in jener Zeit, als Liechti sich für Birkenfel interessierte, beschloss dessen damalige Arbeitgeberin Barclays Bank, auf das Geschäft mit unversteuerten US-Vermögen gänzlich zu verzichten. Die Engländer hatten wie die Schweizer und Tausende anderer Finanzinstitute aus aller Welt mit den USA das Qualified-Intermediary-Abkommen unterzeichnet, das die steuerliche Handhabung von US- und Nicht-US-Kunden regelte. Nach dem Studium des dichten Regelwerks waren die Barclays-Verantwortlichen offensichtlich zu dem Schluss gekommen, dass sich QI-Konformität und Offshore-Banking nicht vertrugen. Um nicht in juristischen Fallgruben zu landen, verzichteten sie auf den bisher mit US-Offshore-Kunden erzielten Gewinn und beschränkten sich von da an auf das Onshore-Geschäft, die Beratung und Betreuung der US-Kunden vor Ort.

Anders als die Barclays Bank beabsichtigte die UBS, das lukrative Offshore-Geschäft trotz QI-Status im gewohnten Rahmen weiterzubetreiben. Die Anklage mit der Nummer 08-60099 wirft Birkenfeld vor, seinem Kunden Igor Olenicoff gegenüber in einer E-Mail frohlockt zu haben, dass »das Netzwerk, die Produkte und das Management seiner neuen Arbeitgeberin überlegen« seien und dass diese kürzlich eine große US-Brokerfirma erworben habe, um »ihre Investmentexpertise in den USA zu verstärken«.[46]

Bradley Birkenfeld, den die Kollegen nur Brad nannten, gehörte zu einem neuen Typus von Kundenberatern innerhalb der UBS. Nicht mehr diskretes Auftreten und vorsichtiges Empfehlen waren gefragt, sondern selbstbewusstes und aggressives Verkaufen. Der Amerikaner, ein etwa 1,90 Meter großer Hüne, dessen lautes Lachen und Sprücheklopfen legendär in der US-Offshore-Abteilung waren, entsprach zumindest in Teilen dem gesuchten Profil. Exkollegen beschrieben Brad als einen Draufgängertyp, dem keine

Party zu viel war. Erst als er vor Gericht stand, wurde er wortkarg. Angesprochen auf seine Zeit bei der UBS, wollte sich der Amerikaner jedenfalls nicht äußern. »Sorry, I'm busy, I can't speak to you« war alles, was er bei einem Anruf aus der Schweiz sagte, bevor er den Hörer aufhängte.

Während Birkenfeld einen ungewohnten Stil pflegte, loteten seine Vorgesetzten neue Grenzen aus. Schließlich hatte die UBS ein besonderes Vertragswerk unterzeichnet und suchte nun nach Mitteln und Wegen, ihre US-Kundschaft trotz der vielen Auflagen bei der Stange zu halten. Für einen Aufsteiger- und Machertyp wie Liechti war dies ein ideales Umfeld.

Einer der auf die Gründung von Offshore-Vehikeln spezialisierten Treuhänder, die zu jener Zeit für die US-Kundenberater der UBS arbeiteten, war ein gewisser Mario Staggl. Staggl hielt eine Firma namens New Haven Trust Company mit Domizil im Fürstentum Liechtenstein. In der Anklageschrift vom Frühling 2008 gegen Birkenfeld und Staggl schrieben die US-Behörden, Birkenfeld habe am 19. Oktober 2001 seinem Kunden Olenicoff ein Dokument gefaxt, das »fälschlicherweise und betrügerisch deklarierte, dass nicht I. O.der wirtschaftlich Berechtigte des Kontos sei, sondern eine Stiftung auf den Bahamas«.[47] Kurz: Es habe sich um ein Scheinkonstrukt des Russen zum Zwecke der Steuerhinterziehung gehandelt, behaupteten die Amerikaner. Birkenfeld bekannte sich am 19. Juni vor einem US-Gericht schuldig, Beihilfe zu Steuerhinterziehung im Umfang von rund sieben Millionen Dollar geleistet zu haben.

Was steckte hinter der Offshore-Struktur auf den Bahamas, die Birkenfeld und Staggl für den UBS-Kunden Olenicoff gezimmert hatten? Und inwiefern war diese illegal respektive ein Verstoß gegen das von der UBS unterzeichnete QI-Abkommen? Das karibische Versteckspiel erlaubte es Olenicoff, sein Vermögen unbemerkt vom amerikanischen Fiskus weiterhin in US-Wertpapieren anzulegen. Hier handelte es sich um ein Schlupfloch, das im Folgenden kurz ausgeführt werden soll.

Das QI forderte von den lizenzierten Banken bekanntlich, amerikanische Wertpapiere von US-Kunden zu deklarieren. Die UBS und andere als Qualified Intermediary zertifizierte Banken ließen von den US-Kunden das sogenannte W-9-Formular ausfüllen, mit dem sie autorisiert wurden, Namen und Investments der Kunden den US-Behörden zu melden. Für diese W-9-Kunden listete die UBS sodann auf dem Formular 1099 die einzelnen Vermögenswerte auf und schickte diese der US-Steuerbehörde Internal Revenue Service, kurz IRS.

Als der Konflikt zwischen der UBS und den USA im Sommer 2008 eskalierte, legte die Bank Rechenschaft über ihr US-Offshore-Geschäft von 2000 bis 2007 ab. Sie sprach von rund 20 000 US-Kunden, von denen lediglich rund tausend W-9-Kunden waren und ihre Vermögenswerte deklarierten. Die restlichen 19 000 hatten der Bank die Autorisierung nicht erteilt und blieben bei der IRS somit im Dunkeln, es sei denn, die Kunden legten ihre Daten anderweitig offen. Sämtliche US-Wertschriften dieser »undeclared accounts«, wie sie bei der UBS hießen, mussten bis Ende 2001 abgestoßen werden.

UBS-Kunde Olenicoff gehörte zu diesen rund 19 000 Inhabern von »undeclared accounts«, bei denen möglicherweise Steuern hinterzogen wurden. Der Russe hatte kein W-9-Formular für die UBS unterzeichnet, verweigerte der Bank also das Recht, ihn und sein Vermögen beim IRS zu melden. Um Olenicoffs Kapital und jenes der übrigen nicht deklarierten Kunden kümmerten sich rund 60 spezialisierte Kundenberater in den UBS-Zentren Zürich, Genf und Lugano. Deren Geschäft war für die Bank höchst lukrativ. Gemäß internen Aufstellungen generierten die Kundenberater für das Geschäftsjahr 2004 Einnahmen auf nicht deklarierte US-Vermögen von 197 Millionen Franken, deutlich mehr, als was die Bank mit US-Kunden verdiente, die ihr Vermögen offen deklarierten. Pro Mitarbeiter betrugen die Einnahmen über drei Millionen Franken pro Jahr, das entsprach rund dem Zehnfachen dessen, was ein durchschnittlicher Berater jährlich verdiente.

Das US-Offshore-Geschäft mit den nicht deklarierten Kunden blühte in jener Zeit. Beispielsweise zogen die rund 60 Kundenberater von Januar bis Oktober 2005 über 1,3 Milliarden Franken neue Vermögen an. Private-Banker sprechen von Net New Money oder Neugeld, eine der wichtigsten Kenngrößen zur Berechnung des eigenen Bonus. Demgegenüber verzeichnete die Bank bei den deklarierten US-Kunden in der gleichen Periode einen Abfluss von rund 333 Millionen Franken. In seinem Report »Tax Haven Banks and U. S. Tax Compliance« vom 17. Juli 2008 folgerte der zuständige US-Senatsausschuss: »Sämtliche Maßstäbe in den UBS-Berichten zeigten, dass die nicht deklarierten Kundenvermögen beliebter und lukrativer für die Bank waren.«[48]

Olenicoff und weitere US-Kunden – obigem Bericht zufolge ging die UBS von 250 aus – gaben sich damit nicht zufrieden. Sie wollten den Fünfer und das Weggli, wie die Schweizer sagen: keine Deklaration und trotzdem US-Wertschriften in ihrem UBS-Depot. Nun kamen UBS-Berater wie Birkenfeld und Offshore-Spezialisten wie der Liechtensteiner Staggl ins Spiel. Im Fall Olenicoff errichteten diese zwei auf den Bahamas eine Scheinfirma, die formell nicht dem Russen, sondern einem ausländischen Unternehmen gehörte, deren Staat ein sogenanntes Doppelbesteuerungsabkommen mit den USA unterzeichnet hatte. Das Ausfüllen eines anderen Formulars mit der Bezeichnung W-8BEN genügte, um in den USA nicht steuerpflichtig zu werden. Der tatsächlich Begünstigte aber, der Russe Olenicoff, blieb im Dunkeln.

Die überwiegende Mehrheit der US-Kunden tat es Olenicoff nicht gleich und verzichtete auf solche Scheinkonstrukte in Offshore-Paradiesen, die teuer und gefährlich waren. Steuern bezahlen wollten aber viele von ihnen nicht. Sie waren mit einem anderen Problem konfrontiert. Das QI-Konzept machte die Beratung in den USA schwierig. Wie bereits geschildert, sprach man von »deemed sales«, Wertschriftentransaktionen, die steuerlich behandelt wurden, als fänden sie in den USA statt und lösten eine Quellensteuer von 30 Prozent aus. Da kam die UBS auf die Idee, mit diesen US-Kunden Vermögensverwaltungsmandate abzuschließen. Im Senatsbericht vom 17. Juli 2008 steht dazu: »Die Richtlinien schrieben den Schweizer Beratern vor, ihre US-Kunden von einem Vermögensverwaltungsmandat zu überzeugen und in der Folge keine weiteren Aufträge aus den USA heraus entgegenzunehmen, damit kein Wertpapierhandel innerhalb von Amerika stattfinde, was eine Meldung ans US-Steueramt ausgelöst hätte.«[49]

Wo genau die UBS und ihre US-Kunden die Grenze zur Illegalität überschritten, war nicht eindeutig. Während Birkenfeld und Olenicoff das Gesetz verletzt und sich in ihren Gerichtsverfahren für schuldig bekannt hatten, waren andere Offshore-Konstrukte legal. Das grundsätzliche Problem für die Schweizer Bank war aber, dass sie sich – trotz Warnungen bereits im Jahr 2001 – in eine juristische Grauzone begeben hatte. Der Senatsausschuss zog das Fazit: »Solche Aktivitäten, auch wenn sie per se keine Verletzung des QI-Abkommens darstellten, unterminierten zweifellos dessen Wirkung und führten zur Gründung von Offshore-Strukturen und nicht deklarierten Konti, was Steuerhinterziehungen durch US-Kunden, die dann tatsächlich eingetreten waren, erleichterte.«[50]

Offenbar bekamen viele US-Kunden kalte Füße, lange bevor sich die Schlinge um ihren Kopf und jenen der UBS zuziehen sollte. Nachdem die UBS mit Paine Webber eine große US-Bank geworden war, befürchteten sie, dass der Schutzwall der Schweizer Bank zu schwach war und die US-Behörden früher oder später auf die Daten der Kunden zugreifen könnten. Solche Bedenken adressierten zwei UBS-Kaderleute des US-Offshore-Geschäfts in einem Kundenbrief vom 4. November 2002 gleich zu Beginn: »Sie befürchten, dass wir Informationen unserer US-Kunden nicht mehr streng vertraulich behandeln würden, insbesondere infolge unserer Akquisition von Paine Webber.« Dann versuchten die Manager zu beruhigen. »Wir schreiben Ihnen, um Sie zu versichern, dass Ihre Ängste unbegründet sind, und wir möchten einige der Gründe ausführen, warum der Schutz von Kundendaten unter keinen Umständen geschwächt werden kann.«[51]

Angst hatten die Kunden einerseits, dass ihre Daten in der Schweiz problemlos beim Paine-Webber-Ableger in den Staaten landen könnten, ohne jeglichen Schutz vor dem Zugriff der US-Behörden. Das wäre eine Verletzung des Schweizer Bankgeheimnisses, versicherten die Kaderleute, und hätte für die Angestellten schwere strafrechtliche Folgen. Auch die Bank selbst käme unter Beschuss, und zwar von Seiten der Schweizer Aufsicht, die eine Verletzung des Bankgeheimnisses im schlimmsten Fall mit einem Lizenzentzug ahnden könne. Sämtliche Kundeninformationen seien in der Schweiz sicher aufgehoben, woran selbst allfälliger Druck auf die neu erworbene Paine Webber nichts ändern würde. Schließlich sei man nicht erst seit gestern in den USA tätig und somit auch schon zuvor das Risiko, unter Druck gesetzt zu werden, eingegangen. »Unsere Bank unterhält seit 1939 Büros in den USA und war der Gefahr von US-Zugriffen auf im Ausland gehaltene Vermögen seit Jahrzehnten ausgesetzt«[52], hieß es im Brief an die US-Kunden, woraufhin auf die eigene Standfestigkeit hingewiesen wurde. »Seien Sie versichert, dass sich unsere Bank erfolgreich gegen diese Versuche gewehrt hat.«

Ein zweiter Punkt in dem Schreiben beteuerte, dass der neue QI-Status der Bank nichts an der wasserdichten Diskretion ändere. Eine Offenlegung finde einzig und allein mittels des W-9-Formulars statt. »Wer das Formular nicht ausfüllt, darf keine US-Aktien mehr in seinem Schweizer Depot halten, doch seine Identität wird unter keinen Umständen offengelegt.«[53] Die vollständige Erfüllung der QI-Auflagen, schlossen die UBS-Manager ihr Schreiben, »stellt kein Risiko dar, dass Ihre Identität den US-Behörden mitgeteilt würde«.[54] Sechs Jahre später sollte dieses Versprechen in den Ohren vieler Kunden wie blanker Hohn klingen.

Das Unheil bahnte sich im Sommer 2005 an, als UBS-Kundenberater Birkenfeld mit seinem Russen Igor Olenicoff an einem Scheideweg angelangt war. US-Steuerermittler hatten den Immobilienunternehmer ins Visier genommen, weil dieser wie ein Millionär lebte und wie ein Taxifahrer Steuern zahlte. Olenicoffs Scheinkonstrukt, das von Birkenfeld und dem Liechtensteiner Staggl aufgebaut worden war, drohte einzustürzen. Sollte aber Birkenfeld Olenicoff als Kunden verlieren, war auch sein Job bei der UBS gefährdet.

Entgegen seinem Gehabe hatte Birkenfeld in den vier Jahren bei der Bank keine neuen Großkunden gewonnen.

Da entschied sich der Amerikaner für die Flucht nach vorn: Plötzlich wurde aus Mr. Birkenfeld Mr. Moralapostel. Flugs schickte er seinen Kollegen ein Dokument, das ausführte, was den Beratern der Bank im Verkehr mit ihren amerikanischen Kunden alles verboten war. Später sollte er ein Dossier zusammenstellen, das die Grundlage für die Anklage des US-Senatsausschusses gegen die Schweizer UBS bildete. »Birkenfeld sagte allen Kollegen: ›Hey, schaut her, wir riskieren unseren Kopf fürs Geschäft, aber die Firma wird uns nicht retten‹«, erzählte sein Exkollege Udo Hamm im Rückblick. Die Forderung des Managements nach immer höheren Gewinnen und die lange Verbotsliste fürs US-Geschäft seien widersprüchlich. »Brad machte darauf aufmerksam, dass die Auflagen des QI und das Neugeldziel nicht kompatibel sind.«

Kernstück von Birkenfelds Feldzug bildete ein Papier mit dem Titel »Cross-Border Banking Activities into the United States (Version November 2004)«. Gegenüber dem Senatsausschuss sollte Birkenfeld später sagen, ein Kollege habe ihn im Mai 2005 auf dieses Regelwerk für das US-Offshore-Geschäft aufmerksam gemacht. »Als ich es las, war ich äußerst beunruhigt über die Vorkommnisse in der Bank, denn das stand in komplettem Widerspruch zu allem, was von mir in meinem Job verlangt wurde.«[55] Problematisch schien dem Berater vermögender US-Kunden beispielsweise Punkt 3 des Papiers, der festhielt, dass mit neuen, in den USA ansässigen Kunden keinerlei Beziehung zu dem Zweck, später ins Geschäft zu kommen, aufgebaut werden durfte. »Die Bank muss sicherstellen, dass ihre Berater in den USA Kunden weder via Telefon, E-Mail, Werbung, Internet noch durch Besuche angehen.«[56] In den USA waren neue Kunden – zumindest offiziell – tabu für die Berater.

Unter Punkt 4 führte die UBS Restriktionen für ihre Berater im Verkehr mit bestehenden Kunden auf. Auch in diesem Fall war die Beratung stark eingeschränkt, solange der Kunde in seiner Heimat weilte. Was sie mit diesem besprechen durften, hielt sich in engen

Grenzen. »Die UBS darf dem Kunden Auszüge, Kontoinformationen und Transaktionsbestätigungen überreichen.«[57] Konto- und Depotinformationen aushändigen und Börsengeschäfte bestätigen: ja; Kauf- und Verkaufsaufträge entgegennehmen: nein – so lautete die Regel. Und bei der Anwerbung potenzieller Neukunden war sogar größte Zurückhaltung gefordert.

Die UBS betonte gegenüber dem Senatsausschuss, dass ihre US-Kundenberater – auch Kritiker Birkenfeld, der als Whistleblower die Praxis an die Öffentlichkeit gezerrt hatte – frühzeitig in internen Trainings geschult worden seien und die Restriktionen entsprechend gekannt hätten. In einem Workshop der UBS für ihre US-Kundenberater ist in Unterlagen, die beim US-Senatsausschuss landeten, die Rede von einem Notebook, »equipped with the latest security features (encryption, token based authentication)«, also ausgerüstet mit neuester Sicherheits- und Zugangssoftware. »Token based authentication« ist ein Vorgang, bei dem Server und Benutzer unabhängig voneinander den gleichen Algorithmus ausführen. Stimmen die beiden Resultate überein, erhält der Benutzer Zugriff zu Daten auf dem Server.

Nicht nur die Berater fühlten sich wie Agenten. Auch die Bank verhielt sich so, als sei sie Teil eines Spionagethrillers. In einem ihrer Workshops wurden die Teilnehmer gebeten, sich in die Lage eines UBS-Beraters hineinzuversetzen, der während seines Amerika-Aufenthalts viele Kunden in seiner Hotelsuite empfange. Je länger er dort sei, desto stärker zweifle er daran, ob wirklich alle Angestellten für das Hotel arbeiteten. »Eines Tages fängt Sie ein Agent des FBI ab. Er suche Informationen über einen Ihrer Kunden, der in illegale Praktiken verwickelt sei.« Wie sollte man mit dem FBI umgehen, wollten die Prüfer von den Bankleuten wissen. »Was würden Sie in dieser Situation tun? Was sind die Anzeichen, dass irgendetwas vor sich geht?«[58]

Die Gedankenspiele mit dem US-Geheimdienst FBI ließen Rückschlüsse auf die Einschätzung der Verantwortlichen zu. Auch für sie war offenkundig, dass das Offshore-Geschäft mit US-Kunden zu einem Tanz auf dem Hochseil geworden war. Gemäß späterer US-Anklageschrift gegen Raoul Weil, den höchsten UBS-Private-Banker, sprachen die Chefs von »toxic waste«, giftigem Abfall – genau so, wie dies die Warner in der Sitzung der Private-Banking-Geschäftsleitung im November 2001 prophezeit hatten. Gerade klein war das toxische Geschäft nicht, es umfasste damals rund 19 000 Kunden mit gegen 18 Milliarden Dollar Vermögen, das die UBS von der Schweiz aus betreute.

Die Widersprüchlichkeit der Geschäftspolitik kam bei der Reisetätigkeit der UBS-Berater in die USA zum Ausdruck. Im »Country Paper USA« vom 1. Juni 2007 hieß es beispielsweise, Reisen in die Staaten müssten »auf ein Minimum« beschränkt werden. Mit solchen Länderpapieren definierten die Rechtsspezialisten der Bank die Rechte und Pflichten im jeweiligen Markt. Schon in »Cross-Border Banking Activities into the United States« von 2004 ermahnte die Bank ihre Berater zu besonderer Vorsicht, wenn sie ihre Kunden in den USA besuchten. »Auf US-Kundenbesuchen müssen sich UBS-Angestellte immer bewusst sein, dass ihre Kunden von uns erwarten, alles Nötige bezüglich Vertraulichkeit vorgekehrt zu haben.«[59]

Trotz der Ermahnungen der Bankjuristen zeichneten sich die US-Berater durch intensive Kundenbesuche aus. »Die Kundenberater reisten vier bis sechs Mal pro Jahr in die Staaten, jeweils ein bis zwei Wochen lang, um neue Kunden zu gewinnen und bestehende zu besuchen«[60], gab Bradley Birkenfeld vor dem Senatsausschuss zu Protokoll. Der UBS-Kundenberater schilderte, wie ihn die Bank mit Tickets für sich und seine bestehenden oder für potenzielle zukünftige Kunden, »prospects«, ausstattete, Karten, die Eintritt zu exklusiven, vom Finanzkonzern gesponserten Veranstaltungen gewährten. Birkenfelds Arbeit in den USA muss den Senatoren, denen er Auskunft gab, als eine Art Mädchen-für-alles-Job erschienen sein. Mit seinen vermögenden Begleitern habe er Sportanlässe, Autoshows und Weindegustationen besucht, für sie habe er mit Immobilienhändlern und Rechtsanwälten verhandelt, sagte der UBS-Manager. Die Jagd nach Neukunden war laut Birkenfeld nicht schwierig: einfach auf eine Party reicher Amerikaner gehen, Visitenkarten austauschen, »und dann fragte dich jemand: ›Was machst du?‹, und man gab zur Antwort: ›Nun, ich arbeite für eine Bank in der Schweiz, und wir betreuen Geld von dort aus und öffnen Konti.‹ Und die Leute würden sofort erkennen: ›Oh, das ist einer, der neue Geschäfte ermöglichen könnte, indem er Konti eröffnet.‹«[61]

Besonders aktiv waren die UBS-Kundenberater auf der Kunstmesse »Art Basel« in Miami im US-Bundesstaat Florida. UBS-Eventmanager Udo Hamm erinnerte sich im Gespräch an die Eröffnungsfeier der von der UBS gesponserten Kunstausstellung von Dezember 2004. Private-Banking-Chef Raoul Weil und viele weitere UBS-Kaderleute sollen damals vermögende Kunden und bekannte Persönlichkeiten im Luxushotel »Delano« in Miami Beach unterhalten haben. Für den Anlass habe die Bank extra ein auffälliges Zelt am Strand des mondänen Atlantikortes aufgestellt, sagte Hamm. Auch habe die UBS einen englischen Stararchitekten, den Großaktionär einer Schweizer Handelsgesellschaft und den Sohn eines schwerreichen Expräsidenten eines mittelamerikanischen Staates in ein Haus der Kennedy-Familie in Miami Beach eingeladen, und auch da sei UBS-Spitzenmann Raoul Weil zugegen gewesen.

Mit ihrer intensiven Reisetätigkeit und den kostspieligen Events bewegten sich die UBS-Berater ständig am Rande der Illegalität, mit einem Bein in Sicherheit, mit dem anderen im Gefängnis. Je länger dieser Zustand anhielt, desto tiefer gerieten sie in vermintes amerikanisches Gelände und desto schwieriger wurde es für sie, den Weg zurück auf sicheren Boden zu finden. Von einem bestimmten Punkt an mussten die Verantwortlichen zu dem Schluss gekommen sein, dass es nur noch eine Richtung für sie gab: nach vorn, ohne Rücksicht auf Verluste – schließlich war bisher alles gut gegangen. Von da an legten sie jegliche Zurückhaltung ab und trieben ihre Berater zu immer mehr Kundenbesuchen an, in der Hoffnung, Neugeldzufluss und Gewinne zu steigern.

Eine von den US-Behörden durchgeführte Analyse mehrerer Hundert Reisedaten von UBS-Managern brachte zutage, wann die

Bank im lukrativen Offshore-Geschäft mit vermögenden US-Kunden den Point of no Return erreicht hatte. Etwa 20 UBS-Berater unternahmen von 2001 bis 2008 über 300 Besuche in die Staaten. Davon betrafen nur zwei Reisen die Periode 2001 bis 2002, der Rest fiel auf die Jahre 2003 bis 2008. Auf dem Einreiseformular waren viele Trips als »non-business« deklariert. Misstrauisch machte die Ermittler, dass bei manchen Besuchen gleichzeitig wichtige Veranstaltungen stattfanden, die von der UBS finanziert wurden. Beliebte Reisetermine waren Anfang Dezember rund um die »Art Basel« in Miami oder im Frühsommer im Zusammenhang mit den Regatten, an denen America-Cup-Gewinnerin Alinghi teilnahm.

Der Aufwand machte sich vorerst bezahlt, die UBS segelte im US-Geschäft der Konkurrenz davon. Das zeigte die Entwicklung der wichtigsten Messgröße, des Neugelds oder Net New Money. Davon hing einerseits der Gewinn des Konzerns ab: Je höher das verwaltete Vermögen, genannt Assets under Management, desto größer die Einnahmen durch Börsentransaktionen und Verwaltungsgebühren. Aber auch die Rechnung für die einzelnen Mitarbeiter ging mit höherem Vermögensbestand auf. Mehr Neugeld, höherer Gewinn, mehr Bonus, lautete für sie die Formel. »Überschlagsmäßig wurde von uns erwartet, jedes Jahr rund 40 bis 50 Millionen Dollar hereinzubringen«[62], gab Birkenfeld zu Protokoll.

Die Größenordnung passte zu einer Anfang 2007 verschickten Neujahrsbotschaft von Birkenfelds Chef, UBS-Generaldirektor Martin Liechti. »Wachstum garantiert uns unsere Zukunft«, schrieb dieser. »Wir steigerten uns von 4 Millionen Franken pro Kundenberater in 2004 auf 17 Millionen in 2006. Wir müssen mit unseren Ambitionen Schritt halten und gehen auf 60 Millionen pro Kundenberater zu!«[63] Die UBS betonte später, dass es sich bei diesem Jahresziel um eine Vorgabe für alle Kundenberater in Liechtis Bereich gehandelt habe, die lateinamerikanischen Wachstumsmärkte wie Brasilien inbegriffen. Dass die Ambitionen konkret gemeint waren, machte Topmanager Liechti mit einer Schnellbleiche in Chinakunde klar. »Im chinesischen Horoskop ist 2007 das Jahr des Schweins. Schwein steht in vielen Kulturen für Glück.

Ein wenig Glück zu haben ist immer gut. Aber Glück haben führt nicht zum Erfolg. Erfolg ist das Resultat von Vision und Zielsetzung, harter Arbeit und Leidenschaft. Wir müssen uns selbst dorthin bringen, wo uns das Glück finden kann.«[64]

Als Liechti seine Gedanken aufschrieb, war Bradley Birkenfeld beim Americas-Chef längst in Ungnade gefallen. Am 12. Juni 2005 hatten der UBS-Berater und sein Liechtensteiner Kompagnon Staggl das verwaltete Vermögen ihres russischen Kunden Olenicoff, rund 200 Millionen Dollar, auf ein Konto bei einer Liechtensteiner Bank überwiesen. Einige Monate später kündigte Birkenfeld seinen Job bei der UBS und wurde danach per sofort freigestellt. Sein Abgang verlief ruppig. Liechti, dessen Millionentransfer Birkenfeld sich als Flop entpuppt hatte, verweigerte dem Amerikaner zum Abschluss des Arbeitsverhältnisses den versprochenen Bonus und drohte mit Anwälten, sagen Leute, die mit Birkenfeld bei der UBS zusammengearbeitet hatten. Doch Birkenfeld ließ sich von den Drohgebärden des scheinbar übermächtigen Generaldirektors nicht einschüchtern, reichte Klage ein und erstritt vor einem Genfer Arbeitsgericht eine hohe Abfindung. »Dass sich Brad persönlich für Liechtis Verhalten rächen würde, war jedem klar, und er hatte auch stets damit gedroht«, sagte Birkenfelds UBS-Kollege Udo Hamm, der die Schweizer Großbank einige Monate vor Birkenfeld verlassen musste. Hamm ortete den Hauptfehler beim UBS-Topmanager. »Liechti schätzte die Einschüchterungsmacht der UBS und seine eigene Genialität massiv zu hoch ein.«

Tatsächlich sollte Birkenfeld zwei Jahre später Ernst machen und seinen einstigen Chef und späteren Intimfeind Liechti zu Fall bringen. Dessen Verhaftung im April 2008 bedeutete das Ende einer stolzen Karriere, die an Tellerwäscheraufstiege à la Americaine erinnerte.

In jenen Tagen übernahmen die hochbezahlten amerikanischen Anwälte der Schweizer Bank das Ruder in der Causa US-Offshore-Rechtsstreit. Wie einer der Betroffenen erzählte, stellten die UBS-Experten im November 2007 Computer und Schriftstücke der US-Kundenberater sicher. Es war der Moment, als die UBS von den

US-Ermittlungen erfahren hatte und eine großangelegte interne Untersuchung startete. Der Bank blieb, zumindest legen die folgenden Ereignisse den Schluss nahe, nichts anderes mehr übrig, als mit den amerikanischen Behörden zu kooperieren. Am 15. November 2007 verkündete das Management ohne plausible Begründung die Schließung des Geschäftsbereichs. »Wir haben uns zu weiteren Anpassungen in der Struktur und dem Modell für die US-Kunden entschieden«[65], schrieb Konzernleitungsmitglied und oberster UBS-Vermögensverwalter Raoul Weil den Kundenberatern in einem Memorandum, das beim ermittelnden US-Senatsausschuss landete. Sodann gab die Bank gemäß einem weiteren den US-Behörden vorliegenden Dokument den Mitarbeitern Tipps, wie sie den Kunden die »Neuausrichtung« erläutern sollten. Auf die zu erwartende Frage, ob in den USA eine Untersuchung gegen die UBS laufe, lautete die empfohlene Antwort: »Die UBS muss ihre regulatorischen Schritte geheim halten. Wir können Ihre Frage deshalb nicht beantworten.«[66]

Ihre Besitzer setzte die Bank erst am 6. Mai 2008 über die wahren Gründe für den überraschenden Rückzug ins Bild. In ihrem Rechenschaftsbericht an die Aktionäre über das erste Quartal schrieb sie unter dem Stichwort US Cross-Border: »Das US-Justizministerium (DOJ) und die amerikanische Börsenaufsicht untersuchen die Geschäftspolitik der UBS in der grenzüberschreitenden Vermögensberatung für US-Kunden zwischen 2000 und 2007. Vor allem prüft das DOJ, ob einige US-Kunden mit Hilfe ihrer UBS-Kundenberater versucht hätten, Steuern zu umgehen, indem sie Auflagen des QI-Abkommens von 2001 umgangen hätten.«[67]

Auf den Tag genau ein halbes Jahr später schlugen die Amerikaner zu. Am 6. November 2008 klagte Alexander Acosta, Staatsanwalt für den Süden Floridas, UBS-Spitzenmanager Raoul Weil wegen Verschwörung gegen die Vereinigten Staaten und ihre Steuerbehörden beim Strafgericht in Fort Lauderdale an. In seiner Anklageschrift 08-60322 schrieb Acosta: »Teil der Verschwörung war, dass der Angeklagte Raoul Weil, hohe Verantwortliche und Manager das QI-Abkommen abschlossen und den US-Steuerbehörden gleichzeitig zu verstehen gaben, dessen Vorschriften einzuhalten, im Wissen, dass das US-Offshore-Geschäft nicht so geführt wurde, wie es die Abmachungen verlangten.«[68]

Am Ende der Anklage stand unter der Frage »Is this a potential death penalty case?« – ob eine Todesstrafe möglich sei – die Antwort »No«. Das Beiblatt »Penalty Sheet« führte als Maximalstrafe fünf Jahre Gefängnis und eine Buße über 250 000 Dollar auf. Dass einer ihrer drei wichtigsten Manager – einflussreicher waren nur noch CEO Marcel Rohner und Präsident Peter Kurer – von den US-Behörden auf die Anklagebank gezerrt werden sollte, wird den Bankverantwortlichen in die Knochen gefahren sein.

Noch einmal setzte der jahrzehntealte Reflex ein. Sofort stellten sich viele Schweizer Medien schützend vor die UBS und schrieben von Erpressungsversuchen der Amerikaner. Dahinter stecke ein Angriff auf das Bankgeheimnis, die Landesregierung dürfe nicht einbrechen und dieses für Wohlstand und Standortqualität entscheidende Gut niemals preisgeben. Das helvetische Schlachtgebrüll erinnerte an die Empörung im Mininachbarstaat im Osten. Auch im Fürstentum Liechtenstein reagierten die Verantwortlichen zunächst erzürnt, als deutsche Fahnder mit Euro-Millionen gestohlene Bankkundendaten der Fürstenbank LGT erworben hatten. »Hehlerei«, polterte Erbprinz Alois im Februar 2008. Neun Monate später und ohne großen Wirbel gab das Fürstentum bekannt, es wolle den USA auch Steuerhinterzieher und nicht mehr nur Steuerbetrüger offenlegen. Weiterer Widerstand gegen den übermächtigen Gegner schien zwecklos.

Auch in der Eidgenossenschaft dürfte der Wind bald drehen. Die Steuerverwaltung gab im Fall der UBS im Oktober 2008 einem US-Amtshilfegesuch statt und beschloss, Bankdaten vieler US-Kunden der Großbank auszuhändigen, bei denen Verdacht auf Steuerbetrug bestand. Die Anwälte der Kunden schrien Zeter und Mordio und zerfetzten in Medienauftritten das Amtshilfegesuch der Amerikaner als ungenügend sowohl in der Form als auch im Inhalt. Die zuständigen Berner Steuerbeamten zeigten sich unbeeindruckt vom breitgestreuten Sperrfeuer. Und die UBS, der in

Amerika nach den Subprime-Verlusten ein weiteres Waterloo drohte, gab sich lammfromm. Man würde mit den Behörden kooperieren, ließ die Bank einsilbig verlauten. Aus dem scheinbar unerschütterlichen Finanzmonolithen war in nur 15 Monaten ein Kartenhaus geworden.

9 Ein Anwalt packt seinen Koffer

Weil 2008 ein Schaltjahr war, ging der kalendarische Sommer schon am 21. September zu Ende. Die Lage an den globalen Finanzmärkten hatte sich über die heiße Jahreszeit zunehmend verschlechtert. Nun drohte gar ein schwerer Herbststurm. Die US-Investmentbank Lehman Brothers hatte kurz zuvor Konkurs gemacht, Guthaben über 600 Milliarden Dollar mussten die Gläubiger in den Wind schreiben und Milliarden von Derivatverbindungen seziert und abgewickelt werden. Die Fieberkurve von Global Banking schoss weit über die 40-Grad-Marke, die Investoren blickten in einen tiefen Abgrund.

An jenem Sonntag an der Wende zum Herbst war für den obersten UBS-Manager die Schonzeit vorbei. Nach nur fünf Monaten als Präsident stand Peter Kurer vor seiner großen Bewährungsprobe – der ersten und möglicherweise entscheidenden, die dereinst ein Urteil über seine Leistung als Großbankenpräsident ermöglichen würde.

Der 59-jährige Kurer hatte im Frühling das Steuer vom übermächtigen UBS-Kapitän Marcel Ospel in die Hand gedrückt bekommen. Seine Wahl war umstritten gewesen, doch Kurer hatte rasch das Vertrauen wichtiger Beobachter gewonnen. Diese sahen in ihm die geeignete Figur für eine schwierige Übergangszeit. Der studierte Jurist der Universität Zürich, langjährige Partner einer renommierten Wirtschaftskanzlei und seit 2001 erste Mann für Juristisches beim Schweizer Bankkonzern, würde die UBS vielleicht eher in ruhige Gewässer führen können als ein gestandener Banker. Schließlich waren viele der UBS-Krisen rechtlicher Natur:

Steueruntersuchung der USA gegen die Bank, Klagen enttäuschter amerikanischer und Schweizer Kunden wegen Kurseinbrüchen bei komplexen Produkten, eine Klage der deutschen HSH Nordbank über Hunderte von Millionen Dollar, weitere Rechtsfälle aus der Vergangenheit.

Hinzu kam die dringend nötige strategische Neuausrichtung der Großbank. Auch dabei konnte ein Spezialist für Firmentransaktionen an der Spitze hilfreich sein. Würde die UBS ihre Investmentbank auslagern und mit einer Drittbank verschmelzen, so wäre Kurer vielleicht der Richtige für solche Operationen. Dann wäre eine neue Corporate Governance vonnöten, eine oberste Unternehmensleitung, die über das nötige Wissen verfügte und die richtigen Anreize fürs Management setzen könnte. Und vor allem nähme eine Wahl Kurers die Angst davor, dass der UBS-Tanker mitten im größten Finanzorkan seit Jahrzehnten führungslos würde.

All dies waren Überlegungen, die für den neuen Mann sprachen. Die wichtigen Gegenargumente versickerten nach seiner Berufung vom 23. April 2008: Kurer hatte keine Erfahrung in der Leitung eines internationalen Großkonzerns, er war nicht im Banking groß geworden, er galt als typischer Anwalt. Und über alldem stand der gewichtigste Einwand: Kurer war ein Mann der Vergangenheit, er war Teil der alten Führungsmannschaft und hatte die riskante Expansion von Ospel und Wuffli unterstützt. Jedenfalls war nie bekannt geworden, dass er sich gegen den eingeschlagenen Weg gestemmt hätte.

Der Zürcher saß in der Konzernleitung, er war Mitglied des obersten Risikoausschusses, musste demnach vom 100-Milliarden-Investment in US-Kreditpapieren zumindest teilweise Kenntnis haben, war an vorderster Front involviert bei der Offensive in der US-Vermögensverwaltung. Kurer hätte ahnen können, was es im Frühling 2008 geschlagen hatte, als die Amerikaner ihre Untersuchung gegen die Bank wegen Beihilfe zu systematischer Steuerhinterziehung ausweiteten. Er kannte die Rolle, die er und seine Rechtsabteilung bei der Beurteilung der Verträge mit den Amerikanern gespielt hatten. Und er hatte davon Kenntnis, wie seine

Bank die rechtlichen Lücken im Qualified-Intermediary-Abkommen mit den USA zu ihren Gunsten auszunutzen versucht hatte.

Am gefährlichsten aber war für Kurer, dass er seit langem um die Verletzung interner Regeln an der Beratungsfront wusste. Darauf hatte ihn Kundenberater Bradley Birkenfeld am 17. März 2006 in einem Brief hingewiesen. Er sei »extremely concerned by its implications«, mache sich große Sorgen über die rechtlichen Folgen dieses Spagats, schrieb Birkenfeld. Kurer antwortete zwei Monate später. Eine Untersuchung sei durchgeführt worden, und als Konzernanwalt würde er deren Resultate begutachten und dem zuständigen Management Vorschläge unterbreiten. Er wolle dafür sorgen, dass die bestehenden Regeln verbessert, die Kundenberater intensiver trainiert und die Arbeit der Berater stärker kontrolliert würden, schrieb Kurer Birkenfeld am 24. Mai 2006. Ein UBS-Sprecher bestätigte im Sommer 2008 entsprechende Informationen der *Financial Times*.

Dass Kurer seinen Worten Taten folgen ließ, bezweifelten in der Folge die amerikanischen Staatsanwälte. In ihrer Strafanklage gegen den Chef des Private Banking Raoul Weil schrieben sie von nicht angeklagten »Co-Konspiratoren« an »höchster Stelle in der Bank, einschließlich Positionen, die zuständig waren für die Einhaltung der rechtlichen und steuerlichen Vorschriften der grenzüberschreitenden US-Vermögensverwaltung«.[69] Gemeint sein musste unter anderem der vom Exkonzernanwalt zum UBS-Präsidenten mutierte Peter Kurer.

Seine eigenen Altlasten und seine eigene Exponiertheit in der Auseinandersetzung mit aggressiven US-Ermittlern hatten Kurer nicht von seinem großen Karriereschritt abgehalten. Er zögerte keine Woche, bis er das Angebot von UBS-Übervater Ospel im Frühling 2008 annahm. »Er wollte immer schon Karriere machen«, sagte mir der Zürcher Anwaltskollege François Bernath, der mit Kurer einst auf die Anwaltsprüfung hin gelernt hatte. »Den Raum besetzen, Widerstand platt walzen, sich durchsetzen, das waren seine Methoden, und damit hatte er lange Erfolg.«

Einer, der mit Ospel einen langen gemeinsamen Weg zurückgelegt hatte, war Markus Granziol. Der Schweizer wechselte 1987 von der Schweizerischen Nationalbank zum damaligen Bankverein und stieg unter Ospel zum Chef der Investmentbank auf, bis er zusammen mit Mitstreitern den UBS-König im Jahr 2001 entmachten wollte. Ospel inthronisierte den farblosen Exberater Peter Wuffli als Konzernchef und drängte die Rebellen aus der Bank. Granziol ging im Sommer 2002 von Bord und verklagte später seine Ex-Arbeitgeberin wegen Vertragsverletzung auf 300 000 englische Pfund. Im juristischen Tauziehen, das vor dem Gerichtstermin mit einem Vergleich endete, bekam es Granziol mit Peter Kurer zu tun.

Im Gespräch setzte Granziol ein Fragezeichen hinter die Wahl des Konzernanwalts zum Nachfolger Ospels. »Es ist ungewöhnlich, dass man den Chefjuristen zum Chairman macht. Langjährige Erfahrungen mit Kunden und im Management von Bankrisiken sind zentral für diesen Posten. Warum hat man nicht eine Reihe von erfahrenen externen Bankern angesprochen, zumindest als Kandidaten interviewt, bevor man sich auf Kurer festlegte?« Granziol sagte, er werde »den Gedanken nicht los, dass Angst vor legalen Problemen wie Haftungsklagen das seltsame Verhalten des Verwaltungsrates hier erklären«. Niemand in der obersten Führung der Bank habe ein Interesse daran, den wahren Gründen für das Debakel nachzugehen und einen echten Neuanfang zu wagen. »Wahrscheinlich hatten hier noch alle den Fall Swissair mit Schrecken vor Augen«, vermutete der ehemalige UBS-Topshot. Fünf Jahre nach dem finanziellen Ruin der Airline mussten sich 19 ihrer Manager, darunter alle Verwaltungsräte und die wichtigsten operativen Geschäftsleiter, vor einem Strafgericht verantworten. Zwar endete der größte Wirtschaftsprozess der Schweizer Geschichte nach mehreren Verhandlungswochen mit Freisprüchen in allen Fällen, doch für viele einst renommierte Wirtschaftskapitäne des Landes war eine stolze Karriere zerbrochen. Zivile Schadenersatzklagen bedrohten zudem ihr Privatvermögen.

Als Konzernanwalt kannte Kurer die wichtigsten Verträge der alten UBS-Mannschaft, die das Schiff ins Eismeer gelotst hatte.

Das machte ihn einerseits verletzlich, andererseits sahen die früheren Verwaltungsräte und die Konzernleitungsmitglieder in ihm möglicherweise den besten Schutz vor zivilen Klagen. Der erfahrene Wirtschaftsanwalt Kurer würde als neuer Präsident seine Vorgänger kaum belasten. Als einer der entscheidenden Protagonisten der Ära Ospel hätte er sich sonst ebenfalls anzeigen müssen.

Nach seiner Wahl im Frühling, die mit 87 Prozent ansprechend ausfiel, tauchte Kurer ab, vermied mit Ausnahme eines Interviews in der Mitarbeiterzeitung und einiger Antworten in einem Dokumentarfilm öffentliche Auftritte und kam erst am 12. August 2008 wieder zum Vorschein – als verwandelter Präsident. Statt dunkler Hornbrille trug Kurer nun eine feine, randlose Brille, die markanten Augenbrauen waren gestutzt, die grauen Schläfen gaben ihm etwas Präsidiales. Auch Kurers Ton war auf der Quartalspressekonferenz nicht mehr jener eines einschüchternden Anwalts, der für seinen Mandanten das Maximum herauszuholen versuchte, sondern der eines über der Sache stehenden Verantwortungsträgers, der mit ruhiger Hand das Schiff aus dem Sturm lotsen wollte.

Der Auftritt kam an, Kurer wirkte bestimmt und seiner Aufgabe gewachsen. Man musste schon genau hinhören, um zwischen den Zeilen den früheren Anwalt zu erkennen. »In den letzten drei Monaten haben wir wichtige Probleme gelöst, auch große«, sagte Kurer, »eins nach dem anderen.« Der Nachsatz war typisch für Anwälte. »Ticking off« nennen sie das, Abhaken einer Liste mit Prioritäten, schön der Reihe nach. Der neue Bankpräsident war offenbar überzeugt, genügend Zeit zu haben für dieses in seiner langen Karriere erfolgreich kultivierte Vorgehen. Die Finanzkrise würde bald nachlassen, die UBS habe das Gröbste überstanden, das Schiff könne nun flottgemacht werden für die Fahrt in Richtung Zukunft, signalisierte er. »Wir haben unsere Lektion gelernt«, verkündete Kurer, nun gehe es darum, die Bank bis Ende 2009 komplett zu transformieren. Diese Aufgabe würde er selbst überwachen.

Kurers Strukturpläne für eine zukünftige UBS – mit einer Aufsplittung des Konzerns in private und institutionelle Vermögensverwaltung sowie Investmentbanking – kontrastierten mit der weiter steigenden Nervosität an den Finanzmärkten. Mitte Juli mussten die US-Behörden den beiden quasistaatlichen Hypothekenanbietern Fannie Mae und Freddie Mac mit Milliarden unter die Arme greifen, im September wurden beide verstaatlicht.

Dann kam der 15. September, und die Dämme im globalen Finanzsystem brachen. Das US-Finanzministerium und die US-Notenbank ließen Lehman Brothers untergehen, zwangen Konkurrentin Merrill Lynch zum Notverkauf an die Bank of America und gewährten den beiden übrig bleibenden Top-Investmentbanken Goldman Sachs und Morgan Stanley eine Gnadenfrist: Sie mussten rasch breit abgestützte Bankhäuser mit neuen Eigentümern werden. Das während Jahrzehnten hell über Wallstreet leuchtende Geschäftsmodell des Investmentbanking lag in Trümmern am Boden. Als wäre das nicht genug, musste wenige Tage später der US-Versicherungsgigant AIG mit Staatskrediten, die später auf über 100 Milliarden Dollar anschwellen sollten, stabilisiert werden. »Es drängt sich eine Metapher auf«, sagte der renommierte Schweizer Investmentbanker Hans-Jörg Rudloff, ein führender Manager des Investmentbankingzweigs der englischen Barclays Bank, am Tag nach dem Lehman-Kollaps in der *Handelszeitung*. »Der Motor des Finanzsystems ist kaputt, er muss vollständig überholt werden.« Die Rede war vom Ende einer Epoche, und erfahrene Bankenprofis wie Rudloff wussten instinktiv, dass die Finanzwelt nie mehr die gleiche sein würde wie in den Jahrzehnten zuvor.

Hätte jemand UBS-Präsident Peter Kurer und UBS-CEO Marcel Rohner beim Betreten des Bürohauses an der Nüschelergasse 22 beobachtet, so hätte er sich kaum viel dabei gedacht. Schließlich lagen die Büros der bekannten Topbanker einen Steinwurf entfernt, und weder Namensschilder noch Leuchttafeln lieferten einen Hinweis darauf, wer hinter dem gläsernen Eingang in den oberen Stockwerken auf die beiden obersten Manager warten könnte, deren Bank von der Finanzkrise durchgeschüttelt wurde.

Für Meetings, die unter keinen Umständen vorzeitig bekannt werden durften – Gerüchte über Schieflagen und nötige Rettungsaktionen konnten in diesen Zeiten Banken erst recht gefährden –, ist es von Vorteil, dass die Nationalbank an verschiedenen Orten in der Schweiz externe Büros besitzt. Als Ort des anstehenden Gipfeltreffens hatte die SNB, wie sie im Land der Banken seit dem Gründungsjahr 1907 genannt wird, die repräsentative Geschäftsliegenschaft »Zum neuen Froschauer« in der Zürcher Finanzcity gewählt. In einem der Obergeschosse angekommen, legten die UBS-Manager ihre Jacken ab und nahmen Platz. Weitere Anwesende waren: der Chef der eidgenössischen Finanzverwaltung als oberster Vertreter des Bundes, Präsident und Direktor der Bankenkommission als staatliche Aufsicht der Finanzbranche und die

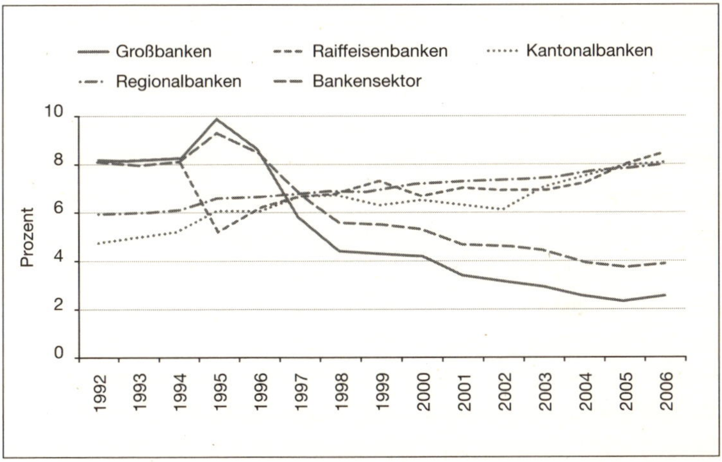

In ihrem Bericht zur Finanzstabilität 2007, der die Entwicklung bis und mit Geschäftsjahr 2006 der Schweizer Banken berücksichtigte, zeigte die Schweizerische Nationalbank auf, wie sich eine Schere zwischen Großbanken und übrigen Finanzinstituten öffnete. Während der Trend bei der ungewichteten Unterlegung der Risiken mit Eigenkapital in der Hochkonjunktur bei den kleineren und inländisch orientierten Banken nach oben zeigte, verlief er bei den beiden weltweit operierenden Credit Suisse und UBS nach unten. Sie bewirtschafteten somit eine größere Bilanz – und damit grundsätzlich höhere Risiken – mit weniger Eigenkapital als Puffer für schwierige Zeiten. Der ausgewiesene Wert von etwas über zwei Prozent bedeutet, dass die Bilanz fast das 50-fache der eigenen Mittel umfasste. Im englischen Finanzjargon sprach man von einem 50-fachen Leverage.

drei obersten Köpfe der SNB. Diese sollten die Diskussion beherrschen.

Seit Ausbruch der Krise ein gutes Jahr zuvor hatten Bankenmanager und Aufsichtsbeamte eine schlechte Figur gemacht. Während die Bankenkommission dank viel Krisenaktivismus von harter Kritik verschont blieb, verging kaum ein Tag, an dem die UBS-Verantwortlichen nicht in der Öffentlichkeit geprügelt wurden. Quer durchs Land gelobt wurden hingegen die SNB-Chefs. Gemeinsam mit den Notenbanken von Amerika, Europa und England hatten sie früh und vehement das Steuer in die Hand genommen, die Geldschleusen geöffnet, Milliarden Dollar ins helvetische Bankensystem gepumpt und so das vom Einsturz bedrohte Finanzsystem der Schweiz stabilisiert. Sie taten dies ohne viel Aufhebens, ganz nach der Erkenntnis, dass Notenbanken die Marktteilnehmer durch Taten überzeugen müssen und nicht durch Worte.

Die SNB-Chefs hatten aber auch früher als andere gewarnt. In ihrem Stabilitätsbericht 2006 hatten sie »bei den Großbanken eine starke Zunahme der Handelsbestände« ausgemacht, die »zu höheren Exposures gegenüber Marktrisiken geführt« habe. Damals galt die UBS bei den meisten Beobachtern als Finanzpowerhaus, das Milliardengewinne erzielte, ohne übertriebene Risiken einzugehen. Mitte 2007, als die Subprime-Krise bereits einige Papiere illiquide gemacht hatte, verschärften die SNB-Verantwortlichen den Ton: Eine tiefe Krise einer der beiden Schweizer Großbanken könne gefährliche Folgen für das kleine Land haben. Im Rückblick gelesen, klingt das Fazit der Notenbanker fast prophetisch. »Wegen ihrer Größe haben diese Institute eine systemische Bedeutung. Zudem ist ihr Verschuldungsgrad hoch. Dementsprechend könnte jeder Fehler bei der Einschätzung der eingegangenen Risiken gravierende Folgen für die Stabilität des Bankensektors und dadurch für die Finanzstabilität der Schweiz haben.«[70]

Die Notenbank wusste seit langem um den enormen Leverage der zwei Finanzmultis. Mit ihrem Eigenkapital, das sie durch Rückzahlungen an ihre Aktionäre in den vergangenen Jahren optimiert hatten, managten sie immer größere Bilanzen. Die Spitzen von UBS und Credit Suisse argumentierten, es handle sich beim Großteil der Aktiven um ausfallsichere Anlagen, und verwiesen auf verhältnismäßig tiefe Risk-weighted Assets (RWA). Die risikogewichteten Aktiven hatten sich nicht im gleichen Ausmaß erhöht wie die Bilanz, entsprechend standen die beiden Institute bei der auf die RWA bezogenen Eigenkapitalquote im internationalen Vergleich als solide finanziert da.

Der damalige UBS-Konzernchef Peter Wuffli hatte sich die Kritik, wie bereits erwähnt, verbeten und SNB-Vizepräsident Niklaus Blattner 2005 kurzerhand zurechtgewiesen. Die UBS sei trotz ihres Bilanzwachstums ein sicherer Fels in der Brandung, weil die Produkte, die zum starken Anstieg der Aktiven geführt hätten, fast ausnahmslos risikofrei seien, hatte Wuffli den Notenbanker angeblafft. Präsident Ospel hatte sich vermittelnd zwischen die Kampfhähne gestellt, ohne Maßnahmen zu ergreifen.

Präsident Jean-Pierre Roth, ein Romand, Jahrgang 1946, der seit 1979 in Diensten der Notenbank stand und seit acht Jahren deren Präsident war, blickte ernst in die Runde. Roth war von der Statur her der kleinste der drei ranghöchsten Notenbanker des Landes, dafür übertraf er seine Kollegen an Sprachwitz, und mit seiner warmen Stimme fand er meist den richtigen Ton, wenn es darum ging, die Märkte zu beruhigen. Alter, Erfahrung und Beziehungsnetz machten den Primus inter Pares der SNB-Führung zu deren politischem Aushängeschild, sein Job war es, Drähte ins Bundeshaus zu spannen und in der Bank für Internationalen Zahlungsausgleich in Basel, der Zentralbank aller Zentralbanken, als Präsident zu walten.

Als im Spätsommer 2007 klar wurde, dass die UBS ins Schlingern geraten könnte, war von Grün auf Gelb geschaltet worden. SNB-Präsident Roth und die obersten Chefs der involvierten Bundesbehörden saßen fortan im Rettungsboot. Von der Aufsicht war dies Eugen Haltiner, der seine Sporen ausgerechnet bei der UBS verdient hatte, was eine harte Haltung gegenüber seiner einstigen Arbeitgeberin nicht nahelegte. Anfang 2006, als Haltiner 59 Jahre alt war und es bei der UBS bis ins oberste operative Führungsgremium geschafft hatte, wechselte er an die Spitze der Bankenaufsicht.

Haltiner, Roth und die übrigen Teilnehmer der Geheimsitzung vom 21. September standen davor, Geschichte zu schreiben – auch wenn sie dies lieber unter anderen Umständen getan hätten. Mit dem Konkurs von Lehman Brothers hatte sich die Lage rapide verschlechtert. Die Anleger flüchteten zuhauf in Staatspapiere und Gold, die Risikozuschläge exponierter Banken, Spreads der Credit Default Swaps genannt, schossen in die Höhe.

Für die UBS-Spitzenleute war die Situation ungewohnt. Nicht die Chefs der bis vor kurzem mächtigsten Bank Europas bestimmten über Traktanden, sondern die Vertreter des Staats. In deren Augen hatten UBS-Präsident Kurer und CEO Rohner ihr Pulver verschossen. Die wohl wichtigste Figur im Sitzungssaal an der Zürcher Nüschelerstraße war Philipp Hildebrand. Der zu diesem Zeitpunkt 45-jährige Vizechef des Direktoriums war nach Studien im In- und Ausland auf Wanderschaft gegangen, machte Karriere beim Hedgefonds Moore Capital Management in London, kehrte dann in die Heimat zurück, wo er Spitzenpositionen bei mittelgroßen Banken besetzte. Im Gegensatz zu Roth war Hildebrand ein Praktiker, der erst seit fünf Jahren zum SNB-Direktorium zählte. Der hochgewachsene ehemalige Profisportler pflegte engen Kontakt zu den wichtigsten Exponenten des Schweizer Finanzsektors.

Vermutlich präsentierte der einstige Spitzenschwimmer und heutige Hobbyboxer den Rettungsplan, den die Involvierten später lapidar »SNB-Transaktion« nennen sollten, und skizzierte dabei die wichtigsten Eckpunkte der beschlossenen Notoperation: Die Nationalbank würde die faulen US-Kreditpapiere aus der Bilanz der UBS herausschneiden und in einer eigens gegründeten SNB-Tochtergesellschaft lagern. Finanziert werden sollte die Operation mit einem Darlehen, das nur zurückzuzahlen war, falls die UBS in fremde Hände geriete. Einen einzigen Haken hatte der Vorschlag für die UBS: Auf die übernommenen Wertpapiere sollte die SNB einen Abschreiber von rund zehn Prozent vornehmen.

Den hätte die Großbank selbst zu tragen, und entsprechend würde sie rasch frisches Kapital auftreiben müssen.

Für die konkrete Umsetzung der SNB-Transaktion würde Thomas Jordan zuständig sein. Der Berner Ökonom gehörte seit anderthalb Jahren zur Führungstroika der Notenbank, war gleich alt wie Kollege Hildebrand, hatte aber im Unterschied zu diesem seinen Weg nicht in der Finanzpraxis gemacht, sondern in der Wissenschaft. Jordan heuerte 1997 bei der SNB an, beschäftigte sich mit volkswirtschaftlichen Studien, übernahm später die Leitung der Forschungsabteilung und wurde schließlich im Frühling 2007 von der Landesregierung ins SNB-Führungsgremium gewählt. Roth, der Politiker, Hildebrand, der Praktiker, Jordan, der Theoretiker – in dieser Konstellation machte sich die SNB an ihr größtes Werk.

Neu erfinden musste Jordan das Rettungsvehikel nicht. »Die konzeptionellen Pfeiler der Rettungsaktion standen seit 2004«, stellte der frühere SNB-Vize Niklaus Blattner fest, der im Frühling 2007 von Bord gegangen war und Jordan Platz gemacht hatte. Eine solche »außerordentliche Liquiditätshilfe« sei immer an konkrete Bedingungen geknüpft, sagte Blattner. »Die Relevanz einer Bank für das Finanzsystem muss gegeben sein, der Kredit hat gegen Sicherheiten zu erfolgen, und die zu rettende Bank muss solvent, sprich nicht überschuldet sein.« Die erste Bedingung war keine Frage, die zweite stellte kein Problem dar, weil die SNB in der Wahl der Sicherheiten beinahe beliebige Freiheit hatte. Kritisch war Punkt drei. Wie sicher war es, dass die UBS auch in Zukunft solvent bliebe?

Das herauszufinden war der Part der Eidgenössischen Bankenkommission, vertreten durch deren Präsident Haltiner und Direktor Daniel Zuberbühler. In der breiten Öffentlichkeit wurde Zuberbühler und nicht sein Vorgesetzter als oberster Regulator der Bankbranche wahrgenommen. Der Berner war ein hochgewachsener Funktionär modernen Zuschnitts, kleidete sich in elegante Anzüge, fuhr aber mit dem Fahrrad zur Arbeit. Der Jurist stand der Aufsicht seit zwölf Jahren operativ vor und beherrschte im Gegensatz zu vielen anderen Berner Spitzenbeamten das Spiel mit den Medien. Für das eigene Versagen in der Finanzkrise – die EBK hatte den Großbanken bei ihrem riskanten Bilanzspiel zugeschaut und möglicherweise gar dabei geholfen, statt die zu Wettbüros verkommenen Investmentbanken zu bremsen – fand Zuberbühler einprägsame Bilder. Den ersten Milliardenverlust der UBS im Herbst 2007 bezeichnete der EBK-Direktor als »Blechschaden«. Im Dezember 2007, als die Großbank 13 Milliarden frisches Kapital benötigte, sprach Wortzauberer Zuberbühler von einem »schweren Blechschaden« und fügte an: »Aber es gab keine Toten.« Als die UBS im Frühling 2008 schließlich auf einen Schlag weitere 19 Milliarden Dollar verlor, legte Zuberbühler seine Autocrash-Terminologie ab und zeichnete das Bild von staatlichen Kontrolleuren, die in »denselben Radarbildschirm« geblickt hätten wie die Risikomanager der Bank. »Wir können Fragen nach dem Verborgenen stellen und haben sie auch gestellt, aber die Antwort kommt wiederum aus den bankeigenen Datensystemen«, sagte der EBK-Chef auf der Jahresmedienkonferenz vom 1. April 2008. Blechschaden, Radar, keine Toten – die martialischen Töne standen im Widerspruch zum nachlässigen Handeln, lenkten aber erfolgreich von den eigenen Fehlern ab. Verluste von 37 Milliarden Dollar hatten anfallen müssen, bis die Bankenkommission UBS-Präsident Marcel Ospel das Vertrauen entzog.

Dem eloquenten Chefbeamten fiel nun die Rolle zu, mit UBS-Präsident Peter Kurer, Ospels in die Enge getriebenem Nachfolger, feste Termine zu vereinbaren. »Am 21. September«, sagte Zuberbühler im Rückblick auf die entscheidende Sitzung in der Nüschelerstraße, »gab es nichts mehr aufzuschieben. Wir sagten Kurer und Rohner, dass es Zeit sei, das Problem mit einer weitreichenden Lösung an der Wurzel anzupacken. ›Gut‹, antworteten sie, ›aber wir prüfen mit dem Verwaltungsrat noch Alternativen wie einen Verkauf der ganzen Bank.‹ Als Deadline wurde schließlich Sonntag, der 12. Oktober, festgelegt. Kurer und Rohner waren zuversichtlich, bis dann Privatinvestoren für die Kapitalerhöhung zu finden.« Damit hätten sich die Vertreter des Staats – die Spitzenleute von Notenbank, Bankenaufsicht und Finanzministerium – nicht zufriedengegeben, sagte Zuberbühler. Sie fassten einen Plan B mit einer Staatsbeteiligung ins Auge. »Wir wollten uns nicht auf dem linken Fuß erwischen lassen.«

Bei jenem Sonntagstreffen war auch Peter Siegenthaler zugegen, Chef der eidgenössischen Finanzverwaltung und in dieser Funktion oberster Kassenwart des Bundes. Sein Vorgesetzter, Finanzminister Hans-Rudolf Merz, lag just an diesem Tag rekonvaleszent im Spitalbett. Wenige Stunden vor dem Zürcher Gipfeltreffen hatte das freisinnige Mitglied der Landesregierung einen schweren Herzinfarkt erlitten. Siegenthaler, ein sphinxhafter 60-jähriger Typ mit verschmitztem Lächeln, blieb bei dem historischen Meeting die meiste Zeit ruhig und versuchte sich auszumalen, was auf den Bund zukommen könnte. »Die Staatsbeteiligung war wirklich nur Ultimo Ratio«, sagte er im Rückblick. »Eine Bank zu führen ist keine Staatsaufgabe, eine Unterstützung durch den Staat kann die Position eines Institutes im Wettbewerb mit der Konkurrenz schwächen, und es gibt politischen Druck.«

»Zahlreiche Banken haben nochmals frisches Kapital aufgenommen.« Bevor er weitersprach, warf Peter Kurer einen Blick ins weite Rund der Sankt-Jakob-Halle. 2372 UBS-Aktionäre waren am 2. Oktober 2008 nach Basel gepilgert, die dritte UBS-Generalversammlung des Jahres interessierte nur noch halb so viele Eigentümer wie im Frühling. Für den Exkonzernanwalt war es die erste Generalversammlung in der Rolle des Präsidenten. Wenige Stunden vor Versammlungsbeginn hatte Kurer die frohe Botschaft eines »kleinen« Gewinns verkünden lassen, entsprechend gelöst war die Stimmung unter den Aktionären. Nun las der neue starke Mann jene Passage ab, die ihm danach immer wieder vorgeworfen werden sollte. »Ich bin in der glücklichen Lage, Ihnen berichten zu können, dass wir die UBS recht erfolgreich durch diese Turbulenzen manövrieren konnten«, klopfte sich der Präsident auf die eigene Schulter. »Unabhängige Beobachter bringen das damit in Zusammenhang, dass wir frühzeitig die grundsätzlichen Ursachen der Krise zu lösen begannen, einschließlich einer zweifachen Kapitalaufnahme und weiterreichender Änderungen im Geschäftsmodell.« Die UBS zähle zu den am besten kapitalisierten Banken. »Trotz der außerordentlich schwierigen Marktsituation haben wir über die letzten Monate hinweg substanzielle Fortschritte erzielt. Wir haben die Grundlage gelegt, auf welcher wir unsere Position erhalten und ausbauen können.«

War dies eine bewusste Täuschung der Investoren? Oder die Hoffnung auf ein Wunder, der Traum, doch noch ohne Staatsrettung über die Runden zu kommen? Einfach Selbstüberschätzung? Oder schlicht Naivität? Während Notenbank und Bund im Stillen eine Rettungsaktion historischen Ausmaßes vorantrieben, erzählte Kurer den UBS-Aktionären das Blaue vom Himmel. Das sei »weit von ideal entfernt« gewesen, meinte einer der auf Staatsseite Beteiligten später. »Wir hatten darauf eine relativ lebhafte Diskussion mit Kurer. Der wollte seinen Misstritt anfänglich nicht einsehen.« Der UBS-Präsident verteidigte die Aussage später mit Verweis auf einen anderen Satz seiner Basler Rede. »Kurzfristig konzentrieren wir uns darauf, UBS durch diese sehr schwierige Marktsituation zu navigieren«, sagte er damals und versprach, »auch in Zukunft alle notwendigen Maßnahmen« zu ergreifen, die nötig würden.

Hören wollte dies kaum jemand. Viele Investoren deckten sich mit UBS-Aktien ein, der Aktienkurs schoss innert zwei Tagen von unter 20 auf 24 Franken hoch. Die Frage, ob Bankpräsident Kurer bewusst Falsches vortäuschen wollte, mochte Peter Siegenthaler von der Finanzverwaltung nicht beantworten. Er bestätigte lediglich die unterschiedliche Lagebeurteilung von Staats- und Großbankenvertretern in den ersten Tagen des Monats Oktober. »Bankenkommission und Nationalbank sahen ohne staatliche Unterstützung die Stabilität der Bank und somit des gesamten Finanzsystems gefährdet. Die UBS-Chefs hatten noch Hoffnung, ihr Schiff ohne staatliche Rettungsleine durch den Sturm zu lotsen.«

In der Finanzverwaltung wurden in jener Zeit sogenannte Non-Papers erstellt. Wären die Konzepte zur Rettung der UBS in falsche Hände geraten, hätte man deren Existenz rundheraus geleugnet. Spitzenpolitiker und Sprecher der zuständigen Stellen wiederholten vor der UBS-Rettung wie ein Mantra, die Lage im Schweizer Finanzsystem sei momentan stabil, keine wichtige Bank befände sich zurzeit in Schieflage, und würde sich die Situation ändern, so stünde der Bund mit Maßnahmen bereit. Die Adverbien »momentan« und »zurzeit« machten den ganzen Unterschied aus – darauf achtete aber praktisch niemand.

Nicht zur allgemeinen Beruhigung passen wollten gewisse aufgeregte Reaktionen auf Seiten der UBS. Auf Anfrage hatte mir die Bank für den 7. Oktober ein Hintergrundgespräch mit einem hohen Manager ihres Finanzbereichs angeboten. Thema war die zunehmende kurzfristige Refinanzierung der UBS. Die Bank hatte per Ende 2003 rund 58 Milliarden Franken Kurzfristkapital ausgewiesen, Ende 2007 waren es bereits 152 Milliarden. Die langfristigen Schulden waren vergleichsweise weniger stark angestiegen. Dank ihrem guten Kreditrating war die Bank in den vergangenen Jahren bei der kurzfristigen Kapitalaufnahme in den Genuss günstiger Zinssätze gekommen und hatte davon regen Gebrauch gemacht. Mit dem Lehman-Kollaps hatte der Wind gedreht. Kurzfristig trauten viele Banken der UBS und anderen angeschlagenen Finanzmultis nicht über den Weg, für die Aufnahme von langfristigem Fremdkapital war es zu spät.

Bevor mein Artikel in der *Handelszeitung* in Druck ging, meldete sich Michael Willi, inzwischen oberster Kommunikationsverantwortlicher der Bank, bei der Redaktion. Er befürchtete Schlagzeilen über Refinanzierungsprobleme der UBS. Zu jenem Zeitpunkt suchte die UBS immer verzweifelter private Eigenkapitalspender. Die Staatsvertreter hatten den Bankmanagern erlaubt, maximal zehn in Frage kommenden Investoren vom SNB-Rettungsvehikel zu erzählen. Die UBS-Abhängigkeit von kurzfristigem Geld wurde besser nicht zum Thema. Wie bei einem Stausee, den es jeden Abend bis zum alten Pegel aufzufüllen gilt, war die UBS bemüht, das übliche Liquiditätsniveau zu halten. Als dies nicht mehr gelang, schritten die Behörden ein. »Andere Banken gaben der UBS nur noch kurzfristig Geld, zuletzt höchstens über Nacht«, bestätigte Peter Siegenthaler ein paar Wochen später. »Und immer mehr Kunden zogen ihr Vermögen ab. Beides ließ den Liquiditätspuffer sinken. Es war nicht so, dass die UBS kurz vor dem Zusammenbruch stand. Aber wenn man eine so große Bank stützen will, darf man nicht warten, bis der Geldabfluss nicht mehr zu stoppen ist.«

Drei Wochen nach dem Treffen war die Schlacht geschlagen. Trotz intensiver Bemühungen und entgegen ihrer eigenen Zuversicht hatten die obersten UBS-Chefs keine privaten Geldgeber gefunden. Als letzte Anlaufstelle blieb der Staat. Dieser sollte nun sechs Milliarden Franken frisches Eigenkapital zur Verfügung stellen. Die Höhe der Kapitalinjektion war abhängig gemacht worden von der Höhe des Nationalbank-Deals. UBS und SNB waren übereingekommen, dass illiquide amerikanische Kreditpapiere und andere gefährdete Anlagen im Wert von maximal 60 Milliarden Dollar übertragen werden sollten. Zehn Prozent davon musste die Großbank in Form eines ersten Schutzes auf die eigene Kappe nehmen und als Verlust abschreiben. Um dieses neuerliche Kapitalloch zu stopfen, bedurfte es einer Kapitalerhöhung im entsprechenden Umfang.

Der Verwaltungsrat mandatierte seinen Präsidenten, und so verfasste Peter Kurer am 12. Oktober 2008 drei Briefe: ans eidgenössische Finanzdepartement, an die schweizerische Notenbank und an die Bankenaufsichtsstelle. Er ersuchte die Behörden, der UBS bis zu 68 Milliarden Franken zu überweisen. Es war das Eingeständnis eines Scheiterns – seines eigenen und dessen seiner Mitstreiter. Kurer war am gleichen Punkt angelangt wie die Manager der Swissair sieben Jahre zuvor. Der UBS-Konzernanwalt hatte der ausgebluteten Airline im Herbst 2001 einen Kapitulationsvertrag diktiert. Als zuvor langjähriger externer Anwalt der Swissair kannte er jedes Detail der Gruppe, was ihm in seiner neuen Funktion als Jurist der Swissair-Hausbank UBS zugutekam. Als die Tinte auf dem Vertrag trocken war, soll Kurer den berühmten Ausspruch abgesondert haben: »So, jetzt haben wir euch den Stecker herausgezogen.« Eine solche Aussage sei zynisch und entspreche nicht seinem Stil, bestritt Kurer den Vorfall.

Am 16. Oktober, kurz vor sieben Uhr in der Früh, wurde das 68-Milliarden-Paket vorgestellt. »UBS entfernt Risikopositionen aus ihrer Bilanz durch Transaktion mit der Schweizerischen Nationalbank« überschrieb das Institut sein Kommuniqué, und Präsident Kurer versicherte, aus freien Stücken »konkrete Schritte zur Eliminierung von Altlastrisiken« unternommen zu haben. Auch in einem Schreiben, das die UBS gleichentags an ihre Kunden und Partner verschickte, fand sich keine Spur von der dringenden Notlage, in der die Bank steckte. Mit den Worten »Sehr geehrter Partner, heute sind wir in der Lage, die brennendsten Fragen der Zukunft von UBS zu beantworten« wurde der Eindruck proaktiven Handelns erweckt. »Mit der SNB und der Schweizer Regierung haben wir ein umfassendes Maßnahmenpaket vereinbart, um Risikopositionen mit einem entscheidenden Schritt aus unserer Bilanz zu entfernen, die Unsicherheit über eventuell weitere Verluste auf notleidende Positionen zu beseitigen und einen Beitrag zur Stabilität des Finanzsystems zu leisten«, stand in dem Brief, den die UBS am 16. Oktober 2008 per Mail verschickte. Jene Bank, welche das Schweizer Finanzsystem an den Abgrund geführt hatte und vielleicht in letzter Minute vom Staat gestützt werden musste, warf sich den Mantel des Retters um.

Die kommunikative Schönfärberei konnte nicht von der Dimension des Rettungspakets ablenken. Diese war gigantisch. Umgerechnet auf jeden der sieben Millionen Schweizer Einwohner belief sich das eingegangene Risiko auf beinahe 10 000 Franken. Sollte das Kalkül nicht aufgehen und sollten sich die Preise der vom Staat übernommenen illiquiden US-Kreditpapiere nie mehr erholen, stünde dem Steuerzahler eine saftige Rechnung ins Haus.

Peter Siegenthaler, einer der Architekten des UBS-Rettungsplans auf Bundesseite, beschwichtigte mir gegenüber in einem Gespräch im November 2008: »Die Chancen stehen gut, dass die Unterstützung der UBS die Bürger nichts kosten wird.« Erstens erhalte die Eidgenossenschaft einen hohen Zins, zweitens blieben dem Staat 30 Monate, bis er den Kredit in Aktien der Bank wandeln müsste. Aber auch Siegenthaler konnte einen Schaden für die Öffentlichkeit nicht ausschließen. »Das Investment ist an den UBS-Aktienkurs gekoppelt, und der geht rauf und runter. Dieses Risiko liegt nun auch beim Schweizer Steuerzahler.«

Skeptisch äußerte sich der frühere Notenbank-Vizepräsident Niklaus Blattner. »Die SNB-Transaktion stellt ein großes Risiko für die Schweiz dar, bietet ihr aber wenig Potenzial nach oben. Klar, die Nationalbank kann solche Investitionen notfalls ›ewig‹ halten. Doch das gilt auch für reiche Privatinvestoren wie Warren Buffett. Die Frage ist: Würden sie es auch tun?« Wohl kaum, antwortete der 65-jährige Finanzexperte und emeritierte Wirtschaftsprofessor gleich selbst. »Die SNB übernahm das Risiko, um einen Systemkollaps zu verhindern.«

Von unmittelbarem Untergang wollte Peter Kurer nichts wissen. Zwei Tage nach dem 68-Milliarden-Paukenschlag sagte der UBS-Präsident in einem Radiointerview auf die Frage, was den Gang nach Bern nötig gemacht habe: »Wir waren weg vom roten Bereich. Aber Sie müssen eben die Emotionslosigkeit haben, dass Sie sagen: Wenn das unter einen bestimmten Wert fällt, müssen Sie einfach auslösen. Sie müssen eine Ablauflinie haben, und dann dürfen Sie nicht mehr sagen: Das schadet dann nachher mir, und wie blöd stehe ich da, sondern Sie müssen das Köfferchen nehmen und den Canossagang machen.«

10 Wer übernimmt?

Leonard Cohen sang »First we take Manhattan, then we take Berlin«. In Anlehnung daran könnte es bei der Finanzkrise heißen: »First we take Iceland, then we take Switzerland.« Beide Länder gerieten mitten in den Finanzsturm. »Island ist pleite«, sagte Professor Arsaell Valfells von der Universität Island am 9. Oktober 2008 der *International Herald Tribune*. »Die isländische Krone ist Geschichte. Der Währungsfonds wird uns retten müssen.«[71] Zwei Wochen später kündigte der Internationale Währungsfonds (IMF) tatsächlich eine Milliardenhilfe für den europäischen Inselstaat an. Ohne Rettungsleine der Auffanginstitution wäre das Land der Gletscher und Geysire mit seinen 320 000 Einwohnern zahlungsunfähig geworden und hätte – theoretisch – auf Selbstversorgung umstellen müssen, was angesichts der geographischen Lage knapp unterhalb des nördlichen Polarkreises kein leichtes Unterfangen gewesen wäre.

Ein paar tausend Kilometer weiter südlich geriet auch das Staatsvermögen der Schweiz in jenen Herbsttagen 2008 in gefährliche Wasser. »Bitte kein Vergleich mit Island«, bat Notenbankpräsident Jean-Pierre Roth die Journalisten bei der Präsentation des UBS-Rettungsplans in der Bundeshauptstadt Bern am 16. Oktober. Doch die Parallelen stachen ins Auge. Das Notpaket von Bund und Nationalbank für die schlingernde Großbank, das die Landesregierung am Vortag verabschiedet hatte, konnte im schlimmsten Fall 68 Milliarden Franken ausmachen – eine Summe, die das Vorstellungsvermögen der meisten Eidgenossen um ein Vielfaches übersteigt. Die Gründe, warum die beiden Länder derart viel Geld für die Rettung weniger Firmen aufbringen mussten, fanden sich in den übertrieben aufgeblasenen Bilanzen einer Handvoll Banken wieder. In den Jahren des billigen Geldes unter der Ägide des langjährigen Fed-Chefs Alan Greenspan hatten sich die scheinbar seriösen Banken in Spekulationshäuser verwandelt, die nach dem Platzen der Kreditblase wie Mühlsteine an ihren Heimatstaaten hingen und gar drohten, sie mit sich in den Abgrund zu ziehen.

Die Banken Islands und jene der Schweiz betrieben Bilanzsummen, die insgesamt das Zehn- respektive das Neunfache der jeweiligen Wirtschaftsleistungen ihrer Länder ausmachten. In großen Staaten wie Deutschland und den USA war diese Form von Bankenklumpenrisiko deutlich weniger ausgeprägt. Die Problematik hatte sich in den letzten Jahren verschärft. Die extreme Größe der Schweizer Bankbranche thematisierte die Nationalbank in ihrem Stabilitätsbericht 2006. »Der Schweizer Banksektor ist auch im historischen Vergleich groß«, vermerkten die Autoren. »Über die letzten zehn Jahre wuchs er ständig, die gesamten Aktiven haben sich im Verhältnis zur Wirtschaftsleistung des Landes verdoppelt.« Die Autoren der SNB machten klar, worauf diese relative Bilanzverdoppelung fußte. »Das rasante Wachstum reflektiert praktisch ausschließlich die Entwicklung des internationalen Geschäfts der zwei Großbanken.«[72]

Nicht die Spar- und Kreditabteilungen von UBS und Credit Suisse in ihrem Heimmarkt hatten zu dieser eindrücklichen Bilanzaufblähung geführt, sondern deren Investmentsparten, wo Starhändler Milliardenwetten eingegangen waren, die sich in den Boomjahren der Kreditschwemme bezahlt machten – für sie persönlich und für ihre obersten Bosse in den Bankenzentralen. Die Aushängeschilder der Schweizer Großbanken, für die bis Ende der neunziger Jahre eine Million Franken im Jahr als stolzes Salär gegolten hatte, ließen sich nun von den Vergütungsausschüssen der Verwaltungsräte zweistellige Millionenboni bewilligen. Auf sämtlichen Ebenen – bei Marktanteil, Unternehmensgewinn und Entschädigung – herrschten Drang und Gier nach immer mehr.

Je größer die Blase, desto lauter der Knall beim Platzen und desto verheerender die Schäden, so lautet die simple Erkenntnis aus dem ewigen Auf und Ab der Wirtschaft. Die Kreditkrise schien im Herbst 2008 besonders einschneidende Folgen zu haben. Bis zu 2000 Milliarden Dollar an faulen Krediten könnten Banken und andere Finanzunternehmen aufgetürmt haben. Davon war erst die Hälfte abgeschrieben und zum Teil durch frisches Kapital ersetzt. Private Investoren hatten längst die Segel gestrichen, und selbst die Staatsfonds aus dem Mittleren und Fernen Osten zeigten nunmehr wenig Lust, maroden Bankkonzernen auf die Beine zu helfen. Übrig blieben die Staaten und ihre Notenbanken als Lenders of Last Resort.

Geschossen wurde aus allen Rohren. Eine Schätzung bezifferte die Totalsumme, welche die USA für die Rettung ihres Finanzsystems und die Ankurbelung der einbrechenden Realwirtschaft aufwerfen dürften, auf rund 7000 Milliarden Dollar. Das entspräche rund 50 Prozent des amerikanischen BIPs, die Hälfte einer Jahresproduktion der US-Wirtschaft müsste in diesem Fall bereitgestellt werden. Gerechtfertigt wurde der historische Einsatz von Mitteln mit der Gefahr, die es abzuwenden galt. Würde der Staat nicht dezidiert Gegensteuer geben, könnte die Welt in einer Depression wie in den dreißiger Jahren landen.

Das Ausmaß der Krise warf jedes Land auf sich selbst zurück. Selbst die Schweiz, lange als Sonderfall betrachtet, als Insel der Glückseligen, die vom Sturm ein ums andre Mal verschont bleibe, musste ans Eingemachte gehen. Die Verantwortlichen wurden zwar nicht müde zu betonen, dass in ein paar Jahren möglicherweise kein einziger Franken verloren sein würde. Doch Fakt war am Ende des stürmischen Jahres 2008, dass sieben Millionen Schweizerinnen und Schweizer zur Rettung der Großbank UBS mit 68 Milliarden Franken ins Risiko gegangen sind. Genauer: Sie sind dazu verdonnert worden. Die Möglichkeit, zu wählen, bestand nicht.

68 Milliarden Franken respektive 45 Milliarden Euro entsprachen rund 15 Prozent des Schweizer Bruttoinlandprodukts. Somit

blieb Raum nach oben. Um Finanzsystem und Realwirtschaft im gleichen Umfang wie die Amerikaner zu stützen, müssten die Eidgenossen bis zu 200 Milliarden Franken aus dem Hut zaubern. Und da die Schweiz in der Vergangenheit weniger auf Pump gelebt hatte, wäre die Schuldenlast immer noch leichter zu schultern als in Übersee.

Trotzdem zeigten solche Gedankenspiele, an welchen Punkt die UBS das kleine Land gebracht hatte. Ein Blick auf das große Eisenbahnvorhaben mit zwei Alpentransversalen genügte zur Einordnung. Bei der Abstimmung von 1992 bewilligte das Volk einen Kredit von acht Milliarden Franken. Daraus dürften bis zum Abschluss des Jahrhundertprojekts mit einer 57 Kilometer langen Röhre durch das Gotthardmassiv voraussichtlich 24 Milliarden Franken werden. Jede zusätzliche Kostenexplosion sorgte für emotionale Fieberschübe im nationalen Politbetrieb, Bauunternehmen deckten sich mit Klagen ein, Medien vermeldeten jeden vergeudeten Betonzentimeter. Nichts dergleichen bei der sogenannten SNB-Transaktion. Der siebenköpfige Bundesrat als oberste Exekutivbehörde winkte den Kredit durch, das Parlament durfte noch seinen rhetorischen Senf verabreichen, hatte aber in der Sache nichts mehr zu melden. In Krisenzeiten funktioniert auch die Bilderbuchdemokratie Schweiz nach dem Befehlsprinzip. Die drei Weisen der Notenbank wiesen den Weg, der Rest des Landes trottete vertrauensselig hinterher, auch wenn die Zentralbank, dieser einstige Goldhort, sich in einen gigantischen Hedgefonds verwandelte. Dass der Kurs der faulen US-Kreditpapiere bereits unter den Einstandspreis gefallen war, blieb ohne Folgen. Wie sagte doch Notenbankpräsident Jean-Pierre Roth am Tag der Rettungsaktion? »Wir sind da für die Ewigkeit, wir können in Ruhe handeln.« Ewig zumindest für Roths Generation. Sollten die 10 000 Franken pro Einwohner dereinst doch fällig werden, müssten die Zechen Jüngere bezahlen.

Auf was sich der Staat mit seiner UBS-Hilfe eingelassen hatte, wurde der Öffentlichkeit erst Wochen später richtig bewusst. Mitte November sagte Oberbankenaufseher Daniel Zuberbühler der

SonntagsZeitung, dass die jüngste Marktentwicklung offenlasse, »ob unser Maßnahmenpaket ausreichen wird«. Mit seinen offenherzigen Antworten sorgte der scheidende Aufsichtschef dafür, dass sich Politik und Steuerzahler frühzeitig mit unerfreulichen Aussichten auseinanderzusetzen begannen. »Wie viele ausländische Staaten müsste auch die Eidgenossenschaft nötigenfalls mehr Eigenkapital einschießen. Die Kunden und Gegenparteien sowie die ganze Volkswirtschaft müssen sich darauf verlassen können, dass wir eine Großbank nicht untergehen lassen.«

Parlamentarier von links und rechts waren zur Stelle und warnten vor einem Fass ohne Boden. Doch die Empörung wirkte naiv, waren doch die Aussagen des Spitzenbeamten nur folgerichtig. Die oberste politische Führung des Landes hatte im schwarzen Oktober 2008 beschlossen, ihre größte Bank zu stützen. »Mitgegangen, mitgehangen«, heißt es im Volksmund. Der Weg zurück

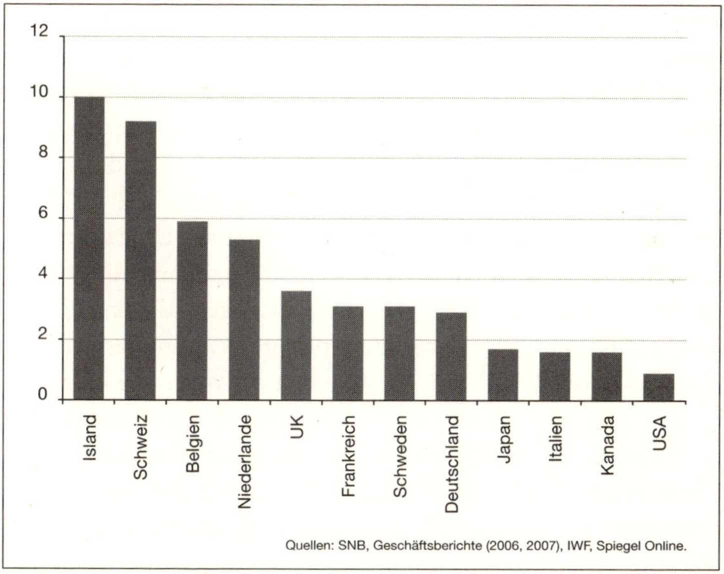

Die Bilanzsummen aller Banken summierten sich in Island und der Schweiz auf das Zehn- und Neunfache des Bruttoinlandprodukts, während dieser Multiplikator in Deutschland bei drei lag, und in den USA waren BIP und Bankenbilanzen ungefähr gleich groß.

war verbaut, dem schlechten Geld würde die Schweiz gutes nachwerfen müssen, sollte sich die Lage nicht rasch aufhellen.

Hätte denn das Land die UBS auch untergehen lassen können? Weil Regierung, Aufsicht, Nationalbank und selbst die UBS die Schweiz vor ein Fait accompli stellten, blieb die Frage nicht nur unbeantwortet, sondern wurde gar nie ernsthaft aufgeworfen. Fast schien das Verhältnis von Schweiz und UBS ein Axiom, ein Naturgesetz von zeitloser, »ewiger« Gültigkeit. Keine UBS ohne Schweiz, das war durch die staatliche Rettung erhärtet, doch offenbar galt für das politische und wirtschaftliche Führungspersonal des Landes auch das Umgekehrte: Keine Schweiz ohne UBS.

Welches Wagnis die Verantwortlichen eingingen, förderte eine Aufstellung der renommierten US-Investmentfirma Bridgewater Associates zutage. Deren Analysten setzten die Bilanzsummen der Banken eines Landes ins Verhältnis zur jeweiligen Staatsverschuldung. Wiederum zierten Island und die Schweiz – wie schon bei der Wirtschaftsleistung – die Spitze des Rankings. Ob zwei Länder mit überproportionalen Finanzsektoren ihre wichtigsten Bankkonzerne aus eigener Kraft würden retten können? Im Fall Islands war die Antwort bekannt. Für die Schweiz blieb sie nach der historischen Rettungsaktion vorerst offen.

Marcel Rohner blickte von seinem Platz auf dem Podium hinunter ins Publikum. Zum vierten Mal in diesem Jahr hörte sich der höchste Angestellte der UBS die Kritik der Aktionäre an. Für die Versammlung vom 27. November 2008 hatte die Bank nicht wie üblich ins periphere Basel am Rheinknie geladen, sondern nach Luzern, ins Herz des Landes. Das Institut, das vom Staat gerettet wurde und je nach Entwicklung in ein paar Jahren zu fast zehn Prozent den Bürgern des Landes gehören könnte, kam seinen Eigentümern entgegen. Der Anfahrtsweg in die Innerschweiz war für viele der 2395 UBS-Aktionäre kürzer als sonst.

Der junge CEO war wie gewohnt unauffällig gekleidet. Zum dunkelgrauen Anzug und dem weißen Hemd trug er eine Krawatte in dezentem Rot. Auch seine Stellungnahmen blieben wie meist nicht lange haften. Rohners Rolle beschränkte sich auf die des Spezialisten für die Details. Aktionärsversammlungen waren Sache des Präsidenten, nicht des Konzernchefs. Die Rolle im zweiten Glied schien diesem zu behagen. Aufgeblüht war der Technokrat in der öffentlichen Arena noch nie.

Aus der Ferne wirkte Rohner bedrückt. 16 Monate Finanzkrise waren nicht spurlos an ihm vorbeigegangen. Als der Manager Mitte 2007 überraschend ans Steuer des UBS-Tankers gesetzt wurde, schien die See noch ruhig. Schon im Monat darauf brach der Jahrhundertsturm los, und Rohner, ein Aufsteiger der Schönwetterperiode, musste das leckgeschlagene Schiff durch turmhohe Brecher und gefährliche Untiefen steuern. Er hielt sich auf der schwankenden Brücke, so gut es ging, fest, er krampfte rund um die Uhr.

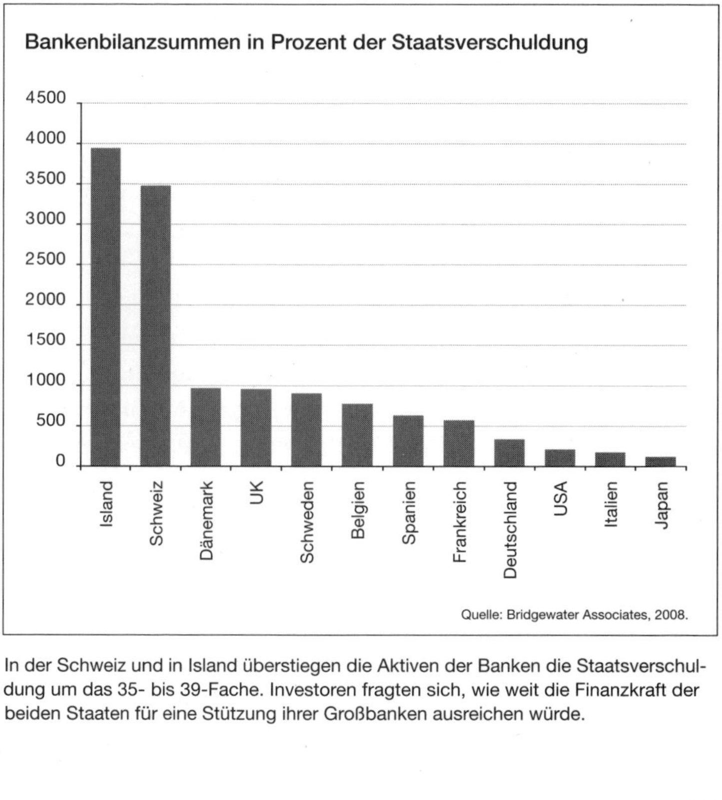

In der Schweiz und in Island überstiegen die Aktiven der Banken die Staatsverschuldung um das 35- bis 39-Fache. Investoren fragten sich, wie weit die Finanzkraft der beiden Staaten für eine Stützung ihrer Großbanken ausreichen würde.

Doch der herkulischen Aufgabe, die manch eine Führungskraft mit größerer Erfahrung überfordert hätte, war Marcel Rohner nicht gewachsen.

Entscheidend für das Fazit waren seine wiederholten Fehleinschätzungen. Nach jedem neuen Milliardenabschreiber hatte der UBS-Steuermann zu verstehen gegeben, dass die Bank die Krise hinter sich habe. Rohners spektakuläre Irrtümer nahmen ihren Anfang am 30. Oktober 2007, als die UBS die ersten US-Subprime-Verluste im Detail erläuterte. »Die Gruppe als Ganzes sollte im laufenden Quartal positiv sein«, äußerte sich Rohner in einer Telefonkonferenz Medien und Analysten gegenüber optimistisch. Doch schon damals war die Aussage überholt. In seiner Rechnung stiegen die Verluste seit der Erstveröffentlichung am 1. Oktober bis zum Quartalsergebnis vom 30. Oktober nur marginal von vier auf 4,2 Milliarden Dollar. Zur gleichen Zeit sackte der ABX-Index für Aaa-Papiere von rund 95 auf 80 Prozent ab, was nicht zur Rohner'schen Schönwetterprognose passen wollte.

Sechs Wochen später hatte die Realität den UBS-CEO eingeholt. Die Großbank gab weitere Abschreibungen über zehn Milliarden Dollar bekannt und benötigte eine erste Kapitalerhöhung über 13 Milliarden Franken. Zog Rohner die richtigen Schlüsse aus seiner falschen Krisenkommunikation? »Diese Abschreibungen bringen unseres Erachtens ein Maximum an Transparenz und werden das Potenzial für Spekulationen über notwendige weitere Bewertungskorrekturen bei UBS minimieren«, verkündete er am 10. Dezember 2007. Und als Rohner Anfang 2008 in der *Handelszeitung* die Aussagen wiederholte, war die UBS-Aktie gefragt wie einst. »Eine Stabilisierung halte ich für wahrscheinlicher als Einbrüche, wie wir sie in den Monaten August, Oktober und November 2007 gesehen haben«, lauteten die Worte Rohners, der einschränkte, er könne eine Verschlechterung »nicht ausschließen«.

Die Halbwertszeit der Prognosegültigkeit des UBS-Konzernchefs verkürzte sich in der Folge auf drei Wochen. Am 30. Januar 2008 schreckte die UBS mit weiteren Milliardenverlusten auf. Dass nun die Wahrscheinlichkeit von Verschlechterungen größer wäre als jene von Verbesserungen, wollte Rohner aber nicht wahrhaben. Seine UBS verlor zwar bis März 2008 nochmals 19 Milliarden Dollar, trotzdem sagte Rohner am 21. April auf *Radio DRS*: »Die Situation ist weniger gefährlich und besser zu bewältigen als in den letzten neun Monaten.«

Im August kritisierte ich den Topmanager in der *SonntagsZeitung* wegen seiner ständigen Fehlprognosen. Zu Unrecht, meinte der Angeschossene höflich, aber überzeugt. »In einer Krise, die niemand richtig einschätzen kann, will man hören, dass dies alles bald vorbei ist.« In Rohners Augen ließ nicht seine Botschaft die Lage zu rosig erscheinen, sondern das Publikum hatte anscheinend kein Gehör für dessen kritische Untertöne. »Dass es schnell vorbeigeht, habe ich nie versprochen«, flüchtete sich der UBS-CEO in Spitzfindigkeiten.

Neun Tage später präsentierte Rohner die Zahlen von April bis Juni 2008, nun waren über fünf Milliarden Dollar den Bach runtergegangen. Der Zürcher *Tages-Anzeiger* wollte wissen, wo der UBS-CEO die Krise sehe, »am Anfang, in der Mitte, am Ende?«. Industrieweit bedürfe es weiterer Rückstellungen, meinte dieser, malte für sich aber Rosa: »Als Institution, die über das Handelsgeschäft exponiert ist, steuern wir auf das Ende der Krise zu.«

Auch nach vier Quartalen auf der Brücke des UBS-Schiffes merkte man dem ersten Steuermann nicht an, dass er in einer Welt von Wahrscheinlichkeiten und Unsicherheiten groß geworden war. Sämtliche Prognosen hatten sich als zu optimistisch herausgestellt. Und als die Bank im Oktober teilverstaatlicht wurde, blies der Mann erneut ins gleiche Horn. »Wir haben definitiv das Schlimmste überstanden«, frohlockte Rohner im *Schweizer Fernsehen*. Inzwischen hatten sich die Verluste unter seiner Führung auf fast 48 Milliarden Dollar summiert, und das einstige Eigenkapital hatte sich in Luft aufgelöst.

Berühmtere Banker wie die Chefs der Investmentbanken Goldman Sachs und Morgan Stanley oder Deutsche-Bank-CEO Josef Ackermann ließen sich zu Entwarnungen hinreißen, die sie später korrigieren mussten. Doch beim UBS-Konzernchef kam eine zweite Schwäche hinzu. Seine Sanierungspläne konnten die Investoren nicht überzeugen. Die ebenfalls schwer angeschlagene US-Bankgigantin Citigroup, die auch vom Staat gerettet werden musste, warf das Steuer herum und baute 20 Prozent der Stellen ab, von 375 000 auf 300 000. Aus Citigroup sollte kein »financial no-man's land« werden, wie der englische *Economist* schrieb: verschuldet und überdimensioniert zum Leben, zu riskant, um ein Sterben zuzulassen.

Europas Citi war die UBS. Rigoros hätten Rohner und seine Weggefährten sanieren und restrukturieren müssen. Aber mehr als ein Jahr nach Krisenbeginn war davon wenig zu spüren. Die Investmentbank strich ein paar tausend Stellen, doch war ihr Geschäft schon klinisch tot. Ein Abbau von 20 000 der 80 000 Stellen täte not. Doch da sah Rohner rot.

Daniel Zuberbühler zog genüsslich an seiner Pfeife. Das Jahr 2008 steuerte seinem Ende entgegen, und der oberste Bankenaufseher, der das Publikum in der Finanzkrise mit bildhaften Aussagen bei Laune gehalten hatte, würde seinen operativen Job bald an den Nagel hängen. In der neuen Finanzmarktaufsicht, mit Banken- und Versicherungsregulatoren unter einem Dach, würde der erfahrene Zuberbühler als Verwaltungsratsvize agieren. Dem sportlichen 60-Jährigen bliebe Zeit, mit seinem neuen Fahrrad »UBS« – in Erinnerung an das alte, das er nach der Rückkehr von einer Notfallsitzung in Zürich vergebens am Bahnhof gesucht hatte – durch die Berner Innenstadt zu pedalen.

In Zuberbühlers Ära genossen die beiden Großbanken UBS und Credit Suisse eine Vorzugsbehandlung. Die zwei Finanzmultis, die den Rahmen ihres Heimatlandes längst gesprengt hatten und zum Klumpenrisiko geworden waren, mussten selbst nach ihren Milliardenverlusten nicht grundsätzlich über die Bücher. Verlangt wurde etwas Mäßigung, und sogar dies wollten deren Chefs anfänglich nicht akzeptieren. »Wenn man in der Schweiz keine Großbank will, dann muss man das deutlich sagen«, ärgerte sich Walter Kielholz, der Präsident der Credit Suisse, am 12. Juli 2008 in der *Basler*

Zeitung über Vorschriften, die den Heimatstandort schwächten. Erst nach dem Lehman-Kollaps und der Staatshilfe schienen Kielholz & Co. die Verdoppelung des Eigenkapitalpuffers und eine Obergrenze bei der Verschuldung verkraftbar zu sein.

Dabei hätten die Behörden die Schraube durchaus auch stärker anziehen können. Doch eine staatlich verordnete Abspaltung der Investmentbanken und ein Verbot von Geschäfts- und Investmentbank-Konglomeraten, wie dies bis Ende der neunziger Jahre in den USA galt und in England derzeit diskutiert wird, wischten Zuberbühler & Co. frühzeitig vom Tisch. Als Lame Duck kurz vor dem Ende der Aktivzeit adelte er stattdessen die UBS-Chefs: »Marcel Rohner und Peter Kurer machen ihre Sache sehr gut«, sagte Zuberbühler in unserem Gespräch. »Sie steuern das UBS-Schiff durch einen gigantischen Sturm und tun das Menschenmögliche.«

Kein Wort von Führungsschwächen und Glaubwürdigkeitsproblemen. Präsident Kurer kümmerte sich um neue Strukturen, Führungsprinzipien und Entschädigungsmodelle, statt das Überleben seines Konzerns zu sichern. Der UBS-Kapitän folgte der einmal beschlossenen Route und ging seine Checkliste durch, trotz hohem Seegang und orkanartigem Sturm. Kurers berühmte Aussage bei der Aktionärsversammlung vom 2. Oktober 2008, wonach die Bank unter seiner Führung »substanzielle Fortschritte« gemacht habe, war entweder ein abstruses Ablenkungsmanöver oder offenbarte seine Überforderung mit der schwierigen Lage. Kurer verkannte die eigene Stärke, verlor den Überblick und musste beim Staat betteln gehen.

Selbst als Präsident der teilverstaatlichten UBS hatte Kurer offenbar nicht verstanden, was es für ihn und die UBS geschlagen hatte. Seit der Konzern in die Krise geraten war, brachten die hohen Boni und Entschädigungen der Verantwortlichen die Gemüter zum Kochen. Dafür, dass Exspitzenmann Peter Wuffli und zwei weiteren Managern 61 Millionen Franken nachgeworfen wurden, fehlte schlicht das Verständnis. Mit der staatlichen Milliardenhilfe landete der Schaden im Schoß der Bürger. Trotzdem wollte Präsident Kurer am Tag der Rettung in einem TV-Interview zweistellige Millionenboni »nach wie vor nicht absolut ausschließen«. Die Vizefinanzministerin, die den immer noch rekonvaleszenten Stelleninhaber vertrat, tadelte den Banker wie einen renitenten Jugendlichen. »Diese Aussage hat mich schlichtweg erschüttert«, sagte Eveline Widmer-Schlumpf.

Juristisch war Kurers Aussage zwar korrekt, doch emotional ein Lapsus der Sonderklasse. Zwei Tage später krebste er denn auch zurück und sprach auf *Radio DRS* von einem »Missverständnis«. Der Schaden war da bereits angerichtet, und in der Zürcher Bankenszene ging die Nachricht von Wallstreet-Veteran Jeffrey Mayer um, einem ehemaligen Manager der Bear Stearns. Die Investmentbank musste in der Subprime-Krise als eines der ersten Finanzhäuser einige Hedgefonds schließen. Mayer blieb ein begehrter Mann, die US-Großbank JP Morgan hatte gemäß Medien dem Zinsenspezialisten 27 Millionen Dollar pro Jahr geboten. Für weniger dürfte er wohl nicht zugesagt haben, als ihn die Schweizer UBS später verpflichtete.

Dem zwölfköpfigen UBS-Verwaltungsrat, bestückt mit den Aushängeschildern Sergio Marchionne von Fiat, Peter Voser von Shell und Segler / Unternehmer Ernesto Bertarelli, musste spätestens im November 2008 dämmern, dass unter der Führung von Peter Kurer und Marcel Rohner das Vertrauen nicht zurückgekehrt war. Kunden zogen weiterhin Gelder in Milliardenhöhe ab, Banken blieben zurückhaltend in der Kreditvergabe, Aktionäre mieden den UBS-Titel. Zudem hingen die Steuerermittlungen der US-Behörden wie ein Damoklesschwert über der Bank. Nun rächte es sich, dass jener Mann zum neuen Gesicht der Bank gemacht worden war, der als Exkonzernanwalt von allen rechtlich umstrittenen Entscheiden der Ära Ospel gewusst haben muss.

So rollte nach der Subprime-Welle eine Klageflut auf die UBS und ihren angeschlagenen »Chief Commander« zu. Die HSH Nordbank verklagte die UBS auf 275 Millionen Dollar Schadenersatz für faule US-Subprime-Papiere, für den Rückkauf auktionsbasierter US-Anleihen bezahlte die Bank 900 Millionen Dollar plus eine Buße von 150 Millionen Dollar, es drohten Sammelklagen in den USA und viele Rechtsvorstöße in der Schweiz.

Für Markus Granziol, den Exchef der UBS-Investmentbank, hatten Peter Kurer und Marcel Rohner den Kredit bereits verspielt. »Die gesamte Führungsmannschaft hat sich doch als unfähig erwiesen«, sagte Granziol für dieses Buch. »Rohner hat die Krise nie richtig eingeschätzt. Man wurde immer wieder von den Fakten überrollt. Dann kommen noch die Probleme im Private Banking dazu. Und Kurer ist es nicht gelungen, Vertrauen zu schaffen. Zudem hat die Hälfte des Verwaltungsrates die alten Fehlentscheide mitgetragen, was nicht akzeptabel ist. Auch bei einigen der neuen Verwaltungsräte gibt es bereits Fragezeichen.« Granziol spielte auf ein neues Mitglied an, das kürzlich erworbene UBS-Aktien mit Verlust abgestoßen und das Vertrauen in die Bank aktiv unterminiert hatte.

Nur: Wer könnte übernehmen? Josef Ackermann von der Deutschen Bank, der Exchef der Credit Suisse Oswald Grübel, der Schweizer Investmentbanker Hans-Jörg Rudloff von Barclays Capital oder Nationalbank-Vize Philipp Hildebrand wurden regelmäßig als externe Kandidaten gehandelt. Doch den Zeitpunkt für einen Neuanfang habe die Bank im Frühling 2008 verpasst, als Übervater Ospel von der Bühne trat, meinte Granziol. »Also, ich denke, diese UBS-Spitze wird in den nächsten Jahren ihren Platz räumen müssen, das steht für mich außer Zweifel. Die relevante Frage ist: Wer kann hier nachfolgen? Lassen sich entsprechend fähige Leute finden? Man hat leider schon viel Zeit versäumt.«

Nach der Quartalskonferenz vom 12. August 2008 empfing mich UBS-Präsident Kurer im vierten Stock im Zürcher Hauptsitz an der Bahnhofstraße 45, dort, wo ich drei Jahre zuvor ein ausführliches Interview mit Expräsident Ospel geführt hatte. Wie sein Vorgänger war Kurer größer, als er aus der Distanz wirkte. Er schien dünner als auf Fotos, sein Anzug war unprätentiös, hellblaues Hemd, dezente braungestreifte Krawatte. Nach kurzem Frage-Antwort-Spiel kam er in Fahrt. Er malte ein Koordinatenkreuz und trug unterschiedliche Werte für eine aufgeteilte UBS ein: einen Punkt weit oben für die Vermögensverwaltung, einen weit unten für die Investmentbank.

Das Luqman'sche Modell, spielte Kurer auf Exkonzernleiter Luqman Arnold an, der ihn 2001 zur Bank geholt hatte und nun als Großaktionär eine Aufteilung der UBS forderte. Dann zeichnete Kurer eine Kurve für die alleinstehende UBS-Vermögensverwaltung, die erst am Ende des Zyklus hochschnellte: die Kurer'sche Theorie, nur habe die bisher noch niemand propagiert. In zwei Jahren wisse man, ob eine Aufteilung tatsächlich mehr Wert für die Aktionäre schaffen würde. Als ich zum Flug in die Sommerferien aufbrechen wollte, legte sich Kurer ins Zeug und warnte vor einem vorschnellen Abgesang auf die Investmentbank. Bald würden viele andere, nota bene deutsche und englische Banken, mit großen Verlusten von sich reden machen. Zum Abschied sagte der UBS-Präsident einen Satz, der mir beim Schreiben wieder in den Sinn kam. Diese Story, meinte Peter Kurer, sei noch nicht zu Ende geschrieben.

Die Protagonisten (in alphabetischer Reihenfolge)

Birkenfeld, Bradley, geriet ins Visier der US-Ermittler, nachdem der UBS-Kundenberater jahrelang für einen vermögenden Russen, der in den Staaten ein Vermögen im Immobiliengeschäft gemacht hatte, zwecks Steuerhinterziehung Scheinkonstrukte auf den Bahamas und in Liechtenstein betrieben hatte. Birkenfeld stellte sich im Frühling 2008 den US-Behörden und händigte ein umfangreiches Dossier aus mit internen Unterlagen, die aufzeigten, dass die UBS-Berater ihre reichen US-Kunden aus der Schweiz heraus intensiv betreuten und damit US-Auflagen umgingen. Als Folge der Birkenfeld-Affäre beschloss die UBS im Sommer 2008, sich aus der von der Schweiz aus betriebenen US-Vermögensverwaltung zurückzuziehen.

*Costas, John (*1957),* war die treibende Kraft hinter dem Anspruch der Schweizer Großbank, zu einer zweiten Goldman Sachs aufzusteigen. Costas übernahm Ende 2001 die Leitung der UBS Investmentbank und formulierte zwei Jahre später das Ziel, spätestens 2008 die Spitze der legendären Investmentbanken der New Yorker Wallstreet zu erklimmen. Der Sohn griechischer Immigranten investierte Milliardenbeträge in US-Kreditpapiere und gründete mit dem Geld der Schweizer Großbank den Hedgefonds Dillon Read Capital Management mit dem Ziel, Drittinvestoren am gigantischen Eigenbestand zu beteiligen. Als die UBS im Frühling 2007 den Fonds schloss und Costas absetzte, tauchten die ersten Verluste mit sogenannten Subprime-Kreditverschreibungen auf, die sich in der Folge zu Milliardenabschreibern ausweiteten.

*Hutchins, Michael »Mike« (*1955),* agierte als rechte Hand von Costas als Chef der festverzinslichen Anlagen. Während Costas vor allem ein guter Verkäufer und erfolgreicher Manager war, lagen Hutchins' Stärken im analytischen Bereich. Der Amerikaner kannte die Märkte, verstand deren Gefahren und nutzte die Korrelationen der verschiedenen Anlagekategorien. Hutchins konstruierte für die UBS eine »Hypothekenmaschine«, die riskante Einzelkredite in vermeintlich sichere und mit Bestnoten der Rating-Agenturen versehene Kreditpapiere verwandelte. Als die UBS im Mai 2007 den Hedgefonds Dillon Read schloss, verließ Hutchins die Bank zusammen mit John Costas.

*Jenkins, Huw (*1958),* trat im Sommer 2005 in Costas' Fußstapfen. Der Brite, der im Aktiengeschäft groß geworden war, hatte aber wenig Kenntnis vom komplexen Geschäft mit festverzinslichen Anlagen. Trotzdem forcierte der neue Chef der UBS Investmentbank diesen Bereich und ließ seine Unterstellten von Anfang 2006 bis Herbst 2007 einen Berg von rund 50 Milliarden Dollar in US-Hypothekenpapieren auftürmen. Rund zwei Drittel der anfänglichen Milliardenverluste der UBS gehen auf Jenkins' Konto, der im Oktober 2007 ausschied.

*Kurer, Peter (*1949),* galt als renommierter Wirtschaftsanwalt, als er 2001 zur UBS stieß. Kurz darauf sorgte der langjährige externe Anwalt der Swissair bei deren Untergang dafür, dass seine neue Arbeitgeberin möglichst unbeschädigt die Krise überstand. Für die UBS kümmerte sich der Konzernanwalt um alle wichtigen Rechtsbelange der Großbank, darunter auch die steuerliche Handhabung der US-Vermögensverwaltung. Als die Milliardenverluste UBS-Präsident Ospels Karriere beendeten, schlug dieser überraschend Peter Kurer als seinen Nachfolger vor. Der dreifache Familienvater musste im Oktober 2008 beim Staat um die größte Nothilfe in der Schweizer Geschichte anklopfen. Bund und Nationalbank stellten fast 70 Milliarden Franken bereit.

Liechti, Martin, arbeitete sich vom Bankverein-Lehrling zum Chef der aus der Schweiz heraus betriebenen Vermögensverwaltung für Nord- und Südamerika hoch. Der Westschweizer führte seine Berater zu ständig neuen Rekordwerten beim Geldeinsammeln. Zum Verhängnis wurde dem 47-Jährigen sein Exmitarbeiter Birkenfeld, der mit den USA kooperierte und Liechti zur treibenden Kraft im US-Geschäft erklärte. Im April 2008 nahmen die USA den Generaldirektor vorübergehend fest und hielten ihn als wichtigen Zeugen wochenlang zurück.

*Ospel, Marcel (*1950),* machte die UBS zum bewunderten Multi, bevor er sie ins Verderben steuerte. Der gebürtige Basler fusionierte 1997 seinen kleineren, aber internationaler ausgerichteten Bankverein mit der reicheren Bankgesellschaft zur neuen UBS und schuf den damals zweitgrößten Finanzkonzern der Welt mit 56 000 Angestellten und einem Gewinnversprechen von zehn Milliarden Franken respektive sieben Milliarden Euro innert fünf Jahren. Als der einstige Banklehrling am 23. April 2008 als Präsident abtrat, hatte die UBS innert weniger Monate fast ihr ganzes Eigenkapital verloren.

*Rohner, Marcel (*1964),* gilt als Ospel-Zögling. Kurz nachdem die Bank 1998 mit dem Hedgefonds Long-Term Capital Management bereits einmal einen Milliardenverlust erlitten hatte, wurde der promovierte Ökonom oberster Risikochef. 2002 übernahm der Analytiker die Verantwortung für die gesamte Vermögensverwaltung und stand damit an der Spitze des Kerngeschäfts der größten Schweizer Bank. Als CEO Peter Wuffli im Juli 2007 überraschend von Bord ging, wurde Rohner Konzernchef. Seither musste der bescheiden wirkende Schweizer insgesamt 48 Milliarden Dollar Verluste bekanntgeben, einen beispiellosen Wertzerfall des Unternehmens gewärtigen und eine Rettungsaktion des Staates akzeptieren.

*Stürzinger, Walter (*1955),* konnte sich als einer der wenigen Bankgesellschafts-Topleute in der neuen UBS an der Spitze halten. Als oberster Risikoverantwortlicher verpasste er es, rechtzeitig vor dem starken Wachstum in undurchsichtigen Kreditpapieren im US-Markt zu warnen. Anscheinend unterschätzte der einstige Revisor die Gefahr der neuartigen Wertschriften, die mit ihrem aktuellen Preis als Marktrisiko galten, wegen ihrer Zusammensetzung aus unzähligen Hypothekenkrediten im Kern aber Kreditrisiken darstellten. Stürzinger warnte früher als andere Spitzenleute vor der US-Immobilienblase. Er verblieb in der Konzernleitung und leitet seit Herbst 2007 die Stäbe der Bank.

*Suter, Marco (*1958),* war neben Stürzinger der wichtigste Risikomanager der UBS. Groß geworden im Bankverein, galt Suter als versierter Kenner des Kreditgeschäfts, doch scheint er nicht genügend beachtet zu haben, dass hinter den US-Hypothekenpapieren statt vermeintlicher Marktrisiken reine Kreditrisiken steckten. Nach den ersten Milliardenverlusten im Herbst 2007 kehrte er aus dem Verwaltungsrat in eine operative Rolle zurück und wurde Finanzchef. Suter verließ die Bank im Herbst 2008 und beschloss in einer solidarischen Aktion mit Marcel Ospel und Stephan Haeringer, der wie Suter lange Exvizepräsident der Bank gewesen war, auf eine den dreien insgesamt zustehende Entschädigung in Höhe von 33 Millionen Franken zu verzichten.

*Weil, Raoul (*1959),* folgte als oberster Vermögensverwalter der UBS Marcel Rohner, als dieser im Juli 2007 CEO des Konzerns wurde. Der Basler Ökonom lernte die Vermögensverwaltung beim Bankverein von der Pike auf und besetzte mehrere Funktionen im Ausland. Im November 2008 klagten ihn die US-Strafbehörden wegen Konspiration an. Weil wird beschuldigt, amerikanischen UBS-Kunden bei der Steuerhinterziehung geholfen zu haben im Wissen, dass dieses Vorgehen Abmachungen zwischen der Großbank und den USA verletzen würde. Der Generaldirektor legte seine Funktion bis zum Prozess nieder.

*Wuffli, Peter (*1957),* war einer der treuesten Weggefährten von Marcel Ospel. Im Unterschied zum Basler Selfmademan stammt Wuffli aus einer angesehenen Zürcher Bankerfamilie. Vater Heinz Wuffli leitete einst die Credit Suisse, bis er im Zuge eines Milliardenverlustes im Frühling 1977 von Bord gehen musste. Dreißig Jahre später ereilte Sohn Peter ein ähnliches Schicksal. Der UBS-CEO, der an der renommierten Sankt-Galler Universität Wirtschaft studierte, bei der Beratungsgesellschaft McKinsey aufstieg und unter Ospel zuerst Finanz- und ab Ende 2001 Konzernchef war, verließ am 6. Juli 2007 überraschend das Schiff. Drei Monate später musste die Schweizer Großbank ihren ersten Milliardenabschreiber mit US-Hypothekenpapieren bekanntgeben.

Anmerkungen

1 What was the Fed really saving? Was it just Bear Stearns or was it really the whole system? What people keep saying is that Bear Stearns was not too big to fail but they were too inter-connected to fail. We'll never know. Peter Weinberg in *Die Zeit*, 29. Mai 2008.

2 UBS Warburg Hires Asset-Backed Professionals; Expands Number One Mortgage Business. Pressekommuniqué der UBS, 11. April 2002.

3 All-Star team of talent that puts UBS Warburg in position to be the premier mortgage-backed and asset-backed firm on Wall Street. UBS-Kommuniqué. Siehe oben.

4 The home equity loans (HEL) are new origination fixed rate 30 year first mortgages to sub-prime borrowers. Transaction description der Investmentbank UBS Warburg von Frühling 2001 zur Gründung eines Special Purpose Vehicle für Subprime-Hypotheken.

5 Preliminary PFCA & CRE Assessment. Bericht von Zürcher Risikomanagern über die Gefahren im neuartigen Geschäft mit strukturierten Hypothekarschulden in den USA, Mai 2002.

6 PFCA & CRE are probably two of the most complex businesses in the bank. Its complexity resides not so much in particularly exotic valuation models (they also have a few) but in the fact that it encompasses and leverages all possible expertise areas in the bank (credit, market, risk control, financial control, etc.) to a degree that is unprecedented. Its business managers therefore have a degree of understanding about the processes and procedures of the bank across almost all areas of operation that probably few people in any control area have. Therefore from the control side it is essential to avoid silo approaches or segmentations that sometimes emerge in meetings or discussions. Siehe oben.

7 PFCA & CRE have built a large real estate position and now probably hold one of the largest books in the street. Siehe oben.

8 A realistic unwind time of their positions is estimated to be between six months and one year. Siehe oben.

9 One basic problem in assessing the stress risk potential of PFCA & CRE is that P & L explanation is not enough detailed. Siehe oben.

10 In order to better understand the P & L contribution of the various risk factors, an improved and more detailed P & L explanation is needed. Siehe oben.

11 We live with risks, which means uncertainty of the future. The reality is that we can only make money if we take some risks. Our firm lives and thrives from having a constructive, positive attitude toward risks and constantly being aware of them. Problems in this world are not solved by doomsayers. Problems are solved by people who face these challenges, who make reasonable assumptions and then take action. E-Mail von Walter Stürzinger, oberster UBS-Verantwortlicher für Risiken, 24. Dezember 2001.

12 He was willing without hesitation to step in when I needed him most. CEO Marcel Rohner zum Abschied von Finanzchef Marco Suter. UBS-Pressekonferenz, 12. August 2008.

13 Concentrate on improving the current real estate stress scenarios. Better understand the P&L process and ensure that an independent and consistent verification of fair market value is transparent. Bericht von Risikomanagern über die Gefahren von PFCA & CRE, Mai 2002.

14 Based on the time-series of price returns, the largest cumulative price drop observed over a 2 and 3 year period are 22 % and 27 %. Looking at the history of office properties only, these maximum drops are 30 % and 38 %. Probably an even more meaningful stress scenario should consider a 30 % loss over 2 years or a 40 % loss over 4 years. E-Mail eines Zürcher Risikomanagers an den obersten Risikoverantwortlichen der UBS, 2. September 2002.

15 We should prevent PFCA/CRE to become even larger than it is now. Probably the best way to achieve this would be to impose a (possibly GEB-mandated) stress limit (to be monitored on a quarterly basis). Siehe oben.

16 Over the past two years, growth in asset-backed securities has outpaced other sectors in the fixed income markets. At the same time, our Investment Bank's market share in this sector has grown, leading to an increase in exposure. Mitteilung UBS, 13. Oktober 2004.

17 In July 2004, the Swiss Federal Banking Commission (SFBC) gave their approval for this change and we have implemented the revised model during third quarter. Siehe oben.

18 US Agency debentures, residential and commercial mortgage backed securities and other asset backed securities such as credit card and automobile loan receivables. Siehe oben.

19 The difference between the results of the old and new models increases from first quarter 2003 through to second quarter 2004, reflecting in part the increase in our volumes of these highly-rated fixed income asset classes over that period. Siehe oben.

20 Across all product lines, we are now competing head to head with the five or six firms that dominate US business … We have overcome the European niche class to become a viable competitor to US bulge bracket firms, but have not done so at the expense of a globally-diverse institution that gives us the ability to grow fluidly anywhere in the world. UBS-Investmentbankchef John Costas in *The Banker*, 18. Dezember 2003.

21 … where we emphasised our traditional strengths and corrected our weaknesses. Interview John Costas im *Sunday Telegraph*, 15. Februar 2004.

22 We would like to think that being top of the league could be accomplished in the next three to five years. We have got a seat on the bus and now we want to drive that bus. Siehe oben.

23 The Wall Street elite – Goldman Sachs, Morgan Stanley and Merrill Lynch – seemed unassailable. Now, finally, UBS – the Swiss banking group – appears to have made the dream come true and created a premier league investment bank up there with the giants. Kommentar *Sunday Telegraph*, 15. Februar 2004.

24 The very nature of our business means that the risk of operational failure is ever present. So we all need to be vigilant, ensuring that we, and those around us, continue to fulfil our risk management obligations at all times. There is a lot at stake … Operational risk excellence is a differentiator. John Costas in einer Rede vor Managern der UBS Investmentbank, 25. April 2005.

25 This discrepancy appears particularly large in an international comparison. When compared with 50 of the largest international banks in the USA, the EU and Japan, the big Swiss banks are among the leaders in terms of risk-weighted ratios but bring up the rear in terms of unweighted ratios. Schweizerische Nationalbank, Bericht zur Finanzstabilität 2004.

26 If these so-called safe assets were deducted from total assets, the unweighted capital ratio for the big banks would be just over 4 % rather than just under 3%. Siehe oben.

27 Nevertheless, unweighted capital ratios have to be taken into account when assessing the solidity of the capital base: they reflect the buffer available to the bank to counter risks that are either not covered or inaccurately covered by the current capital adequacy regulations. Siehe oben.

28 … the Investmentbank must grow significantly to avoid falling behind competition. Shareholder Report on UBS's Write-Downs, 18. April 2008.

29 … the Investmentbank had gaps in Credit, Securitized Products and Commodities businesses, with smaller gaps in Rates and Emerging Markets. Siehe oben.

30 What is done today may not be done in future, yet the thought process remains the same: where is the value in the business? Kundenpräsentation Dillon Read Capital Management, April 2006.

31 We lost money on our liquidity, which one shouldn't do – which is not, in a way, forgivable. UBS-Finanzchef Marco Suter gegenüber *Bloomberg*, 18. Mai 2008.

32 A rejection at such point in time would have entailed expensive unwinding of the CDO Warehouse and deal (and was therefore unlikely). Shareholder Report on UBS's Write-Downs, 18. April 2008.

33 The reasons for the differential pricing of hedging strategies … appears not to have been closely scrutinised … Siehe oben.

34 … there were no notional limits on the retention of unhedged Super Senior positions and AMPS Super Senior positions, or the CDO Warehouse … Siehe oben.

35 As a consequence, even unhedged Super Senior positions contributed little to VaR utilisation. Siehe oben.

36 Today's debate is less about the scale of the housing slump than its consequences. *The Economist*, 30. September 2006.

37 These changes create opportunities for those that can adapt their business models. Präsentation von David Martin, UBS Chef Rates. UBS Fixed Income Investor Day, 28. März 2007.

38 The big firms in the business are Lehman Brothers, Bear Stearns, Merrill Lynch, Morgan Stanley, Deutsche Bank and UBS. Gretchen Morgenson in der *New York Times* vom 10. März 2007.

39 On this basis, the desk believed that UBS would be generally better positioned than many of its peers because the pipeline was relatively small and there were relatively small residual positions. Shareholder Report on UBS's Write-Downs, 18. April 2008.

40 Subprime snuffs UBS execs. *New York Post*, 11. Oktober 2007.

41 The US regulatory regime takes the view that cross-border activities are subject to US laws. Our core Private Banking activities are heavily regulated. Broker-dealer services, investment advice, solicitation, marketing etc. are covered by the Securities Exchange Act of 1934 and the Investment Advisers Act of 1940. The acquisition of Paine Webber and the upcoming QI-audit in 2003 have obviously a big bearings on our actual activities and more so on our future strategy as the former enlarges our US exposure and the latter the danger of detecting the nature and extent of our cross-border activities. Background / Status Quo-Bericht der zuständigen US-Arbeitsgruppe der UBS vom November 2001 (genaues Datum unbekannt).

42 … if those sales were effected in the United States, such as arranged by a broker physically in the United States or through telephone calls or e-mails originating in the United States. Tax Haven Banks and U.S. Tax Compliance, Bericht vom 17. Juli 2008 des Permanent Subcommittee on Investigations, ein US-Senatsausschuss.

43 The Deemed Sales Rules enlarge the scope of the QI agreement to cover non-US securities for US persons. It makes it necessary for UBS to cease to accept securities instructions from within the US. Präsentation Key Clients in NAM, Business Case 2003–2005, von Ende 2005 (genaues Datum unbekannt).

44 As the interpretation of the QI agreement with regard to the "sales deemed to be effected in the US" prevails that UBS must report gross sales proceeds on non-US-securities held for US clients, the need of changing our current activities, hence our whole cross border activities becomes imperative. Background/Status Quo-Bericht der UBS-US-Arbeitsgruppe. Siehe oben.

45 Because of our increased US exposure and UBS group guidelines on regulatory risk a more compliant business model for servicing US clients has to be looked at. Siehe oben.

46 … his new employer, the Swiss Bank, had a superior network, product range and management, and had recently acquired a large United States securities brokerage house in order to enhance United States investment expertise. Strafanklage 08-60099 der USA gegen Bradley Birkenfeld und Mario Staggl, 10. April 2008.

47 … falsely and fraudulently stated that I. O. was not the beneficial owner, and that a nominee Bahamian corporation was beneficial owner of the account. Siehe oben.

48 By every measure employed by UBS in these monthly reports, the undeclared U.S. client accounts were more popular and more lucrative for the bank. Tax Haven Banks and U.S. Tax Compliance, Bericht vom 17. Juli 2008.

49 Essentially, the guidelines instruct the Swiss bankers to persuade their U.S. clients to enter into a 'discretionary asset management relationship' with the bank and

then to '[c]ease to accept customer instructions from US territory' so that no securities trades are effected within the United States that might require reporting to the IRS. Siehe oben.

50 Such actions, while not violations of the QI agreements per se, clearly undermined the program's effectiveness and led to the formation of offshore structures and undeclared accounts that could facilitate, and have resulted in, tax evasion by U. S. clients. Siehe oben.

51 From our recent conversations we understand that you are concerned that UBS' stance on keeping its U. S. customers' information strictly confidential may have changed especially as a result of the acquisition of Paine Webber. We are writing to reassure you that your fear is unjustified and wish to outline only some of the reasons why the protection of client data can not possibly be compromised upon. Brief von zwei UBS-Kaderleuten des Bereichs US-Offshore vom 4. November 2002.

52 Our bank has had offices in the United States as early as 1939 and has therefore been exposed to the risk of US authorities asserting jurisdiction over assets booked abroad since decades. Please note that our bank has a successful track record of challenging such attempts. Siehe oben.

53 Should a customer choose not to execute such a form, the client is barred from investments in US securities but under no circumstances will his/her identity be revealed. Siehe oben,

54 … does not create the risk that his/her identity be shared with U. S. authorities. Siehe oben.

55 When I read it, I was very concerned about what was going on in the bank, because this contradicted entirely what my job description was. Tax Haven Banks and U. S. Tax Compliance, Bericht vom 17. Juli 2008.

56 Thus, it must ensure that it does not contact securities clients in the United States through telephone, mail, e-mail, advertising, the internet or personal visits. UBS-Richtlinien für Cross-Border Banking Activities into the United States, Version November 2004.

57 UBS AG may provide statements, account information and transaction confirmations to the client. Siehe oben.

58 One morning you are intercepted by an FBI-agent. He looks for some information about one of your clients and explains to you, that your client is involved in illegal activities. What would you do in such a situation? What are the signs indicating that something is going on? Case Studies Cross-Border Workshop NAM, UBS-Training für Kundenberater mit Offshore-Kunden in Nordamerika (Datum unbekannt).

59 When traveling cross-border, UBS AG employees always must remember that all clients of UBS AG expect us to take all necessary steps to safeguard confidentiality. UBS-Richtlinien für Cross-Border Banking Activities into the United States, Version November 2004.

60 The private bankers would travel anywhere between four and six times a year to the U.S., spend anywhere from one to two weeks in the U.S., prospecting, visiting existing clients, so on and so forth. Bradley Birkenfeld im Bericht vom 17. Juli 2008, Tax Haven Banks and U.S. Tax Compliance.

61 … and then someone asks you, 'What do you do?' and you say, 'Well, I work for a bank in Switzerland, and we manage money there and open accounts.' And people immediately would recognize, 'Oh, this is someone who could open new business by opening accounts'. Bradley Birkenfeld. Siehe oben.

62 A rough estimate would be probably to bring in probably $50 million a year or $40 million. Bradley Birkenfeld im Bericht. Siehe oben.

63 The answer to guarantee our future is GROWTH. We have grown from CHF 4 million per Client Advisor in 2004 to 17 million in 2006. We need to keep up with our ambitions and go to 60 million per Client Advisor! Neujahrsmail 2007 von Martin Liechti, Chef US-Offshore Americas.

64 In the Chinese Horoscope, 2007 is the year of the pig. In many cultures, the pig is a symbol for »luck«. While it's always good to have a bit of luck, it is not luck that leads to success. Success is the result of vision and purpose, hard work and passion. We have to put ourselves into a position where »luck« can find us! Siehe oben.

65 We decided to further realign the overall structure and service model for U. S. clients. UBS-Memo des Leiters der weltweiten Vermögensverwaltung Raoul Weil an die betroffenen Mitarbeiter, 15. November 2007.

66 UBS has to keep specifics about its regulatory interactions confidential. We are therefore not in a position to answer your question. Talking Points for Informing U.S. Private Clients, ein Leitfaden für US-Mitarbeiter, November 2007.

67 US Cross-Border: The Department of Justice (»DOJ«) and the SEC are examining UBS's conduct in relation to cross-border services provided by Swiss-based UBS client advisors to US clients during the years 2000–2007. In particular, DOJ is examining whether certain US clients sought, with the assistance of UBS client advisors, to evade their US tax obligations by avoiding restrictions on their securities investments imposed by the Qualified Intermediary agreement UBS entered into with the US Internal Revenue Service in 2001. Bericht über 1. Quartal 2008 der UBS, 6. Mai 2008.

68 It was part of the conspiracy that defendant Raoul Weil, Executives, and Managers entered into the QI Agreement and represented to the IRS that Swiss Bank was in compliance with the terms of the QI Agreement, while knowing that the United States cross-border business, was not conducted in a manner which complied with the terms of the QI Agreement. US-Strafanklage 08-60322 gegen den Leiter der UBS-Vermögensverwaltung Raoul Weil vom 6. November 2008.

69 These executives occupied positions at the highest levels of management within Swiss Bank, including positions on the committees that oversaw legal, compliance, tax, risk, and regulatory issues related to the United States cross-border business. Siehe oben.

70 Because of their size, these institutions have systemic importance. Moreover, their leverage is high. Accordingly, any errors made when assessing their risk levels could have serious consequences for the stability of the banking sector and hence for financial stability in Switzerland. Bericht zur Finanzstabilität der Nationalbank von Juni 2007.

71 Iceland is bankrupt. The Icelandic krona is history. The IMF has to come and rescue us. *International Herald Tribune*, 9. Oktober 2008.

72 The Swiss banking sector is also large in historical terms. It has been growing rapidly and steadily over the last ten years, doubling the ratio of total assets to GDP. This rapid growth almost exclusively reflects the development of foreign business at the two big banks. SNB-Finanzstabilitätsbericht von Juni 2006.